2024年度河北省哲学社会科学学术著作出版资助
2025年度河北经贸大学学术著作出版基金资助
河北经贸大学地方法治建设研究中心资助
河北经贸大学新财经教育系列教材

区块链核心应用场景
法律规制研究

◆

林群丰　著

法律出版社 | LAW PRESS
—— 北京 ——

图书在版编目（CIP）数据

区块链核心应用场景法律规制研究／林群丰著.
北京：法律出版社，2025. -- ISBN 978-7-5244-0325-8
Ⅰ.D922.174
中国国家版本馆 CIP 数据核字第 2025BP2101 号

区块链核心应用场景法律规制研究 QUKUAILIAN HEXIN YINGYONG CHANGJING FALÜ GUIZHI YANJIU	林群丰 著	策划编辑 肖　越 责任编辑 肖　越 装帧设计 贾丹丹

出版发行 法律出版社	开本 710 毫米×1000 毫米 1/16
编辑统筹 法商出版分社	印张 18　　　字数 268 千
责任校对 王语童	版本 2025 年 7 月第 1 版
责任印制 胡晓雅	印次 2025 年 7 月第 1 次印刷
经　　销 新华书店	印刷 保定市中画美凯印刷有限公司

地址：北京市丰台区莲花池西里 7 号（100073）
网址：www.lawpress.com.cn　　　　　　销售电话:010-83938349
投稿邮箱：info@lawpress.com.cn　　　 客服电话:010-83938350
举报盗版邮箱：jbwq@lawpress.com.cn　 咨询电话:010-63939796
版权所有·侵权必究

书号：ISBN 978-7-5244-0325-8　　　　　 定价：72.00 元

凡购买本社图书，如有印装错误，我社负责退换。电话:010-83938349

前　　言

　　自2008年中本聪发布比特币白皮书以来,区块链技术和产业发展日益成为当今世界无法回避的重要议题。比特币市值曾一度超过2万亿美元,特朗普主导下的2024版美国共和党政治纲领高度强调对公民区块链数字资产的保护,并在当选执政后大力落实。区块链正在重塑金融、能源、医疗、教育、政府工作等各行业的运作模式,已成为数智社会的重要基础设施。区块链蕴含着重构人类社会关系的巨大潜能,常常被视为一种推动社会经济变革的革命性力量,很多区块链研究者和从业人员将其称为"区块链革命"。

　　区块链不仅仅是一种技术创新,更应当被视为类似于选举民主之类的新型社会工具。人类运用区块链重塑社会经济的过程中,必然面临着诸多新型法律问题,甚至在一定程度上意味着重塑法治体系的内部结构。如果从亚里士多德关于法治作为"良法之治"的论断入手,可以发现区块链不仅在规则供给层面与法治形成竞争,而且会在解决约束权力运行等法治难题上与之产生竞争,为"代码即法律"的落实提供了底层技术支撑。因此,区块链革命与未来法治问题将是法学研究中一个不可回避的问题。现实中,已经有部分学者开展了初步尝试。由于区块链技术本身迭代演进和产业发展日新月异,法学家对区块链技术的掌握较为有限,单篇文章难以兼顾技术理论与法学理论,而需要较为厚重的专著才能系统厘清这些问题。

　　本书全面梳理了区块链核心应用场景的法律规制问题。第一章梳理了区块链技术的历史发展,第二章介绍了通证经济、分布式社会治理、政务区块链等三种主要应用场景及其社会风险,第三章至第六章分别就数字货币、数字人民币、分布式社会治理、NFT数字资产的相关法律问题进行了分析,

第七章和第八章从元宇宙法庭、区块链司法存证两个视角探讨了区块链技术对未来法治的影响。本书可作为数字法学研究的参考资料，也可以作为本科生、研究生《数据法学》《区块链法学》相关课程的教材，以及作为区块链产业从业者的初步法律政策指引。

目录 Contents

第一章　区块链技术发展概观　　1

一、比特币与区块链技术的诞生 / 1

二、区块链技术的发展历程 / 12

三、区块链的技术原理 / 22

小结 / 31

第二章　区块链革命及其风险　　32

一、通证经济 / 32

二、分布式社会治理 / 37

三、政务区块链 / 42

四、区块链革命蕴含的社会风险 / 46

小结 / 56

第三章　数字货币的法律规制　　57

一、自由乌托邦：数字货币的创世理念 / 57

二、从理想主义到回归现实：比特币社区对监管态度的演变 / 64

三、大而难制：比特币蚕食主权货币市场及其规制中的

　　"囚徒困境" / 71

四、从拒斥到融入：数字货币法律治理理念的艰难转型 / 75

小结 / 91

第四章 央行数字人民币的法律治理实践　　93

一、数字人民币诞生的背景、理论争议与国际比较 / 94

二、数字人民币发展简史 / 99

三、数字人民币的法律属性 / 108

四、数字人民币法律规制的功能定位 / 115

五、数字人民币发行的法律规制 / 118

六、数字人民币市场流通的法律规制 / 125

小结 / 132

第五章 分布式治理的价值追求与规范构造　　134

一、传统治理模式在数字时代面临的难题 / 134

二、分布式治理的价值追求 / 145

三、分布式治理的规范构造 / 163

四、分布式治理与权力约束 / 167

五、分布式治理与未来法治 / 173

小结 / 183

第六章 NFT 数字资产的合规治理　　184

一、NFT：元宇宙场域建构的基石 / 184

二、NFT 产业发展面临的企业合规风险 / 186

三、企业合规风险对 NFT 产业发展的影响 / 191

四、NFT 合规风险的立法化解 / 197

小结 / 203

第七章　元宇宙法庭的功能及其制度设计　　205

一、元宇宙法庭的实践 / 205

二、元宇宙法庭对在线诉讼的升级改造 / 207

三、从元宇宙纠纷裁处到数智社会治理的基础设施 / 215

四、元宇宙法庭的制度设计 / 221

小结 / 227

第八章　区块链存证及其司法赋能效应　　228

一、区块链存证理论争议 / 228

二、区块链存证的方式、类型与司法认定 / 230

三、区块链存证司法适用的价值与实践难题 / 235

四、区块链存证对司法的赋能效应 / 240

五、区块链存证法律规范的完善 / 243

小结 / 247

参考文献　　248

后　记　　278

第一章 区块链技术发展概观

自 2008 年发布比特币白皮书以来,区块链技术迭经演变,大量应用场景正是建基于此。梳理区块链技术发展的历史,是理解区块链核心应用场景的前提,也是开展区块链核心应用场景法律规制的基础。

一、比特币与区块链技术的诞生

(一)区块链技术的诞生及其概念演化

区块链诞生于比特币白皮书,比特币是区块链技术的第一项应用。美国时间 2008 年 10 月 31 日,ID 名为 Satoshi Nakamoto(中文译名为中本聪,以下简称中本聪)[1]的互联网用户在"metzdowd. com"网站用密码学邮件列表发布了名为《比特币:一个点对点的电子现金系统》(Bitcoin:A Peer-to-Peer Electronic Cash System,以下简称比特币白皮书)的论文。在比特币白皮书中,中本聪描述了一种基于 SHA256 算法等技术的去中心化电子货币系统,提供了超脱传统银行体系控制的数字货币设想。[2] 2009 年 1 月 3 日,中本聪开发出首个实现了比特币算法的客户端程序并进行了首次"挖矿",获得 50 枚比特币,被称为比特币"创世区块"(Genesis Block),并留下了区块链的第一个信息:TheTimes 03/Jan/2009 Chancellor on brink of second bailout for banks(2009

---

[1] 中本聪(Satoshi Nakamoto)习惯于运用加密通信技术交流,包括其比特币白皮书都是以匿名邮件的形式发送,虽然社会各界不断发掘,但其真实身份至今仍然是个谜团。其发表时间一般按邮件显示时间 2008 年 10 月 31 日 18:10:14 计算,相应北京时间为 2008 年 11 月 1 日凌晨 2 点 10 分。

[2] Satoshi Nakamoto, *Bitcoin:A Peer-to-Peer Electronic Cash System*, Bitcoin. org(2009)https://bitcoin. org/bitcoin. pdf.

年1月3日,财政大臣即将拯救银行)。该信息是当天《泰晤士报》的头条新闻标题,时值世界金融危机,英国财政大臣表达了第二次出手救助银行的意图。

随着比特币等数字货币价格在市场波动中整体剧烈上涨,区块链技术也逐渐引起了世界广泛关注,学术界关于区块链的研究也逐渐从信息通信领域转向金融学、法学、政治学等领域。虽然学术界对于区块链已经形成了部分共识,但是即便是相对专业的通信技术领域,学者们对区块链的界定也存在诸多不同认识。"狭义来讲,区块链是一种按照时间顺序将数据区块以链条的方式组合成特定数据结构,并以密码学方式保证的不可篡改和不可伪造的去中心化共享总账(Decentralized Shared Ledger),能够安全存储简单的、有先后关系的、能在系统内验证的数据。广义的区块链技术则是利用加密链式区块结构来验证与存储数据、利用分布式节点共识算法来生成和更新数据、利用自动化脚本代码(智能合约)来编程和操作数据的一种全新的去中心化基础架构与分布式计算范式。"[1]"区块链是一种去中心化、不可篡改、可追溯、多方共同维护的分布式数据库,能够将传统单方维护的仅涉及自己业务的多个孤立数据库整合在一起,分布式地存储在多方共同维护的多个节点上,任何一方都无法完全控制这些数据,只能按照严格的规则和共识进行更新,从而实现了可信的多方间的信息共享和监督,避免了烦琐的人工对账,提高了业务处理效率,降低了交易成本。"[2]具有半官方色彩的《中国区块链技术和应用发展白皮书(2016)》将区块链定义为:狭义的区块链是一种按照时间顺序将数据以线性链表方式组合而成的特定数据结构,并借助密码技术确保交易信息的不可篡改和不可伪造。作为一种典型的分布式账本技术,区块链技术能够安全存储简单的、有先后关系的、在系统内可验证的数据。广义的区块链是利用加密链式区块结构来存储与验证数据、利用分布式共识算法来新增和更新数据、利用运行在区块链上的代码(智能合约)来保证业务逻辑自动强制执行的一种全新的多中心化基础架构与

---

[1] 袁勇、王飞跃:《区块链技术发展现状与展望》,载《自动化学报》2016年第4期。
[2] 邵奇峰、金澈清、张召等:《区块链技术:架构及进展》,载《计算机学报》2018年第5期。

分布式计算范式。①

2023年5月,国家标准《区块链和分布式记账技术 参考架构》(GB/T 42752-2023)正式出台,对区块链进行了权威界定:"区块链是使用密码技术链接将共识确认的区块按顺序追加形成的分布式账本(3.12)。分布式账本是在分布式节点间共享并使用共识机制实现具备一致性的账本(3.10)。共识是在分布式节点间达成区块数据一致性认可的结果(3.7)。区块是一种包含区块链元数据和交易数据的数据结构(3.6)。"②

截至2024年4月,比特币系统已经运行了整整15年。比特币系统相关代码全部开源,系统以分布式方式运行在全球各地,没有中央管理服务器,没有任何统一负责运维的主体,没有外部信用背书,15年来一直都在稳定运行,没有发生过重大事故。这一事实无疑表明,比特币系统及其代表的区块链技术具有高度安全性与稳定性。时至今日,比特币已成为互联网上规模最大的区块链项目,区块链技术也被逐渐被社会接受,并逐步扩散至各个应用场景中。而且,比特币本身在金融市场上已经占据了一席之地,2010年用比特币进行的第一笔交易中,一枚比特币的价值只有约0.3美分。③

(二)比特币的技术原理

比特币背后究竟有哪些神奇之处,可以让如此多的人追捧,甚至是不惜消耗巨大的资源来获取它?

首先,比特币采用两种策略保证账本不可被篡改,从而保障系统的安全性。一是通过人人记账的方式,即系统中的某个人更改了自己的账本,但是他无权更改系统中其他人的账本,修改自己的账本无法得到系统中其他人的认可。二

---

① 中国区块链技术和产业发展论坛编写:《中国区块链技术和应用发展白皮书(2016)》,载搜狐网"互联网金融官方"2016年10月20日,https://m.sohu.com/a/116596875_355147/。
② 《区块链和分布式记账技术 参考架构》(GB/T 42752-2023),2023年5月23日发布。
③ 该笔交易发生于美国2010年5月18日,美国佛罗里达州程序员Laszlo Hanyecz(ID名laszlo)在比特币论坛发帖称愿意用10,000个比特币购买2个披萨(不限品牌,亦可自制),4天后(5月22日)其在论坛上表示已经完成交易,接受这笔交易的是美国加州的一名学生(Jeremy Sturdivant),后者以价值25美元优惠券购买了市场价为30~40美元的2个棒约翰(Papa John's)牌披萨。这是比特币的第一笔实物交易,按照当时披萨的价值,可推算出比特币当时的交易价格约为0.003美元。此后,关心比特币和区块链发展的人都会关注这一笔交易,并逐渐将5月22日定为"比特币披萨节"。

是采用"区块+链"的特殊账本结构,区块可以类比为现实账本上的一页,而链式结构则可以类比为页码。在这种账本结构中,每一区块保存着某段时间内所发生的交易,这些区块通过链式结构链接在一起,形成了一个记录全部交易的完整账本。如果对区块内容进行修改就会破坏整个区块链的链式结构,导致链条断开,从而很容易被检测到,这两个策略保证了从全局来看整个账本是不可篡改的。其次,比特币系统是如何保证人人记账的,这主要涉及比特币系统中的激励机制,参与记账的人,被比成为"矿工",首个记账且被大家认可的人,会获得一笔奖励,这笔奖励是若干个比特币,这也是比特币发行的唯一来源,这种奖励措施使众多矿工踊跃地参与到记账工作中。当矿工记录的某一区块账本得到认可后,其他人只需要拷贝这一区块账本的内容即可,由此就能保证系统中所有人维护的账本是完全一致的,保证了区块链的自动安全运行。[1] 最后,有了激励机制,如何才能保证矿工记账的标准呢?在区块链系统中,存在一个函数题,每次记账之前会让所有参与记账的矿工求解这道难题,谁最先解出这道题的答案,就以谁的记账为准,这个解题的过程被称为"挖矿"。挖矿的目标即需要找出符合要求的哈希值,矿工通过改变随机数寻找特定哈希值,所以能够在固定时间试验更多随机数的矿工,也就是算力更强的矿工更容易找到符合要求的哈希值,从而获得记账权。[2]

比特币系统的安全性与整个挖矿系统的算力密切相关。算力越强大也就意味着系统越难以被攻破,系统安全性越有保障,如果算力太小,就存在被攻破的风险。中本聪在设计比特币时,就已经考虑到了51%算力攻击问题。即拥有超过51%算力的节点,利用比特币使用算力作为竞争条件的特点,撤销其已经完成的付款。在比特币诞生之前,也诞生了一些数字货币,但都归于失败,其失败基本上都是因为无法解决这一问题,而必须依赖于传统的权威中心。否则,发生一笔交易之后,有人就可能把网上交易记录篡改了,篡改者利用算力优势篡改交易记录账本之后,就能够把自己已经支出的钱撤回。以比特币为例,理论上拥有绝对算力主导地位的超级计算机可以攻击这个比特币系统,从而将

---

[1] 华为区块链技术开发团队编著:《区块链技术及应用》,清华大学出版社2019年版,第6页。
[2] 周广猛、姚苏、李琳等:《基于区块链的数字内容生态价值链构建》,载《中国科学:信息科学》2021年第9期。

已经支出的钱从账本上抹去。也就是说,如果某些共谋的主体所能控制的全部算力超过比特币总算力的51%,就有可能篡改比特币账本。当此之时,比如某人支付了100个比特币,就能够利用51%算力把这100个比特币重新转回,这就是51%的算力攻击。怎么防范这个问题？创始人中本聪在比特币白皮书上指出,如果诚实的节点控制算力的总和大于有合作关系的攻击者算力的总和,该系统就是安全的。另外,如果掌握了51%算力的人是理性的,那么按照比特币系统的规则进行挖矿,必然能够得到更多收益,因此不会破坏比特币系统。关于这一点,必须回到亚当·斯密的那句经典论述:"我们的晚餐并非来自屠宰商、酿酒师和面包师的恩惠,而是来自他们对自身利益的关切。人天生,并且永远是自私的动物。因此,我们必须先承认人类自利的本性,然后通过'无形的手'引导他们去关注最利于社会的用途,达到一个他们本没想到要达到的目的。"[①]即,参与经济活动的每个人都具有较强的自利性,而且也应当假设这些参与经济活动的绝大部分主体的大部分经营活动都是理性的。在这种情况下,即便是某些主体拥有远超于现在的超级计算机的算力,作为理性行动者的主体并不会去攻击这个系统,因为这个攻击成本非常高。比如攻击比特币系统能够回转100个币,按照2024年4月6日的价格总价值为690多万美元,但是攻击系统可能动用成本会远超于690多万美元。事实上,如果这些强大的算力用于挖矿,得到的奖励将会远远超过攻击系统所得报酬。因此,理性的行动者就不会攻击比特币系统,而是会按照比特币系统设置的规则进行挖矿,去争取得到比特币奖励。比特币系统设计充分利用了人性中的自利和理性特征,从而杜绝了51%算力攻击事件的发生。

黄金作为货币的天然形式,长期在世界货币史上占据着重要基础地位,而黄金作为贵金属资源,其开采提炼需要耗费大量资源。在比特币系统中,矿工们争抢激励的方式被形象地比喻成在做挖矿工作。比特币系统是一个参与节点互相验证的公开记账系统,而比特币挖矿的本质为争抢记账权。挖矿的过程较为困难,需要不断的尝试且耗费巨大的时间,但是在挖矿成功后将答案公布

[①] [英]亚当·斯密:《国民财富的性质和原因的研究》(下卷),郭大力、王亚南译,商务印书馆1972年版,第23页。

时,他人很容易验证。区块链运行在 P2P 网络中,网络中每个节点都保存着区块链上进行的交易记录,当交易产生时,区块链本身的共识机制会使矿工开始争夺记账权,取得记账权的矿工广播生成的区块到全网接受验证,如果验证通过,所有节点更新本地节点,全网达成一致。① 获得记账权的节点会得到一定数量的比特币奖励,以此激励比特币网络中的所有节点参与到记账的工作中。奖励主要包括系统奖励和交易手续费两部分,系统奖励则作为比特币的发行手段。比特币最开始上线时,每 10 分钟产生一个区块,矿工可以得到 50 个比特币的奖励,系统设置了每隔 21 万个区块奖励减半,即逐步缩减至 25 个、12.5 个、6.25 个……,按照等比数列求和可知,最终比特币系统中最多只能有接近 2100 万个比特币。当剩余的比特币全部被挖出后,矿工只能从交易手续费中获取收益。因此,比特币通过"区块+链"式的分布式账本结构保障了交易的不可篡改,通过发放比特币的激励措施激励矿工参与,通过计算难题解决了记账一致性的问题,由此形成了一个不依赖任何人或中间机构的自动运行记账系统,这就是比特币背后的区块链技术。

(三) 比特币挖矿

比特币系统大约每 10 分钟就会产生一个数据块,这个数据块里包含了这 10 分钟内全网待确认的部分或全部交易。所谓挖矿,就是争夺将这些交易打包成交易记录区块的权利,比特币系统会随机生成一道数学难题,所有参与挖矿的节点一起参与计算这道数学难题,首先算出结果的节点将获得记账权。② 每个节点会对过去一段时间内发生的、尚未经过网络工人的交易信息进行收集、检验、确认,最后打包并加上节点的签名,组成一个无法被篡改的交易记录区块,并在获得记账权后将区块进行广播,从而让这个区块被全部节点认可,让区块中的交易成为比特币网络上公认已经完成的交易记录,永久保存。

进行挖矿最主要的工作是解决计算难题,最先求解出的矿工可以获得记账

---

① 周广猛、姚苏、李琳等:《基于区块链的数字内容生态价值链构建》,载《中国科学:信息科学》2021 年第 9 期。

② 王焕然、常晓磊、魏凯:《区块链社会:区块链助力国家治理能力现代化》,机械工业出版社 2020 年版,第 17 页。

权。数学难题是根据哈希算法设计的，哈希算法就是把任意长度的输入通过一定的计算方式，生成一个固定长度的字符串，输出的字符串即该输入的哈希值，比特币系统中采用SHA-256算法，该算法最终输出的哈希值长度为256比特（bit）。哈希算法的特点是，输入信息的任何微小改动都会引起哈希值的巨大变动，且这个变动不具有规律性。

工作量证明需要有一个目标值。比特币工作量证明的目标值（target）的计算公式为：目标值=最大目标值/难度值。

其中，最大目标值为一个恒定值：0x00000000FFFFFFFFFFFFFFFFFFFFFFFFFFFFFFFFFFFFFFFFFFFFFFFFFFFF。

目标值的大小与难度值成反比。比特币工作量证明的达成就是矿工计算出来的区块哈希值必须小于目标值。

比特币工作量证明，就是通过不停地变换区块头和随机数（即尝试不同的随机值）作为输入进行SHA-256哈希运算，找出一个特定格式哈希值的过程（即要求有一定数量的前导0）。而要求的前导0的个数越多，代表难度越大。

什么是不可逆加密？大致可以根据下面一个简单案例来了解。

小明：小红，数字A，经过下列计算：

第一步：A+12345=B

第二步：B^2=C

第三步：取C中第3~5位数，组成一个3位数D

第四步：D/20的结果求余数，得到E

小明：现在已经知E和上述计算方式，求A的值。

可以发现，上述算法中，知道E的值和计算方式，很难求解A的值。但是，如果知道A的值，对所求解的结果进行验证就很容易。这就是非对称加密算法的优势。

比特币中每个区块生成时，需要把上一个区块的哈希值和本区块的账本信息组合成一个数据值以计算一个哈希值。本区块的账本信息不仅包括所有交易的相关信息，还需要引入一个随机数。哈希值的位数是有限的，通过不断的尝试，总可以计算出一个随机数，但是哈希值的变动是不具有规律性的，因此无法通过寻找规律的方式计算出来，该随机数只能通过暴力枚举的方式获得，挖矿中计算数学难题的过程就是寻找随机数的过程。某个矿工成功计算出该随机数后，则会进行区块打包并全网广播，其他节点收到广播后，只需对包含随机数的区块按照同样的方法进行依次哈希运算即可，在通过合法性校验后，则接受这个区块，并停止本区块的计算，开始下一区块随机数的计算。随着技术的发展，开展一次哈希运算的速度会变得越来越快，为了保证比特币始终按照平均每 10 分钟一个区块的速度出块，必须不断调整计算出随机数的平均哈希计算的次数，若实际时间大于期望时间，则降低难度，若实际时间小于期望时间则增加难度。同时，为了防止难度变化的波动过大，每个周期的调整幅度必须小于一个因子，如果按照该幅度调整，出块速度仍然不能满足预期，则会在下一个周期继续调整。

按照中本聪的设想，比特币最好应当是由分散在世界各地的矿工自由挖取，这样才能保障其分布式治理的价值理念。然而，现实中由于比特币挖矿算力提升过快，挖矿的难度也在飞速上升。因此在比特币系统上线之后不到 5 年，挖矿已经逐渐由专业化挖矿团队所主导。目前，挖矿的一个趋势是挖矿设备逐渐走向专业化，由一开始的 CPU 挖矿转变为 GPU 挖矿，目前的矿工基本上是通过 ASIC 矿机去挖矿。[①]

随着比特币市场的火爆，越来越多的人参与到比特币挖矿中，但是按照原有的比特币设计模式，只有成功打包一个区块的矿工才能获取奖励，如果矿工都独立挖矿，在庞大的基数之下，挖矿的成功率低，且其他矿工投入的算力、电力资源就会白白亏损。根据 2022 年年初的挖矿难度和算力分布，一台算力为 100TH/s 的矿机（每秒执行 100 万亿次哈希计算的计算机），经过 79 年的挖掘，累计只能挖出 0.9761 个比特币。[②]

为了降低这种不确定性，矿池应运而生。当前大部分矿池是托管式矿池，一般由一个企业维护一个矿池服务器，运行专业的软件，协调矿池中矿工的计算任务，矿工不需要参与区块的验证工作，仅由矿池服务器验证即可，因此矿工也不需要储存历史区块，这极大地降低了矿工的算力及存储资源消耗。当前矿

[①] 傅丽玉、陆歌皓、吴义明等：《区块链技术的研究及其发展综述》，载《计算机科学》2022 年 S1 期。

[②] 华为区块链技术开发团队编著：《区块链技术及应用》，清华大学出版社 2019 年版，第 8 页。

池协调矿工计算工作最为主要的协议为 Stratum 协议,该协议采用的方式是主动分配任务。矿工首先需要链接到矿池订阅工作,矿池会返回订阅号 ID,矿池给矿工指定难度及后续构造区块所需要的信息。链接成功后,需要在矿池注册一个账户,添加矿工,每个账户可以添加数个矿工。注册完成后即可申请授权,矿池授权成功后才会给矿工分配任务。矿池分配任务时,会提供任务号 ID 及打包区块需要的相关信息。收到任务后,矿工即开始哈希计算并打包区块。如果矿工收到新任务,将直接终止旧任务,开始新任务,同时矿工可以主动申请新任务。

这种托管式矿池存在一定的争议,但是矿池的存在极大地降低了挖矿的门槛,并降低了矿工的风险,使普通设备也可以参与到挖矿的工作中来,由此吸引了更多的矿工参与到区块链网络中。这种托管式矿池明显的弊病就是在一定程度上违背了区块链去中心化理念。后来有人提出了以 P2P 矿池来取代这种托管式矿池,但是其效率远低于托管式矿池,导致挖矿效益低下,大部分矿工还是更愿意忠于利益而选择托管式矿池。托管式矿池掌握了大量的算力资源,拥有强大的话语权,当某个矿池或者几个矿池联合起来算力超过 50% 时,就可以做出任意决定出块的内容、篡改交易等行为。但是从经济学角度来说,拥有强大算力的矿池已经是既得利益者,为保障自己的利益,他们会不遗余力地保障比特币网络的平衡,因此不必对此太过担心。

(四)比特币的账户管理

比特币账户拥有匿名机制。中本聪设计的比特币吸收了密码朋克的隐私保护理念,建立了新的隐私模型,比特币账户作为数字身份,不需要与真实身份建立对应关联关系。比特币账户也被称为比特币钱包或者比特币钱包地址,由向全网公开的公钥和仅由账户所有权人控制的私钥组成。比特币私钥是用户掌控账户的唯一条件,私钥丢失则账户亦将丧失,转移私钥意味着账户控制权转移。进行比特币转账时,也可以直接选择将一定数量的比特币存入某个比特币钱包地址,并将其私钥移交给受让人。

目前,比特币官网 https://bicoin.org 上介绍了 3 种钱包生成方式,包括移动钱包、桌面钱包和硬件钱包。在实践中,还存在将钱包地址和私钥打印保存等多种形式。总体上看,可以进行以下分类。按照比特币钱包是否需要中介,可以分为自主生产钱包与钱包公司钱包两种类型。由于比特币具有去中心化的特征,比特币钱包地址理论上拥有 $2^{256}-1$ 个,可以在比特币官方平台自主生成。然而,很多人并不习惯自行到比特币官网系统自主生成钱包,而是通过其他中介平台来生成。目前,全球比较知名的数字货币钱包公司有 Metamask、Imtoken 等钱包类型。按照比特币钱包是否有硬件载体,可以分为硬件钱包和网络钱包。一般来说,硬件钱包是将公钥和私钥存储于硬盘空间内的钱包。理论上讲,将比特币钱包地址和私钥打印在纸张上或者刻印在钢板等物理载体上,也都属于硬件钱包的特殊形式。在黑客攻击泛滥的网络空间中,硬件钱包能够有效防范黑客攻击。但硬件钱包也存在自身的特殊风险,即硬盘物理损坏或丢失。网络钱包包括网页钱包、客户端钱包等,其优势是能够随时掌控账户,缺点则是面临黑客威胁。一般来说,比特币数量较多的账户倾向于采用硬件钱包存储的方式,而仅仅将少量比特币存储在网络钱包中。

(五)比特币的安全性

自诞生之日起,比特币的价格经历了多次的暴涨暴跌。[①] 2011 年 1 月,一枚比特币的价格还不到 30 美分,至 2017 年 12 月 17 日上涨至 19,821 美元,2018 年 12 月 15 日跌至 3155 美元,但在 2021 年 11 月 10 日已经跃升到了 69,040 美元,2022 年 11 月 22 日跌至 15,450 美元,至 2024 年 3 月 14 日上涨至 73,787 美元,截至 2025 年 3 月 14 日,最高价格达到了 109,800 美元。虽然比特币价格屡创新高,但是比特币是否安全仍然是众人关注的核心问题。

事实上,比特币的安全系数很高,甚至是高于其他现有安全级别最高的互联网基础设施。其安全性源于特殊的加密算法。比特币账户余额显示在比特币网络中,交易比特币时需要一种特殊的密码,这种密码被称为"私钥",与"私钥"相对的"公钥"相当于银行账户,也就是银行卡号。在比特币系统中,"公钥"就是转账的地址,当对方知道你的"公钥"后,就可以与你进行比特币交易

---

① 下述比特币的价格由笔者根据全球最大的数字货币交易所币安、欧易等统计所得,各交易平台的实际成交价略有差异。

了。私钥通过加密生成公钥,公钥转换格式生成地址,因此可以由私钥推导出公钥,再推导出地址。在比特币系统中,公钥由私钥进行推导,当私钥丢失时,他人会推导出对应的公钥获取比特币账户地址,账户中的比特币就会被窃取。从理论上看,这是比特币面临的主要威胁。

理论上存在两种窃取比特币的方法,一是通过地址或公钥,反推私钥;二是采取逐个尝试的方法,进行暴力破解。但是这两种方法都是不可行的。比特币采用了 SHA-256 随机椭圆曲线数字签名算法,这个算法利用椭圆曲线中离散对数问题的困难性来保证安全性。相当于有一个点在一个空间内做随机方向的曲线运动,私钥相当于椭圆曲线算法中点的行进路线,公钥相当于椭圆算法中的起点和终点。通过行进路线很容易就能得出起点和终点,但是仅通过起点和终点反推出行进路线是非常困难的,所以通过地址或公钥反推出私钥几乎是不可能的事。第二种方法同样是不可行的,可以把私钥的产生看成一种抛硬币行为,假设正面朝上为 1,反之则为 0,连续将硬币抛 256 次,将抛掷的结果记录下来,由此就形成了一个比特币的私钥,比特币私钥的本质就是 256 位的二进制数。如果通过暴力枚举的方式破解比特币的私钥,就需要将抛掷 256 次硬币所记录下来的结果一一列举,这种可能性为 2^{256} 种结果,这个数字是无比巨大的,即便使用超级计算机,也无法通过暴力的方式破解比特币的私钥。量子计算机比超级计算机快 100 万亿倍,量子计算机高超的算力可以通过公钥反推出私钥,但是量子计算仍处于初步阶段,执行的也只是特定任务,没有办法胜任通用计算任务,目前还没有产生任何的实际应用价值。因此,第二种方法也无法破解比特币的私钥,比特币运行体系总体是安全的。[1]

如此安全的运作系统仍然存在一定的不足。首先,比特币的价格波动极大。由于比特币没有真实的资产背书,也没有中央权威机构的背书调节,其价格平衡完全来自市场的博弈和群体的想象。为了制造稀缺性,诱导投机行为,引导用户持币,只能采取固定发行上线,逐步减少发行量的措施。这些因素导致了比特币价格波动强烈,无法承担价值尺度的货币职能,因此当人们失去对于比特币的热情时,比特币就会变得毫无价值。其次,比特币的交易确认时间

---

[1] 华为区块链技术开发团队编著:《区块链技术及应用》,清华大学出版社 2019 年版,第 11 页。

长,不利于实际应用。由于区块大小和出块时间的限制,比特币交易发出后需要等待一段时间,因此无法应用于快捷支付。最后,比特币缺乏监管,易滋生非法交易。由于比特币系统具有的去中心化的特点,使政府无法对该系统进行监管,使比特币被大量地用于洗钱、赌博等违法领域。①

二、区块链技术的发展历程

严格来说,区块链技术源于中本聪比特币白皮书,并成功实践于比特币。而人们关注区块链技术,则是始于2014年10月大英图书馆的一次研讨会。②当然,区块链作为一项重大科技创新,与其他伟大科技创新一样,都离不开前人的大量探索,是以往大量科技创新的系统集成和升华突破。而且,区块链技术在诞生之后,迄今仍然处于发展创新之中。

(一)区块链基础技术的发展历程

区块链是基于密码学、分布式网络和数据存储、共识算法等技术的集合创新,而且融合了货币的非国家化与防范公权力侵蚀个人信息自由等重要社会思想,区块链的发展与这些技术有着重要的联系。

1976年,惠特菲尔德·迪菲(Whitfield Diffie)和马丁·赫尔曼(Martin Hellman)发表了一篇开创性的论文《密码学的新方向》,首次提出了公共密钥加密协议与数字签名概念,构成了现代互联网中广泛使用的加密算法体系的基石,同时,这也是加密数字货币和区块链技术诞生的技术基础。同年,哈耶克(Friedrich August von Hayek)出版了《货币的非国家化》一书。哈耶克是经济自由主义的信徒,认为竞争是市场机制发挥作用的关键,而政府对于货币发行权的垄断对经济的均衡发展造成了破坏,进而提出了非主权货币、竞争发行等概念,为引导去中心化加密数字货币技术的发展提供了理论基础。

1977年4月,罗伯特·李维斯特(Ron Rivest)、阿迪·萨莫尔(Aid Shamir)、

---

① 华为区块链技术开发团队编著:《区块链技术及应用》,清华大学出版社2019年版,第12页。
② 官晓林、杨望、曲双石:《区块链的技术原理及其在金融领域的应用》,载《国际金融》2017年第2期。

伦纳德·阿德曼(Leonard Adleman)发表了论文"A Method for Obtaining Digital Signatures and Public-Key Cryptosystems",这篇论文提出了RSA非对称加密算法,这种算法在后来的数字安全领域得到了广泛的使用。1979年,默克尔(Ralph Charles Merkle)提出了Merkle-tree数据结构和对应的算法,现在被广泛用于校验分布式网络中数据同步的正确性,同样对密码学和分布式计算都起到了很重要的作用,这也是比特币用来做区块同步校验的重要手段。1982年,莱斯利·兰伯特(Leslie Lamport)提出了拜占庭将军问题,标志着分布式计算理论和实践正在逐渐走向成熟。同时,拜占庭将军问题也被认为是容错性问题中最难的问题之一。同年,大卫·乔姆(David Chaum)公布了密码学支付系统ECash,是加密数字货币最早的先驱之一。1985年,尼尔·科布利茨(Neal Koblitz)和维克托·米勒(Victor Miller)各自独立发明了著名的椭圆曲线加密算法。由于RSA的算法计算量大,在实际落地时遇到困难,椭圆曲线加密算法的提出极大地推动了非对称加密体系真正进入生产实践领域并发挥巨大影响,同时也标志着现代密码学理论和技术开始走向更加普遍的应用。1994年,尼克·萨博(Nick Szabo)提出了智能合约。1997年,亚当·贝克(Adam Back)提出了Hashcash算法,后来被比特币系统采纳。1998年,华裔工程师戴伟(Wei Dai)和尼克·萨博各自独立提出加密数字货币的概念,同年尼克·萨博创立了数字货币"比特黄金"(Bit Gold)。

Beenz、Flooz、E-cash、B-money等虚拟货币先驱尝试的失败主要是由其中心化的组织结构所造成的。这是因为为虚拟货币信用背书的公司一旦倒闭,或保管总账的中央服务器被黑客攻破,该虚拟货币即面临信用破产与内部崩溃的风险。21世纪初,点对点分布式网络技术飞速发展,为加密数字货币的实现夯实了技术基础。2008年10月,中本聪发表了比特币白皮书,才使加密数字货币及区块链进入人们的视野。

(二)区块链平台的发展历程

人类社会的发展进程与新技术的发明和应用有着密切的联系。近代史上已经发生过3次产业革命,现在正迎来第四次产业革命,也就是以网络化、信息化和智能化深度融合的产业革命,主要包括区块链、物联网、云计算和大数据、人工智能。①当然,也有人将这一阶段称为Web3,即第三代互联网。区块链技术的与众不同之处——每一个技术参数的改变都会引发经济甚至哲学上的变革与争论。区块链的发展进程可以分为3个阶段:区块链1.0阶段,即数字货币阶段,可信公链技术的发展推进了数字货币领域的各种探索;区块链2.0阶段,即智能合约阶段,以太坊和智能合约推进了首次发行币(Initial Coin Offering,ICO)和通证经济的兴起;区块链3.0阶段,即分布式社会治理阶段,区块链技术开始走向多链融合,区块链应用也开始与现实社会融合。

1. 区块链1.0时代:数字货币阶段

2009年1月,在比特币白皮书发表2个月后,比特币系统正式运行并开放了源代码。比特币的上线是区块链发展史上开天辟地的大事,意味着一种全新的技术正式诞生,通过其构建了一个公开透明、去中心化、防篡改的账本系统。区块链1.0基础上的商业应用创新,能够提供安全高效的信息传递机制,大幅降低交易成本,赋能多个行业发展。2009年1月11日前夕,发生了有史以来的首次比特币转账,中本聪将10个比特币转给了哈尔·芬尼(Hal Finney,1956—2014)②。区块链公开透明,任何人都可以在整个互联网上进行查询,基于区块链的所有交易信息或其他类型的账本变动,都可以进行追根溯源式的发掘。比特币可以在网站www.Bitcoin.org以及https://www.blockchain.com上进行区块查询,进而追踪到每一笔比特币交易。2009年1月3日,中本聪开发出首个实现了比特币算法的客户端程序并进行了首次"挖矿",获得50枚比特币,被称为比特币"创世区块"(Genesis Block),并留下了区块链的第一个信息:「TheTimes 03/Jan/2009 Chancellor on brink of second bailout for banks」(2009年1月3日,财政大臣即将拯救银行)。该信息是当天《泰晤士报》的头

---

① 王焕然、常晓磊、魏凯:《区块链社会:区块链助力国家治理能力现代化》,机械工业出版社2020年版,第2页。

② 哈尔·芬尼(Hal Finney),1956年5月4日出生于美国加利福尼亚州,是一名开发人员、密码专家和密码朋克。1979年毕业于加州理工学院,获得工程学学士学位。毕业后,他在一家开发游戏机的公司Mattel工作;芬尼还为诸如《创世纪历险记》《宇宙爆炸》《盔甲伏击》《黑暗洞穴》和《太空攻击》等游戏编写代码。芬尼还是一位著名的密码学家。20世纪90年代,他加入并运行了多中继邮件转发服务。它本质上是一种Crypto的邮件程序,阻止用户查看消息的来源和发送的地址。不久之后,芬尼创造了他的第一个"可重复使用的工作证明"系统。2014年8月28日,因肌萎缩侧索硬化症(ALS)去世。

条新闻标题,时值世界金融危机,英国财政大臣表达了第二次出手救助银行的意图。2013年8月,德国率先承认比特币的合法地位。① 此后,多个国家也先后承认了比特币的合法地位。

以比特币为代表的区块链1.0也被称为可编程货币。② 区块链1.0主要围绕比特币及其分叉币种展开,相关技术创新和产业发展集中于钱包服务、挖矿、矿机生产、数字货币科普、数字货币交易支持等。随着比特币的推广,越来越多的人加入数字货币行业之中,数字货币交易所也随之兴起,部分企业也开始接受比特币作为支付方式。当然,在跨国贸易、黑市交易等领域,比特币等数字货币具有天然优势,能够规避外汇管控等规则。当然,在比特币系统设置的区块大小固定,且每个区块的生成时间固定为10分钟上下,这就导致比特币转账的确认速度受到巨大限制。

比特币开展了一场规模空前的加密数字货币实验,在这个时代,从比特币系统中衍生出多种加密数字货币。莱特币(Litecoin,LTC)是2011年11月7日出现的一种对比特币原代码进行改良后发行的数字货币,目标是提供一种可以更快确认交易的数字货币,其总量是比特币的4倍,达到了8400万个。比特币现金(Bitcoin Cash,BCH)是2017年7月24日诞生的一种比特币分叉币,目标在于解决比特币手续费高、确认慢、实用性差等问题,总量与比特币相同,都是接近2100万个。除了上述影响力较大的比特币衍生产品外,还存在瑞波(XRP)等数万种数字货币。在此期间,还产生了一些扩展比特币性能的方案,比如说隔离见证、侧链技术、闪电网络等。③ 此外,还产生了一系列非比特币体系技术与产品。如达世币(Darkcon)原名为暗黑币,也是基于比特币的创新币种,目标在于打造一种匿名性更强和去中心化程度更高的数字货币,是一个极度强调个人隐私保护的数字货币;门罗币,将自己的交易地址、金额等交易信息隐藏起来,被定义为"不可追踪的数字货币";④大零币,是首个使用零知识证明

---

① 尹浩:《区块链技术的发展机遇与治理思路》,载《人民论坛·学术前沿》2018年第12期。
② 傅丽玉、陆歌皓、吴义明等:《区块链技术的研究及其发展综述》,载《计算机科学》2022年S1期。
③ 王焕然、常晓磊、魏凯:《区块链社会:区块链助力国家治理能力现代化》,机械工业出版社2020年版,第42~46页。
④ 王焕然、常晓磊、魏凯:《区块链社会:区块链助力国家治理能力现代化》,机械工业出版社2020年版,第50页。

机制的区块链系统,它可以提供完全的支付保密性;瑞波币,是一个开源、分布式的支付协议,它允许人们用任意一种货币进行支付,包括美元、日元、欧元,甚至是比特币,该协议的目标是基于区块链技术构建一个快速、低价的全球支付体系。① 超级账本,是一个由 Linux 基金会管理的开源区块链联盟链项目,由 IBM、英特尔、埃森哲、摩根大通等公司领衔参与,负责协调多个客户端的服务数据和低层次的"沟通和共识层",致力于提高全球金融服务基础设施水平。②

2. 区块链 2.0 时代:智能合约阶段

针对区块链 1.0 存在的专用系统问题,为了将区块链技术应用到更多的领域当中,区块链 2.0 阶段引入了智能合约,特别是以 2015 年启动的以太坊系统为代表,使区块链的应用范围得到了极大拓展,降低了社会生产消费过程中的信任和协作成本,提高了行业内和行业间协同效率。

1994 年,作为密码朋克核心成员之一的尼克·萨博首次提出了智能合约的概念,用来应对数字时代国家权力扩张对个人自由带来的巨大威胁。在萨博看来,智能合约本质上是一种智能化计算机协议,可以通过数字化方式促成、验证并执行合约的协商和履行,而且在理想情况下无须任何第三方参与。③ 区块链 2.0 强化了智能合约的作用,提供了一种通过计算机技术实现的旨在以数字化方式达成共识、履约、监控履约过程并验证履约结果的自动化合同,扩展了区块链的功能。④ 以太坊项目为其底层区块链账本引入了被称为智能合约的交互接口,带来了比特币之后区块链技术的首次迭代升级。当区块链技术在比特币中取得了巨大成功后,维塔利克·布特林(Vitalik Buterin,1994—,又被称为"V 神")于 2013 年 11 月在比特币基础上提出了以太坊(Ethereum)概念,并于 2015 年 7 月 30 日正式开始运行 ETH 系统。ETH 是在比特币基础上的重大创

---

① 王焕然、常晓磊、魏凯:《区块链社会:区块链助力国家治理能力现代化》,机械工业出版社 2020 年版,第 52 页。

② 王焕然、常晓磊、魏凯:《区块链社会:区块链助力国家治理能力现代化》,机械工业出版社 2020 年版,第 54 页。

③ Aaron Van Wirdum, *The Genesis Files: With Bit Gold, Szabo Was Inches Away From Inventing Bitcoin*, BITCOIN Magazine (July 12, 2018), https://bitcoinmagazine.com/culture/genesis-files-bit-gold-szabo-was-inches-away-inventing-bitcoin.

④ 华为区块链技术开发团队编著:《区块链技术及应用》,清华大学出版社 2019 年版,第 15 页。

新,既保有了比特币的数字货币功能,又内置了图灵完备的编程语言,将智能合约嵌入区块链系统,建立起了一个分布式自治平台。① 嵌入智能合约的以太坊区块链系统,有效提升了分布式节点参与智能化编程的便利性,又确保去中心化治理的价值理念不受侵蚀。

区块链1.0主要是数字货币,加入了智能合约的区块链2.0时代,则大幅拓展了区块链应用场景。ETH是公认的区块链2.0代表,是继比特币之后迄今为止最为重要的区块链创新,其愿景是提供一套智能合约和去中心化应用平台,ETH代币是其激励机制,作为代币的ETH总量约为1.2亿个。② 智能合约是执行合约条款的计算机交易协议,本质是运行在区块链上的代码。智能合约部署在区块链上之后,每个节点都保存一份副本,用户通过地址来调用运行合约。智能合约的执行结果同样保存在区块链上,可以作为交易的凭证。智能合约是推动经济进入智能化时代的重要工具,人们可以通过设计特定规则的智能合约,让物与物之间可以直接进行安全、可靠的交易,促进经济快速增长。③

智能合约与传统合约相比,主要具有三方面优势。一是大幅降低合约成本。智能合约以代码载明各方主体权利义务关系,在条件具备时直接执行合约,使整个交易过程变得透明简洁。二是智能合约的安全性较高。合约条款都是事先设定完成,这就避免了一方对合约条款的非法篡改,合约执行不受各种人为干预,用户受骗的风险较小。三是合约存储便利。合约会永远保存在网络上,不存在放错或者丢失的风险。④ 智能合约具有极为丰富的应用场景,大大拓展了区块链技术的产业应用空间,使区块链不再局限于比特币等数字货币领域,而是扩大到整个金融服务领域,甚至是弥散到整个经济体系的数字化智能化转型洪流之中。

---

① Vitalik Buterin, *Ethereum: A Next-Generation Smart Contract and Decentralized Application Platform*, https://ethereum.org/content/whitepaper/whitepaper-pdf/Ethereum_Whitepaper_-_Buterin_2014.pdf.

② Vitalik Buterin, *Ethereum: A Next-Generation Smart Contract and Decentralized Application Platform*, https://ethereum.org/content/whitepaper/whitepaper-pdf/Ethereum_Whitepaper_-_Buterin_2014.pdf.

③ 徐恪、姚文兵:《赛博智能经济与区块链》,载《广东工业大学学报》2018年第3期。

④ 王焕然、常晓磊、魏凯:《区块链社会:区块链助力国家治理能力现代化》,机械工业出版社2020年版,第83页。

智能合约的内容,大部分仅表示网络虚拟空间的操作规则,小部分涉及不同主体之间的协议约定,与合同法存在重叠和交叉。随着物理空间的当事人和资产越来越多地出现在区块链上,智能合约与合同法的重叠会不断增加。总体上看,智能合约与传统合同存在规范层面及社会作用层面的差别。

从规范层面看,智能合约与传统合同在意思表示、规范载体和合同执行三个方面存在重大差异。第一,在意思表示方面。根据《民法典》合同编规定及相关理论,合同本质上是双方或多方意思表示的合意,作出意思表示的主体应当具有法律规定的行为能力,且合同内容不能违反法律的强制性规定和社会公德。合同是当事人在符合法律规范要求条件时达成的协议,故应为合法行为。合同一经成立即具有法律效力,意味着合同当事人各方建立、中止或消灭了特定的权利、义务关系。智能合约则与之不同,其内容在大多数情况下是系统规则的描述,并不存在预设的当事人,且目前智能合约的协议内容大多是由智能合约创始人单方定义,未来会由多方协商确定。参与智能合约的当事人并不一定是具有民法上行为能力的主体。第二,在规范载体方面。传统合同是在合同法的框架下,将当事人双方的意思表示用无歧义的文字表述出来;智能合约则大多通过计算机语言实现,未来希望能够用自然语言和计算机语言各自实现,并做交叉验证。[①] 第三,在执行方面。合约的执行事关重大,智能合约与传统合同具有本质不同。传统合同的执行首先依赖于合同相对人的自觉履行,遭遇违约行为时则寄希望于司法机关等公权力系统的救济;智能合约事前制定执行规则,条件达成后触发自动执行,不以当事人意志为转移,杜绝主观意愿性违约行为的发生。

从社会作用层面看,智能合约与传统合同的差别主要集中在两个方面。一方面,智能合约可能在一定程度上重构合同法的基础制度。从支撑合同法的司法程序层面看,随着智能合约的推广,法律一旦形成就会自动被公布在区块链上,法律条文也可能经过代码化进入智能合约法律库,为下一步的自动化司法活动做准备。同时,法律规范的载体形式也可能会发生剧烈变化,计算机语言

[①] 王焕然、常晓磊、魏凯:《区块链社会:区块链助力国家治理能力现代化》,机械工业出版社 2020 年版,第 84 页。

将会与自然语言共同发挥作用,从而使嵌入智能合约的自动化智能执法、司法成为可能。此外,法学教育和研究方式也会因之发生变化,计算机和相关技术,例如,区块链、人工智能和大数据的课程会进入法学院,成为法学院的必修课程。另一方面,在司法证据制度上,智能合约与法律可以完美结合,电子数据保存在区块链中,区块链技术可以保证数据的正确性。智能合约使用正确的数据在链上运行,得到的结果达成共识后,才被接受,因此智能合约使运行结果更加有保证。智能合约运行后形成的结果又会被存储于区块链上,保证数据不被更改,这结果可能会被以后的智能合约使用,使结果存储更加有保证。①

到目前为止,以太坊智能合约最广泛的应用是 ICO 代币发行、去中心化金融(Defi)、NFT 等。主要应用为简单客观场景,包括保险合同、托管和特许权的分配等,其他场景可能会涉及更多的主观判断。对于完全用代码编写的智能合约来说,法院在应用合同法来确定是否或者何时形成合同、是否履行了其义务、是否有违约等方面将面临挑战,如果发生争议,所涉及的领域和概念将决定法院和律师参与的程度。尽管智能合约提供了确定性,但合同法必须具有一定程度的灵活性来管理主观问题。虽然智能合约将减少对人力的需要,但监管监督依然存在的必要性,仍然需要人员对智能合约的代码进行审核和解释。② 智能合约是区块链系统发展应用的重要内容,也是目前传统网络安全公司尚未触及的安全盲区,安全机制的建立从理论走向现实仍然需要很长的时间。

以太坊开创的区块链 2.0 时代,不仅因为智能合约取得了创新,在公链技术上也做了很多突破。比如,以太坊采用改进的工作量证明机制将出块时间缩短到了 15 秒,每秒能够处理 30 笔交易,从而能够满足更多应用。③ 创设叔块链,通过奖励引用叔块链,给小矿工生存空间,保证算力的分散,促进主链安全,在计算最长链时,将叔块链计算在内,使伪造长链攻击更难。创设 Merkle

---

① 王焕然、常晓磊、魏凯:《区块链社会:区块链助力国家治理能力现代化》,机械工业出版社 2020 年版,第 85 页。
② 王焕然、常晓磊、魏凯:《区块链社会:区块链助力国家治理能力现代化》,机械工业出版社 2020 年版,第 86 页。
③ 华为区块链技术开发团队编著:《区块链技术及应用》,清华大学出版社 2019 年版,第 16 页。

Patricia Tree(MPT),根据 MPT 实现了区块链快速状态回滚以及简单支付验证。以太坊系统中设有难度更新机制,用来度量挖出一个区块平均的运算次数,并需要在每生成一个区块时对区块难度作出调整,这样就可以使区块以一个合理而稳定的速度产生。① 以太坊设计了自己的虚拟机(Ethereum Virtual Machine,EVM),用于执行交易代码,这是以太坊与其他系统的核心区别。② 并且与比特币不同的是,以太坊有详细的升级发展规划,并由以太坊基金会负责具体推进实施,更加专注于系统的安全性、隐私性、扩展性及共识机制等多方面的升级改善。2016 年 7 月 20 日,ETH 首次分叉,以创始人布特林等人为核心的团队集体转向算法更新后的 ETH 新链,并继续沿用了 ETH 的名称,原有 ETH 链则被称为以太经典(ETC)。

3.区块链 3.0 时代:分布式社会治理阶段

在比特币为代表的区块链 1.0 和以太坊为代表的区块链 2.0 基础上,区块链技术和产业发展也步入了新的阶段,其中最引人关注的就是分布式社会治理,这被称为区块链 3.0 时代。2018 年 5 月 28 日,习近平总书记在中国科学院第十九次院士大会、中国工程院第十四次院士大会上发表讲话时指出:"进入 21 世纪以来,全球科技创新进入空前密集活跃的时期,新一轮科技革命和产业变革正在重构全球创新版图、重塑全球经济结构。以人工智能、量子信息、移动通信、物联网、区块链为代表的新一代信息技术加速突破应用……"③区块链被认为是"新一代信息技术"的重要组成部分。2019 年 10 月 24 日,习近平总书记在中央政治局第十八次集体学习会上强调,把区块链作为核心技术自主创新的重要突破口,加快推动区块链技术和产业创新发展。要构建区块链产业生态,加快区块链和人工智能、大数据、物联网等前沿信息技术的深度融合,推动集成创新和融合应用,发挥区块链在促进数据共享、优化业务流程、降低运营成

---

① 王焕然、常晓磊、魏凯:《区块链社会:区块链助力国家治理能力现代化》,机械工业出版社 2020 年版,第 72 页。

② 王焕然、常晓磊、魏凯:《区块链社会:区块链助力国家治理能力现代化》,机械工业出版社 2020 年版,第 78 页。

③ 新华社:《习近平:在中国科学院第十九次院士大会、中国工程院第十四次院士大会上的讲话》,载中华人民共和国中央人民政府网,http://www.gov.cn/xinwen/2018-05/28/content_5294322.htm。

本、提升协同效率、建设可信体系等方面的作用。①

数字货币作为一种通证设施,能够提供可信的价值流通渠道,建立价值互联网,而智能合约则提供了多方协作参与治理的规范体系,为区块链赋能经济社会治理打下了坚实的制度基础。区块链建立了行业运转规则,引入 token(通证)作为权益证明,能够实现链中价值流转,也会引起利益的重新分配。② 目前,尚无准确的区块链 3.0 界定标准,大量新涌现的区块链技术和产业创新,实际上与以太坊等生态系统密切相关。与比特币作为区块链 1.0 的公认代表和以太坊作为区块链 2.0 的核心内容不同,区块链 3.0 尚未形成标志性创新。③ 然而,现有的创新确实已经超出了比特币和以太坊的范畴,司法区块链、NFT、政务区块链等应用场景,都可以被视为区块链 3.0 的重要应用场景,涵盖了司法、文化、政府管理等多个方面。

区块链 3.0 为数据协同和人工智能发展提供了可靠技术支撑。人类正在加速进入数字智能时代,数据在其中发挥了至关重要的作用,党的十九届四中全会将数据增列为生产要素。④ 大部分的数据都是通过应用软件提取的,比如百度通过搜索结果收集数据,微信通过用户的社交档案收集数据,淘宝基于用户的消费习惯收集数据等,都是通过应用程序在使用过程中收集用户的活动数据。但是,想要使人工智能拥有决策能力,必须能够接触到实时数据。这得益于传感器技术的一些重大创新,比如测量温度、位置、速度、加速度、语音扫描、生物计量等,可以从环境里、机器内甚至在人体内获得实时数据。物联网其实是人类感官的数字形式。⑤ 数据是人工智能的"燃料",人工智能则是吸收数据的"引擎",将其与之前数据进行交叉引用,分类整理,作出判断,在现实世界触发行动。目前用于深度学习的神经网络有了较大进展,神经网络是以模仿人类

---

① 新华社:《习近平在中央政治局第十八次集体学习时强调 把区块链作为核心技术自主创新重要突破口 加快推动区块链技术和产业创新发展》,载中华人民共和国中央人民政府网,https://www.gov.cn/xinwen/2019-10/25/content_5444957.htm。
② 尹浩:《区块链技术的发展机遇与治理思路》,载《人民论坛·学术前沿》2018 年第 12 期。
③ 傅丽玉、陆歌皓、吴义明等:《区块链技术的研究及其发展综述》,载《计算机科学》2022 年 S1 期。
④ 《中共中央关于坚持和完善中国特色社会主义制度推进国家治理体系和治理能力现代化若干重大问题的决定》,载《人民日报》2019 年 11 月 6 日,第 1 版。
⑤ 王焕然、常晓磊、魏凯:《区块链社会:区块链助力国家治理能力现代化》,机械工业出版社 2020 年版,第 238 页。

大脑的算法为核心的机器学习子集。深度学习是一种基于相关概念或者决策树分层的神经网络，某个问题的答案会产生更深层次的相关问题，直到数据被正确地识别出来。得益于丰富的数据和智能算法，智能计算的商品化已具备可能性。人类智能的协作性很强，意味着社会性的知识库是人类智能与其他智能互动的结果。两个智能系统之间的障碍阻碍了人工智能的发展速度，因为它抑制了连接的建立。连接越多，智能系统就会变得越智能。为了实现社会的连接最大化，所有系统都需要能够方便地彼此交互，从而让数据和价值在社会自由流动。区块链技术作为数据确权与共享的基础设施，能让任何系统接收输入并发送输出给任何其他系统，并且提供不可抵赖的、安全的、实时操作的数据传送，在必要时可以提供保密选项。

区块链与人工智能等重大科技创新的结合，将会给整个经济社会治理带来剧烈影响，有学者以"区块链革命"来描述这一景象。区块链的应用场景虽然已经十分丰富，但是彼此割裂的现象仍然广泛存在，区块链旨在建立的价值互联网仍然只是在一定范围内得以实现。各行业区块链应用还是彼此相互孤立，价值只能在自身区块链内流转。区块链3.0有望打破这一境况，真正实现价值的自由交换。[①]

三、区块链的技术原理

区块链之所以能够成为数字经济的重要基础设施，主要源于其强大的技术能力，为一系列新型应用场景提供了技术支持，提升了经济社会运转效率。不同的区块链类型具有自身特点，但总体上看都具有去中心化等基础特征。

（一）区块链的基本类型

考察区块链网络范围及节点的特性，共识机制的设计隐含了分布式网络去中心化的程度，根据去中心化的程度不同，区块链技术分为公链、联盟链和私

---

① 王焕然、常晓磊、魏凯：《区块链社会：区块链助力国家治理能力现代化》，机械工业出版社2020年版，第239页。

链。此外,侧链也是与上述三种区块链类型相似而又存在很大区别的区块链类型。因此,区块链可划分为公链、联盟链、私有链和侧链四种应用形态。

公链亦称公有链,是所有人都能够自由参与区块链数据读取、维护和参与决策的区块链系统。公链的去中心化程度高,所有人都可以读取数据、进行交易、参与共识过程。[1] 哪怕是公链开发者自身,都无权干涉其他参与者加入或者退出公链。公链的典型案例是比特币。适用比特币系统,只需下载相应的客户端。创建钱包地址、转账交易、参与挖矿,这些功能都是免费开放的。比特币开创了去中心化加密数字货币的先河,并充分验证了区块链技术的可行性与安全性,比特币本质上是一个分布式账本加上一套记账协议。但比特币尚有不足,在比特币体系内只能适用比特币一种符号,很难扩展用户自定义的信息结构来表达更多信息,比如资产、身份、股权等,从而导致扩展性不足。为了解决比特币扩展性不足的问题,以太坊应运而生。以太坊通过支持图灵完备的智能合约语言,极大地扩展了区块链技术的应用范围。以太坊系统中也有地址,当用户向合约地址发送一笔交易后,合约激活;然后根据交易请求,合约按照事先达成共识的契约自动运行。[2] 一般而言,需要大量公众参与和最大限度地保证数据公开透明的系统,都适合选用公链。[3] 当然,公链的缺陷也很明显,就是开发者一旦完成公链开发并上线,就很难再完全主导公链的发展方向,其对公链的后续发展只能依靠自身影响力来实现,而非事实上的控制。

联盟链与公链存在重大区别,节点数量往往远少于公链,且基本上与公链的开发者建立了密切联系,联盟链的治理只需要这些特定节点达成共识即可。现实中,银行之间的跨行支付、清算、结算和企业供应链管理、区块链存证、政府数据共享等,都是联盟链的重要应用场景。相对于公链的自由进入和退出,联盟链一般要求严格的身份认证。联盟链上的全部节点共同维护一个账本,这些节点可能是企业,也可能是政府机关,联盟链要确保数据能够共享。联盟链能够解决企业因互不信任导致信息无法共享的问题,不同业务可以采用不同的通

---

[1] 周广猛、姚苏、李琳等:《基于区块链的数字内容生态价值链构建》,载《中国科学:信息科学》2021年第9期。
[2] 华为区块链技术开发团队编著:《区块链技术及应用》,清华大学出版社2019年版,第22页。
[3] 蔡维德、郁莲、王荣等:《基于区块链的应用系统开发方法研究》,载《软件学报》2017年第6期。

道,通道内数据只对参与该通道的节点可见,在实现数据共享的同时实现数据保护。① 联盟链的典型代表是 Hyperledger Fabric 系统,该系统是超级账本项目中的基础核心平台项目,它致力于提供一个能够适用于各种应用场景的、内置共识协议可插拔的、可部分中心化的分布式账本平台,是首个面向联盟链场景的开源项目。Hyperledger Fabric 系统部署了多个不同的智能合约,这些智能合约运行在多个相互独立的通道中,只有部分被指定的节点需要参与见证这些通道中的交易,其他的节点和通道都无权查看,从而在区块链系统中建立了业务隔离机制。Hyperledger Fabric 系统的节点也具有角色分类,例如证书分发节点、排序节点等,其具体交易流程为:客户端提交交易提案到背书节点,收到背书节点的提案答复并验证后,封装提案为交易提交给排序节点,排序节点将交易广播给所有节点,所有节点更新状态数据库,同时打包成区块追加到区块链上。② 相对于公链而言,联盟链具有四大优点。一是显著提升交易效率。联盟链上的节点并不会匿名,节点参与区块链管理的身份认证和管理职能也较为明确。在此背景下,联盟链进行交易确认所需要的节点数量将会十分有限,与公链系统确认交易需要全网大多数算力认可截然不同。所以,联盟链共识算法比基于工作量证明机制公链所需的共识算法简略,成本也更加低廉。二是更为强大的安全隐私保护机制。联盟链数据仅对特定节点开放,非联盟链节点或者联盟链开发者所认可的成员无法访问联盟链内的数据。而且,联盟链的不同节点也存在权限差异,联盟链数据也会存在一定的隔离。三是联盟链一般不设置代币激励。联盟链中的参与方为了共同的业务收益而共同配合,③本身就拥有强大的动力来维护联盟链系统,无须通证奖励等外部激励。四是用户群体统一。联盟链本身建立了一个较为强大的生态系统,涵盖了多个服务商,用户仅仅需注册一个账号即可对接联盟链生态中的全部服务,降低了平台的准入门槛。④

---

① 周广猛、姚苏、李琳等:《基于区块链的数字内容生态价值链构建》,载《中国科学:信息科学》2021 年第 9 期。
② 周广猛、姚苏、李琳等:《基于区块链的数字内容生态价值链构建》,载《中国科学:信息科学》2021 年第 9 期。
③ 华为区块链技术开发团队编著:《区块链技术及应用》,清华大学出版社 2019 年版,第 41 页。
④ 周广猛、姚苏、李琳等:《基于区块链的数字内容生态价值链构建》,载《中国科学:信息科学》2021 年第 9 期。

私有链是仅供企业或政府组织内部使用而不对外公开的区块链。严格来说,私有链本质上是只有一个节点的联盟链形态,其去中心化程度较低,但是形成共识的速度快,可供机构内部使用。一般来说,企业内部的票据管理、账务审计、供应链管理等,都适合运用私有链。相比于传统数据库系统,私有链的最大好处是加强了审计和自证清白的能力,没有人可以轻易篡改数据,即使发生篡改也可以追溯到责任方。[1]

侧链是在某一区块链的特定节点上延伸而成的新区块链,原有的区块链被称为主链,新延伸出的链就被称为侧链。主链与侧链之间可以进行数据交换,这一功能极大地提升了区块链的可拓展性,具有十分广阔的应用空间。而且针对新出现的应用场景,侧链还可以继续分化出新的侧链类型。区块链初创公司——区块流(Blockstream)就是在比特币的主区块链基础上开发了侧链和一系列工具,并允许客户创造自己的侧链。[2]

(二)区块链的关键技术

区块链和比特币的诞生深受密码学的影响,密码朋克更是为其提供了基础性的创新灵感。吸收了密码学最前沿创新的区块链技术,具备了不可篡改、身份验证、通信安全、存储安全、隐私保护等关键优势。观察2008年比特币白皮书发表以来的区块链技术演进历程,已经基本形成了一些较为固定的技术,如哈希算法、非对称加密算法、数字签名算法、数字证书、对称加密算法。[3] 当然,还有一些区块链项目运用了零知识证明等技术。

哈希算法也被称为散列树算法,是一种将任意长度输入信息转换成固定长度输出的算法。现有的哈希算法主要有 SHA-1、SHA-224、SHA-256、SHA-384 和 SHA-512,由美国国家安全局所设计,并由美国国家标准与技术研究院发布。运用哈希算法能够很快得出输出值,但是如果从输出值反推输入值则几乎不可能实现,且任何输入值的细微变化都将导致输出值巨变。因而,哈希算

---

[1] 华为区块链技术开发团队编著:《区块链技术及应用》,清华大学出版社2019年版,第48页。
[2] 宫晓林、杨望、曲双石:《区块链的技术原理及其在金融领域的应用》,载《国际金融》2017年第2期。
[3] 华为区块链技术开发团队编著:《区块链技术及应用》,清华大学出版社2019年版,第58页。

法成为互联网广泛运用的加密方式,比特币也运用了 SHA-256 算法作为共识机制。哈希算法正是因为具备输入敏感和强抗碰撞等特性,区块链上的任何细微篡改,都能够很容易地反馈到输出结果上,从而保证了区块链的不可篡改性。此外,由于哈希算法的正向验证极为准确轻松,任何节点通过简单快速地对区块内容进行哈希计算都可以独立地获取该区块哈希值。每个区块都包含了前一个区块数据的哈希值,并继续嵌套进入下一个区块的区块头中。要篡改某区块里的一笔交易,意味着该区块头中"默克尔根哈希值"会发生变化,从而导致该区块头的哈希值发生变化,进而导致区块头哈希值与下一个区块记录的当前区块头哈希值不相等,从而发生校验错误。[1]

默克尔树。默克尔树是一种哈希二叉树,叶子节点是每个交易的哈希值,2 个节点组合起来计算得到的哈希值组成了 1 个新节点,逐级上升演化的节点会被记录到区块头部。默克尔树的任意交易数据被篡改后,默克尔树的哈希值会发生一定的改变,区块无法被验证通过,通过这种方式实现区块链的防篡改性。[2] 这样就可以通过默克尔树快速比较两个区块中存储的交易是否完全一致,从而快速识别某交易是否被篡改。默克尔树大多用来进行完整性验证处理。在处理完整性验证的应用场景中,特别是在分布式环境下进行这样的验证时,默克尔树会大大减少数据的传输量及计算的复杂度。哈希算法和默克尔树的应用可以快速定位数据错误以及快速校验部分数据是否在原始数据中,从而在算法上保证区块内部数据的不可篡改。[3]

数字签名。公钥和私钥是区块链节点和用户的基础工具。以比特币为例,某个钱包账户在支付比特币时,输入私钥对交易内容生成一段数字签名,向全网广播交易信息,比特币网络上的节点接收到广播消息后,能够利用公钥对交易中附加的数字签名进行验证。数字签名算法其实是非对称加密算法与哈希算法的结合使用,一套数字签名算法一般包含签名和验签两种运算。数据经过签名后,非常容易验证完整性,并且不可抵赖,只需要使用配套的验签方法验证

---

[1] 华为区块链技术开发团队编著:《区块链技术及应用》,清华大学出版社 2019 年版,第 58~60 页。
[2] 徐恪、姚文兵:《赛博智能经济与区块链》,载《广东工业大学学报》2018 年第 3 期。
[3] 华为区块链技术开发团队编著:《区块链技术及应用》,清华大学出版社 2019 年版,第 61 页。

即可,不必像传统物理签名一样需要专业手段去鉴别。消息签名的简化过程大致如下:(1)消息签名者,持有非对称加密的私钥;(2)通过哈希算法对待签名的消息计算哈希值;(3)通过非对称加密算法,利用私钥对消息哈希值执行加密,得到签名结果。消息验签的简化过程大致如下:(1)消息验签者需要持有签名私钥对应的公钥;(2)消息验签者收到一段消息和消息的签名,通过公钥读取签名进行解密,如果解密失败,兹证明消息不是来自公钥对应的私钥持有者,从而证明签名者不合法,如果解密成功,得到原始消息的哈希值;(3)对接收的消息利用与签名时相同的哈希算法和随机数,重新计算一遍哈希值,如果重新计算的哈希值和解密得到的哈希值不同,则说明消息在传输过程中被篡改。[1]

非对称加密算法。非对称加密算法是一种密钥的保密方法。非对称加密算法需要2个密钥:公开密钥和私有密钥。公钥与密钥是一对,如果用公钥对数据加密,只有用对应的私钥才能解密,因为加密和解密使用的是2个不同的密钥,所以这种算法叫作非对称加密算法。[2] 公钥和私钥符合严格数学关系的一一对应,一个公钥有且只有一个对应的私钥。公钥加密的信息只有相应的私钥才能解密,私钥签名的内容只有相应的公钥才能解密。私钥签名——公钥解密通常用在数字签名中。非对称加密在区块链中的使用方式如下:(1)公钥用于产生比特币钱包地址;(2)私钥用于核对交易数据签名,确认交易不可伪造、不可抵赖;(3)公钥验证某交易的签名,确认交易发起方的真实性。[3]

UTXO记账方式。UTXO是英文"Unspent Transaction Outputs"的缩写,意为"未花费的交易输出",它是比特币交易生成及验证的主要方式。与"比特币"这个名称的直观概念不同,比特币并没有一个真实的数字货币形式或者载体,也不像传统的银行账户一样保存账户余额。比特币仅仅通过分布式共享账

---

[1] 华为区块链技术开发团队编著:《区块链技术及应用》,清华大学出版社2019年版,第61~62页。
[2] 卿苏德、姜莹、王秋野:《区块链的技术原理和意义》,载《电信网技术》2016年第12期。
[3] 王焕然、常晓磊、魏凯:《区块链社会:区块链助力国家治理能力现代化》,机械工业出版社2020年版,第9页。

本记录了每一笔交易,类似账务记账的会计分录,因此,实质上没有"比特币",只有 UTXO 共享账本。通过获取所有关联比特币地址的未花费输出形成一个集合,可以快速地验证交易中的比特币是否被花费,以防止针对数字货币的"双花攻击"。① 比特币的设计中采用了 UTXO 的记账方式,基于如下几点考虑:(1)确保了比特币的匿名性和隐私性。一个用户的比特币余额是钱包软件聚合用户的 UTXO 计算出来的,如果用户启用了新的地址用于转账和交易,新地址与原地址之间的交易很难被追踪,更好地保证用户的隐私,而传统的账户余额是无法做到的。(2) UTXO 模型通过链式的方式组织所有交易的输入与输出,每一笔交易的输出最终都能追寻到比特币被挖出时的区块的每一笔交易,使每一个比特币的来源都可以被追溯,确保比特币的信用基础。(3) UTXO 由于只记录有用的交易信息,大大简化了数据的存储。比特币运行超过 16 年,其账本数据规模才 600 余 GB。② (4) UTXO 结构有利于并行处理交易,提升了系统的交易验证速度。

P2P 网络。P2P(Peer-to-Peer Networking)是一种点对点的通信方式,可以不经过中介组织实施信息、资源交换。P2P 网络中的节点地位平等,有利于达成平等协商和资源共享等目的。③ 在 P2P 网络诞生之前,传统互联网基础架构高度依赖于中心化的服务器,即 C/S 架构,信息传递需要经过中介进行,而非端对端。中心化的服务端便于管理和维护,但是当服务端节点发生故障时整个系统都会陷入瘫痪,且服务能力受制于中心化服务端的承载能力。更为严重的是,中心化服务端整体上难以应对需求端的灵活变化,无论是算力还是存储能力都需要提前准备,而需求端的大量算力和设备则长期处于闲置状态。P2P 网络消除了中心化服务端点,将全部网络节点视为平等主体,网络上的工作负载由此可以被分散配置到各节点。P2P 网络结构中,全部网络用户共同维护网络运转,全部节点能够从任意节点处获取资源和服务,节点之间数据传输摆脱了对中心服务端的依赖,作为平等节点的网络用户可以随时加入或者退出 P2P 网络,而网络依然能够保持正常运转。P2P 网络容量会随着用户数量的增加而

---

① 郭上铜、王瑞锦、张凤荔:《区块链技术原理与应用综述》,载《计算机科学》2021 年第 2 期。
② 截至 2025 年 1 月 26 日,Blockchain.com 网站数据显示,比特币账本数据规模为 632.96GB。
③ 徐恪、徐明伟等编著:《高级计算机网络》,清华大学出版社 2012 年版,第 354~384 页。

扩大,即节点数目增加。网络资源也在同步扩张,P2P网络提供的服务质量也相应提高。① 区块与链的结构仅保证了单个节点数据存储的完整性与数据可验证性。要实现数据不可篡改的目标,需要基于P2P分布式网络实现数据的分布式共享存储,在P2P网络的每一个节点都保存数据的备份,只要存在经验证没有被篡改的数据,就可以对真实数据进行全网恢复。P2P网络依赖所有参与者的算力和硬件设施,而非以往的依赖少数中心化服务器。P2P网络中,所有网络节点都处于同等地位,没有服务端和客户端之分,每一个节点既是服务端也是客户端。② P2P网络有去中心化和健壮性的特点。去中心化是指网络中的资源和服务分散在所有节点上,信息的传输和服务直接在节点之间进行,无须中间环节和中心化服务器的介入与存在;健壮性是指P2P网络具有耐攻击、高容错的特性,服务和信息分散在各个节点之间进行,部分节点和网络遭到破坏对网络整体影响很小。P2P网络的设计思想与区块链的理念完美契合。

共识机制是比特币作为加密货币的先决条件,没有共识就没有比特币。共识包括两方面:一方面是数据的共识,另一方面是对比特币的价值达成共识。③由于P2P网络下存在较高的网络延迟,各个节点收到数据的先后顺序不可能完全一致。因此,区块链系统需要设计一种机制,对在差不多时间内发生的事务的先后顺序按需达成共识。目前主要的共识机制包括概率性共识机制及确定性共识机制。所谓概率性共识机制,是指在区块链形成过程中,可能存在多个节点同时记账的情况,在一段时间后通过比较机制来确定记账的有效性。因此,节点记账是否有效存在不确定性。确定性共识机制是指开始记账之前先确定当次负责记账的节点,然后再开始记账过程,记账节点的记账行为确定是有效的。共识算法类似于人类社会的议事程序,对区块链正常运转具有决定性作用,确定了包括交易执行顺序、账本数据核验机制等内容。常见的基本共识机

---

① 华为区块链技术开发团队编著:《区块链技术及应用》,清华大学出版社2019年版,第85~86页。
② 王焕然、常晓磊、魏凯:《区块链社会:区块链助力国家治理能力现代化》,机械工业出版社2020年版,第15页。
③ 徐恪、姚文兵:《赛博智能经济与区块链》,载《广东工业大学学报》2018年第3期。

制包括:POW 工作量证明机制,POS 权益证明机制,DPOS 委托权益证明机制,PBFT 实用拜占庭容错算法。①

第一,POW 工作量证明机制。系统中每个节点为整个系统提供计算能力。通过一个竞争机制,让计算工作完成最出色的节点获得系统的奖励,即完成区块的生成和数据的记录,同时该节点将得到新生成货币的分配,简单理解就是多劳多得。比特币、莱特币等货币型区块链就是应用 POW 机制的。优点:完全去中心化;节点自由进出;算法简单容易实现;破坏系统花费的成本巨大,只要网络破坏者的算力不超过网络总算力的 50%,网络的交易状态就能达成一致。缺点:最大的缺点是浪费能源;区块的确认时间难以缩短,不适合商业应用;对节点的性能与网络环境要求较高;容易产生分叉。另外,POW 作为一种概率性共识机制,在确定最长链之前,记账工作不能确定,确定最长链之后,非最长链的工作将被废弃,造成工作浪费。

第二,POS 权益证明机制。与要求每个节点执行一定量的计算工作不同,权益证明要求节点提供一定数量虚拟货币的所有权证明。权益证明机制的运作方式是:当创造一个新区块时,节点需要创建一个"币权"交易,交易会按照预先设定的比例把一些虚拟货币发送给节点本身。优点:相对于 POW 更加节能,不需要耗费大量能源去计算。POS 根据每个节点拥有虚拟货币的比例和时间,依据算法等比例地降低节点的计算难度,从而加快了寻找随机数的速度,能在一定程度上缩减达成共识的时间;同时和 POW 一样,破坏系统的成本较高。缺点:POS 模式下,虚拟货币只能通过融资方式发行;同时这种模式的信用基础不够牢固,并没有从根本上解决难以应用于商业领域的问题。

第三,DPOS 委托权益证明机制。DPOS 是 POS 的进化方案,DPOS 类似于现代董事会的投票机制,通过选举代表来进行投票和决策。通过被选举出的 N 个记账节点来实现新区块的创建、验证签名和相互监督,这样就极大地减少了区块创建和确认所需要消耗的时间和算力成本。② 优点:大幅缩小参与验证和

---

① 王焕然、常晓磊、魏凯:《区块链社会:区块链助力国家治理能力现代化》,机械工业出版社 2020 年版,第 15 页。
② 王焕然、常晓磊、魏凯:《区块链社会:区块链助力国家治理能力现代化》,机械工业出版社 2020 年版,第 16 页。

记账节点的数量,能耗更低,同时极大地缩短了共识验证需要的时间,可以达到密级的共识验证;由全体节点投票选择节点代表的机制理论上比POW/POS更加不容易被操纵。缺点:DPOS理论上更加去中心化,但大部分节点出于种种原因投票积极性不高或不便投票,共识掌握在少数节点代表手中,对于一些节点代表作恶的行为也不能够及时响应,有较大的安全隐患。

第四,PBFT实用拜占庭容错算法。PBFT实用拜占庭容错算法是一种采用"许可投票、少数服从多数"方法来选举领导者并进行记账的共识机制。该共识机制允许拜占庭容错,允许强监督节点参与,具备权限分级能力,性能更高,耗能更低,而且每轮记账都会由全网节点共同选举领导者,容错率为33%。PBFT实用拜占庭容错算法特别适合联盟链的应用场景。[①] 优点:效率高;容错性高;节能环保。缺点:当网络不稳定或参与者数量增多时,系统的稳定性和效率会显著下降。

小结

总体上看,区块链源于中本聪等人的早期尝试,其技术应用经历了以比特币为代表的数字货币、以ETH为代表的智能合约和以NFT为代表的分布式治理三个阶段。非对称加密、时间戳服务器等技术,是区块链确保安全性、稳定的底层支撑,为系列新型应用场景提供了技术支持,能够大大提升经济社会运转效率。

---

① 王焕然、常晓磊、魏凯:《区块链社会:区块链助力国家治理能力现代化》,机械工业出版社2020年版,第17页。

第二章　区块链革命及其风险

自区块链技术诞生以来,已经衍生出了大量应用,社会大众已经认识到区块链技术及其产业应用蕴含的巨大价值,往往以"区块链革命"来描述其巨大社会影响力。有人将区块链视为底层生产关系变革的关键技术力量,这一观点具有很强的启发性,展示了区块链对包括法律在内的社会结构的影响。区块链革命与其他重大技术变革一样,在引发社会生产力和生产关系演变的过程中,对于具体的个人和特定社会结构而言,往往意味着巨大的不确定性,这是特定时代难以避免的风险。揭示这些风险,能够从立法、执法、司法等层面给出相应预案,减少技术革命进程对人类带来的不确定性。

一、通证经济

(一)通证的提出与发展

区块链技术的早期应用主要是比特币、以太坊等数字货币,至比特币第三次减半前夕,建基于以太坊技术之上的通证经济开始引起广泛关注。正如有学者所言,自2017年以来区块链的热点已经从密码货币转向了通证。通证源于英文"Token",也被译为"代币",是负载某些利益或权能的筹码或凭证,通信领域的通证也被称为"令牌"。在信息技术领域,令牌被定义为一种计算机身份验证手段,其主要作用是授予执行特定任务的权限。简而言之,通证在联通区块链网络中扮演着商务流程的关键角色,其功能类似于数据交换过程中的"密码"。在计算机网络间传输数据前,需对"密码"进行解密,不同的"密码"授权操作存在差异。因此,它是确保区块链项目顺畅运行的基础要素。也就是说,比特币、以太坊等区块链应用诞生后,"Token"的内涵也发生了巨大转变,不再局限于数字货币或令牌,而是增加了"基于区块链的价值表示物"。很多文章中,包括有些官方文件中,把 Token 译作代币,但是这种翻译将 Token、Coin 和 Cryptocurrency 的意义混合了,不能明确表达 Token 的含义。根据目前的公开资料,孟岩最早提出把 Token 译作通证,而非代币。杨东教授认为,Token 应该称为"共票","共"即凝聚共识、共筹共智,"票"指支付、流通、分配、权益的票证,其具有类似于证券和货币的流通支付功能和粮票的权益证明功能。[①] 还有人认为 Token 译成"链券",ICO 改为 ITO,Token 更接近于证券、股票,是可以合法合规的,不需要公开发行。李晶认为"Token"是区块链网络中的数字资产。[②] 王沫凝、李平认为通证是"可流通的凭证"或者"可流通的加密数字凭证"。[③] 杨昂然、黄乐军将"通证"定义明确为:基于区块链技术,可流通的加密虚拟权益证明。[④] 至于通证的功能和边界,不仅是要确定通证的性质,更重要的是对于通证概念应有一个准确的定义。

总体上看,通证经历了三个重要发展阶段。在区块链诞生之前的互联网时代,通证是指用于登录网络系统的令牌。以太坊 ERC 20 出现以后,通证的含义演化为可以交易的区块链数字资产。当今,通证的概念已经被广泛接受,并逐渐进入地方发展规划等正式政府文件当中。

(二)通证的构成要素与分类

权益性、可加密、可流通是构成通证的三大基本要素。所谓权益性,是指通证本身可以作为价值载体,这也是通证这一概念早期的含义,通证能够作为价值载体的原因在于社会认可。例如比特币,作为不存在任何权威中心背书的事物,其价值纯粹源于社会共识。可加密这一要素是区块链通证与传统通证积分的根本区别,例如与 QQ 币、商场积分等不同,区域链通证是区块链技术诞生后新出现的一类要素。基于区块链技术的通证能够安全流通,且可全交易链条追

---

① 刘昌用、胡怀亓、胡森森:《"密码货币、通证与无币区块链"学术研讨会综述》,载《西部论坛》2019 年第 1 期。
② 李晶:《"区块链+通证经济"的风险管控与对策建议》,载《电子政务》2019 年第 11 期。
③ 王沫凝、李平:《新制度经济学视域下通证经济发展探索》,载《社会科学家》2020 年第 9 期。
④ 参见杨昂然、黄乐军:《区块链与通证:重新定义未来商业生态》,机械工业出版社 2018 年版,第 11~25 页。

溯。流通要素是指作为区块链数字资产的通证,具有交易功能,能够将实物资产——映射至区块链系统并实现相应权属的安全高效流通。

目前国内市场存在的通证的分类方法有很多,但总体上分类逻辑各异、方法模糊、结果融合,无法成为行业的通用标准。如以发行通证项目所在行业进行划分、按照"分布式账本技术"和"通证经济设计"两个维度进行分类、按照属性或投资属性划分、按照工作层级和用途进行分类等。笔者选取其中按照属性或投资属性划分、按照工作层级和用途划分的两种分类方法对有关通证分类作出一定的介绍。

通证按照其工作的层级和用途主要分为广义的通证和狭义的通证。广义的通证包括Cion和狭义的通证,Cion又分为广义支付类通证、底层公有链通证、闭环通证。狭义的通证分为证券类通证、效用类通证、其他权益类通证、不可置换通证,其中效用类通证又包括中间层协议通证、应用层效用类通证。按照属性,从广义角度来看,将通证分为标识型通证、收益型通证、价值型通证和权利型通证;从狭义上来说,将通证直接视为数字货币,即代币。按照投资属性不同,可分为币、平台、应用和实物资产代币化。此外,也有学者通常将通证划分为这样几类:应用型通证、工作型通证、传统资产型通证、混合型通证。还有学者基于通证的发展属于刚起步阶段,将通证分为证券类通证、实用类通证、凭证类通证,当然也包括混合其中一种或多种类型的通证。由于通证在国际上没有被普遍认可的分类,因此,瑞士金融市场监督管理局(FINMA)按照自己的方法,根据通证潜在的不同经济功能将通证划分为支付类通证、应用类通证、资产类通证。不同类别的通证之间不是相互排斥的关系,资产类通证和应用类通证也可能会归类为支付类通证,简称为混合型通证。此外,还有支付类通证、实用类通证和证券类通证的划分。

(三)通证经济的演化趋势

通证经济经历了早期的酝酿,作为一种非货币激励机制和管理方法在医疗、教育等领域发挥作用。随着区块链技术的融入,通证经济增加了加密这一关键内容,可能逐渐成长为元宇宙经济运转的核心模式。

随着区块链技术的发展,通证经济已成为各类媒体及业界的高频热词,通证经济正在迅速改变着社会关系与经济生活方式。"通证经济"源自"Token Economy",早期被翻译成"代币法",又称"奖励标记法"。在实务中"代币法"一开始被用于医学,后被应用在大学、监狱等规范行为的集体场合,具体是指通过强化作用来塑造正向的行为模式,利用"货币"作为激励机制。从作为行为激励法的角度来说,"代币法"是通证经济的前身,具备通证经济的一些基本理念:首先,通过发放"代币"来奖励正向行为;其次,可用奖励的代币兑换现实世界的物质奖励或精神奖励强化行为;最后,用此持续的奖励机制强化正向行为的导向作用,纠正偏差行为,实现"代币法"的初衷。① 通证经济一开始并不是一种标准的经济形态,而是一种管理手段,而现在提到"通证经济"的人越来越多。简单来说,通证经济就是围绕"通证"这一全新概念构建或定义的一种新的经济系统,是实体经济与新虚拟经济之间的桥梁。通证经济的载体是社群或自治化组织(Decentralized Autonomous Organization,DAO),而不是传统的公司。传统的公司讲究制度,用制度约束人。通证经济体则用共识取代制度,通过设定进入就必须遵循原定规则进而形成被所有人认可的共识,从而大大降低社区内成员的交易成本,继而实现规模的扩张和边界的扩大,这样可让全世界范围内互不相识但能达成共识的人共同协作,在维护系统的基础上不断升级系统。②

在区块链技术加持下,通证经济的雏形基本形成。通证使科学技术与金融经济结合,对社会发展产生了革命性的变革,诞生了一种全新的经济模式——通证经济。③ 通证经济的本质是利用激励机制,在区块链平台完成生产、交易、流转等经济活动,简言之,就是借助通证的加密数字化属性,以激励机制来改变生产关系的价值驱动经济模式。通证经济还具有区块链上通证可编程、链上行为可信任、链上通证可代表数字时代财产所有权的特点。虽然"区块链有没有通证,都是区块链;通证有没有区块链,都是通证",但"区块链+通证经济"的产生是由于区块链技术不断扩宽应用场景。通证的观念起源于区块链1.0的

---

① 李晶:《"区块链+通证经济"的风险管控与对策建议》,载《电子政务》2019年第11期。
② 刘祎祥、赵紫微:《信息结构、区块链技术与农村金融创新》,载《华南理工大学学报(社会科学版)》2023年第3期。
③ 王沐凝、李平:《新制度经济学视域下通证经济发展探索》,载《社会科学家》2020年第9期。

货币时代,比特币就是区块链系统中一种价值性和安全性都极高的支付型通证;以以太坊网络出现为标志的区块链 2.0 智能合约时代开启了通证经济时代;区块链 3.0 的超越货币、经济和市场的公正应用以及效率和协作应用时代,通证经济将渗透到社会生活的方方面面,引领经济社会的全面变革。① 这就表明通证经济内涵的发展具有动态性、过程性,可从广义上和狭义上对"区块链+通证经济"的概念进行界定。狭义上的"区块链+通证经济"是组合工具。② 组合工具的内涵具有先进性、动态性、配套性等特征。简言之,通证经济就是将区块链具有多项特定功能的技术进行有机结合和综合使用,实现了功能互补的优势。只有当"区块链+通证经济"这一组合工具充分利用后,通过生产力的极大提高来改变生产关系,由此才会产生广义上"区块链+通证经济"的概念,即通过对资源的有效配置来改变既有的生产关系,形成新的经济模式。

在加速生成的元宇宙场域中,通证经济必然是其主导性经济模式,是元宇宙中分配资源和价值传递的基础性手段。新冠疫情的暴发,加速了虚拟工作、生活、娱乐、教育的应用,与现实世界平行的虚拟世界——元宇宙(Metaverse)诞生。目前,元宇宙尚处于发展初期,对其并没有准确的定义,但并不妨碍我们根据元宇宙的发展理念将其应用在现实工作、生活当中。元宇宙更像是一个技术的集大成者,建立了一种全新的数字身份和数字财产模式。虽然人们对元宇宙的称呼存在诸多误解,往往认为这属于夸大其词,但是事实上,"元宇宙是客观存在的、开源的、动态演化的、以用户需求为导向的,本质上是一个人造的虚拟平行世界"。通证经济连接元宇宙虚拟空间和现实世界,实现了元宇宙中通证经济的创作、确权、流通、交易的完整循环。元宇宙虚拟空间将以诚信为核心机理的通证经济作为发展动力,构建了以共建、共治、共享为特点的"非接触经济"。通证以诚信为核心,是区块链中的数字资产。通证经济与元宇宙均是以区块链为底层技术支撑,元宇宙的系列基础设施,如元宇宙中的房屋、玩具等,都是通证经济的标的物,而作为支付手段的数字货币,也成为元宇宙社会经济交往的基础性媒介。由于通证经济作为一种组合工具还未被充分利用,并未

---

① 王沫凝、李平:《新制度经济学视域下通证经济发展探索》,载《社会科学家》2020 年第 9 期。
② 李晶:《"区块链+通证经济"的风险管控与对策建议》,载《电子政务》2019 年第 11 期。

"通过对资源的有效配置来改变既有的生产关系,形成新的经济模式",即尚未发展成为"广义上'区块链+通证经济'"。① 将通证经济概念引入元宇宙虚拟空间,能够使元宇宙和通证经济均焕发出新的活力。当前元宇宙处于发展初期,具有极强的包容性,能够集合不同的先进技术,是通证经济创生演化的理想生态系统,最终推动通证经济走向深化。元宇宙虚拟空间为主体平等参与、创作者经济获得价值、共识规则实现权利义务等方面提供了理想的数字空间。元宇宙虽然被广泛视为一种虚拟世界存在,其实质上仍然深深嵌入在现实世界之中,与现实世界相互影响,其规则更是可能渗透进入包括现有法律体系在内的物理世界之中。即使有一天元宇宙的概念不复存在,但其作为对现实世界的加强,最终会被现实世界所吸收。在数字经济发展的今天,依托通证技术发展起来的通证经济,能够极大地提高社会生产力,通过对资源的有效配置改变生产关系,让通证经济发展成为一种新的经济模式。②

二、分布式社会治理

(一)区块链:分布式治理的底层技术支撑

党的十九届四中全会指出"必须加强和创新社会治理,完善党委领导、政府负责、民主协商、社会协同、公众参与、法治保障、科技支撑的社会治理体系"。"科技支撑"是社会治理体系的重要组成部分,而大数据、区块链、云计算、人工智能等新一代信息技术将为社会治理提供关键科技支撑。随着互联网治理、数字经济、大数据、分布式技术以及密码学的发展融合,旨在建立一种去中心化信任机制的区块链技术登上了历史舞台。③ 分布式作为计算机领域中的专业术语,其技术对于区块链技术的发展有着很重要的作用,区块链技术的很多原理和问题都来自分布式技术,这也说明了分布式与区块链在技术、技术

---

① 李晶:《"区块链+通证经济"的风险管控与对策建议》,载《电子政务》2019年第11期。
② 李晶:《"区块链+通证经济"的风险管控与对策建议》,载《电子政务》2019年第11期。
③ 司忠丽、张成良:《区块链技术下媒介主体间性的表征与社会治理范式同构》,载《安徽工业大学学报(社会科学版)》2021年第3期。

特性、应用场景等方面有着很密切的关联性。

在应用场景方面,分布式技术主要应用在数据存储压力过高、对系统可靠性要求极高、访问量和计算需求较大以及一并处理数据需求较多的业务领域,如电商、支付系统、AI 人工智能、大数据应用等具体应用。区块链技术主要应用于数据共享、低成本交易、产业供应链以及中心化风险较高的业务领域,如银行、企业的跨境支付应用等。

基于以上分析,分布式与区块链既有联系,又有区别。抑或说,分布式与区块链是一种交叉关系,即区块链技术具备分布式的技术特性,但分布式技术各节点支持数据完整或差量存储,区块链技术各节点必须完整存储。分布式技术通过"中心化"的方式保证数据一致,区块链技术"去中心化",利用共识算法保证数据一致。总之,分布式技术是区块链技术发展的重要支撑技术之一,区块链技术则是在分布式技术基础上的深入发展和应用。

随着区块链、人工智能、大数据、云计算等科技对经济社会发展的冲击,信息传播方式发生由传统媒体的"中心化"向分散化、个体化趋势的转变,办公方式出现了更多的由过去场所"集中式"办公向远程分布式、协作办公的转变,金融服务也由覆盖面窄、缺乏信用背书的传统金融服务向下沉、场景化、分布式金融服务发展,这表明人们的生活方式、行为方式、价值观念已从过去自上而下、由中心向外的执行式协作,悄然转变成了积极发挥个体主观能动性、自下而上的分布式协作。与此同时,这也有可能演变成一种崭新趋势发展形态,即社会从过去集中式向分布式发展并呈现出新的特征,如多方参与、自下而上、共享资源、智能协同、激励相容、模式透明等。"范式转移"是美国学者托马斯·库恩提出的一个重要理论,用于描述某一时期科学共同体遵循的公认的理论假设、标准和思维方法所发生的革命性变化,即超出常规科学发展的科学革命。[①] 库恩的"范式转移"理论不仅在物理学等自然科学领域形成了重大影响,给政治学、社会学、法学等学科理论研究和社会治理实践也带来了诸多影响。区块链分布式治理技术的向外迁移,也可以被视为社会治理领域的一次重要"范式转

---

① [美]托马斯·库恩:《科学革命的结构》,金吾伦、胡新和译,北京大学出版社 2012 年版,第 36~55 页。

移"。如今,以数字货币为代表的分布式治理范式,除了对个人生活、行为和社会政治经济生活产生影响外,必然给社会治理模式带来深刻的改变,也就是基于分布式技术原理逐步实现分布式商业、分布式社会治理的"范式转移"。同时,可以结合大数据、区块链等新一代信息技术以分布式思维优化社会治理模式。

(二)"区块链+社会治理"

区块链作为一种重构社会关系的底层技术,天然具有嵌入社会治理的可行性、适配性。社会治理体系是国家治理体系的重要组成部分,社会治理如果存在短板,则严重影响国家治理体系和治理能力现代化建设进程。社会治理体系的建设强调政府主导、多元参与、协同合作的模式,多元主体参与协作需要推动数据共享、安全一致,这与区块链技术的去中心化、分布式、共识算法、加密等特点具有高度的相通之处,这些独特的优势能够为社会治理提供新思路、新途径,对提升社会治理绩效、人民生活福祉以及实现国家治理体系和治理能力现代化至关重要。"区块链+社会治理"的可行性、适配性主要体现在治理主体平等、资源共享和数据安全等方面。在治理主体平等方面,由传统的政府主导模式转向政府、各党政机关、企事业单位、社会组织及公众多元平等参与、协同共建,整个社会治理体系中参与主体既是治理方又是被治理方,这与区块链的多中心化、点对点的分布式协作的特点不谋而合,各参与主体在信息对称基础上形成一种平等、信任、交互的协同关系,以凝聚公众参与磅礴力量,打造共建共治共享的社会治理格局。在资源共享方面,尤其是数据资源作为一种生产要素,数据互通对社会治理极其关键。政府享有全社会绝大多数的数据资源,但全社会数据资源也绝大多数分布在各单位、各部门之间,基于各单位、各部门职能权限、统计水平等原因,使大量的数据价值难以被挖掘和利用。区块链的分布式数据存储与管理的去信任加密技术则可解决"数据孤岛"、隐私保护难题,实现数据价值有效传递和利用。在数据安全方面,区块链的密码学、共识算法等技术将数据统一管理、点对点传输并形成共识认可后存储在按时间顺序排列的区块链上,任何节点都无法或极难更改、删除数据,大大提高了数据的可信度和可靠性,可有效避免传统中心化数据系统被攻击导致数据丢失的风险。

当前,区块链作为互联网时代一项创新型数字技术,它的发展还处于初级阶段,人们对于区块链的理解还存在诸多差异,除了专业人士之外,大多数人将区块链等同于比特币等数字货币。但各专家学者对区块链主要特点已基本形成共识,即区块链拥有去中心化的共识机制、智能合约治理、可追溯、无法篡改等特征,这些特征促使了信息互联网向价值互联网的转变,并开始在数字金融、智能制造、物联网、跨境支付等领域发挥作用。同时,区块链还是一种全新的数字应用技术,拥有相当大的发展潜力,能够为创新社会治理模式提供新的思路,而社会管理、公共服务、社会保障及社会组织方面的治理创新对于推进国家治理体系和治理能力现代化至关重要。

首先,区块链技术的应用可以改变社会治理结构,实现资源优化配置。区块链赋能语境下可通过"多元协同"调整社会治理主体结构、以"共识性话语"优化社会治理话语结构和以"均衡配置"重组社会治理权力结构,最终实现优化社会治理模式和提升社会治理绩效的目标。其次,区块链技术是推动社会治理数字化、智能化转型的关键技术。区块链技术的信任和合作使传统社会治理模式逐步演变为数字化的社会治理模式,通过区块链技术建设智能化社会和公共服务型政府,以进一步应用到社会治理领域,为人民群众提供便捷、多元的公共服务和公共产品,降低政府治理成本,最终提高社会福利和人民福祉。[①] 最后,区块链技术嵌入社会治理可以强化多元主体参与。区块链技术嵌入、赋能社会治理可优化政府组织结构、凸显多元主体平等参与、重塑社会信用体系以及提升组织间的有效协同,最终实现有效传递价值。[②] 当代中国的社会治理体系中,政府仍然占据着主导地位,虽然并非社会治理的唯一参与者,其他主体的参与力度整体上还有待加强。从法律规定上看,企业、事业单位、社会组织以及城乡居民团体等均已逐渐转变为社会治理的关键力量。这些多元化的参与主体共同塑造了社会治理的实施主体。然而,不同的治理单元往往存储着多类型的海量数据,数据的权限管理也情况复杂。其中,基于区块链技术设计多方数

[①] 裴庆祺、马得林、张乐平:《区块链与社会治理的数字化重构》,载《新疆师范大学学报(哲学社会科学版)》2020年第5期。

[②] 曹海军、侯甜甜:《区块链技术驱动社会治理创新:价值审视、可能挑战与路径展望》,载《东南学术》2020年第4期。

据的共享访问机制,建立各治理单位在互不信任环境中的权限验证机制,从而实现数据访问的可信权限管理。举例来说,政府、企业事业单位、社会团体等均可作为区块链架构中的节点参与社会治理过程。但应避免治理效率低下、"数据孤岛"现象的发生,特别是需要高效的数据管理和智能分析。对此,一些学者设计了基于大数据的分布式社会治理智能系统。其中,基于区块链技术设计多方数据的共享访问机制,创建类似于比特币的在互不信任环境中的权限验证机制,从而实现数据访问的可信权限管理。例如,企事业单位、社会组织、政府等都可以作为区块链系统中的节点参与到社会治理中,各治理单元可通过多方安全的高效访问接口实现跨级数据查询的"一网通管",为面向社会治理的精准智能算法提供平台支撑。[①] 总体上看,区块链技术可推动社会治理创新,成为社会治理现代化的"助推器"。

随着区块链技术的快速发展,从最早步入的金融领域到现在涉足的社会治理领域,区域链技术在未来依然具有巨大的发展潜力和大放异彩的机会。目前,区块链技术在民生治理、城市治理、安全治理、基层治理、网络治理、诚信治理领域的应用场景方面都有所体现,并处于不断探索与实践当中。如教育场景中应用区块链的多方数据可信共享协同且数据不可篡改的技术特性解决人才评价、学历核查、教育资源版权保护等问题;智能交通场景中基于区块链智慧交通系统公开透明的激励机制调动驾驶员参与共治交通环境;食品药品场景应用区块链多中心化的溯源系统确保商品流转数据难篡改、可追溯,提高食品药品监管效率和形成食品药品安全环境。除此之外,区块链还应用于基层智慧社会、网络监管、联合信用等多种与人们生产生活密切相关的场景中。今后,新时代新型社会治理体系变化之中也面临着新的挑战,还需对区块链技术在社会治理领域成功应用的实践案例和实证分析进行深入研究,并关注区块链技术发展可能带来的一系列治理新问题。同时,面对百年未有之大变局,应抓住数字技术发展机遇,通过区块链技术平台推动和提升数字资源的利用率,实现数字化经济发展和推动数字中国建设。

---

① 吕卫锋、郑志明、童咏昕等:《基于大数据的分布式社会治理智能系统》,载《软件学报》2022年第3期。

三、政务区块链

(一)政务区块链的背景

从政策环境看,2016年10月工业和信息化部信息化和软件服务业司发布了《中国区块链技术和应用产业白皮书(2016)》,标志着区块链技术迎来了第一个官方指导文件。[①] 到2019年10月中共中央政治局就区块链技术发展现状和趋势进行第十八次集体学习,习近平总书记强调要把区块链作为核心技术自主创新的重要突破口,表明区块链技术首次在国家层面得到定位。[②] 此后,政府对区块链技术应用场景和产业发展的重视程度日益提升。截至2020年12月31日,中央及其各部委、各省区市以及地方政府发布有关区块链的政策达600多项,至2025年2月26日,根据威科先行法律信息库数据显示,区块链相关规范性文件数量已达到8456件。各地政府纷纷支持和扶持区块链技术和产业发展,但目前仍处在发展的初级阶段。区块链技术与各行各业深度融合的同时,政务需求作为先导,将进一步推动区块链技术创新并与市场形成良性互动。从政务环境看,我国已进入数字发展时代,传统的"互联网+政务"的自动化、智能化、数据化等特点能够为公众提供更多高效、便捷和优质的公共服务。但目前的数字政务依然注重单个部门的效率和服务,疏忽多部门协同服务的价值。一方面,当前数字政务服务实践中还存在各部门之间信息孤岛、数据难以安全可信流通、政务管理层级复杂、数据价值未充分挖掘和利用、透明度低、数据权责边界模糊以及管理成本高等问题。另一方面,结合区块链的去中心化、防篡改、可追溯、共识机制、智能合约、加密等特性,区块链赋能政务服务对于有效解决上述问题具有天然优势。总之,政务区块链是政策环境、政务环境发展的内在要求,也是提高政务服务效率和质量的大势所趋。

[①] 许涛:《"区块链+"教育的发展现状及其应用价值研究》,载《远程教育杂志》2017年第2期。
[②] 新华社:《习近平在中央政治局第十八次集体学习时强调 把区块链作为核心技术自主创新重要突破口 加快推动区块链技术和产业创新发展》,载中华人民共和国中央人民政府网,https://www.gov.cn/xinwen/2019-10/25/content_5444957.htm。

政务,即政府服务、业务。政务区块链与"区块链+政务"、"区块链+电子政务"没有实质区别,只是不同称法而已,它们都是将区块链技术与政务服务相融合,以满足数字政务需求。政务区块链涵盖了两个方面,分别是业务层面和数据层面。业务层面是将政府部门、事业单位等机构业务部分上链使政务治理更公开、透明、高效;数据层面是将政府部门某些数据从采集到利用全过程上链,实现政务数据的共享和利用。整体上看,政务区块链是指通过区块链技术与政务服务领域深度融合,将政府各部门数据上链,建立政务数据共享平台,实现数据共享和多部门协同合作以提升政务服务效率和质量。

(二)政务区块链的主要优势

政务区块链的第一个优势是有利于提升行政服务效率。习近平总书记指出,要探索利用区块链数据共享模式,实现政务数据跨部门、跨区域共同维护和利用,促进业务协同发展,深化"最多跑一次"改革,为人民群众提供更好的政务服务体验。[1] 区块链技术的分布式、防篡改、可追溯等特点高度契合政务数据共享、业务协同等方面的政务服务需求,中央和各地政府已意识到区块链技术应用于政务服务领域的优势,正积极构建安全可信政务服务和建立政务数据共享平台。区块链技术应用于电子政务管理,有利于提升政府服务及治理质量、重构社会信用体系、推进政府信息公开和充分利用政府信息资源的价值。[2] 应搭建一套基于区块链技术的政务数据共享平台,创新政务系统的协同应用,实现跨部门无纸化审批和多项公民事务办理"零跑腿"。

政务区块链的第二个优势是强化政务数据共享。非保密类政务信息资源应共享、公开,同时在政府机关内部加强共享。区块链在政府数据公开与信息共享及其他业务方面拥有巨大应用潜力。当前,区块链参与政务信息共享价值未完全发挥,可进一步从制度设计、政府改革、区块链应用、技术执行层面作出

---

[1] 新华社:《习近平在中央政治局第十八次集体学习时强调 把区块链作为核心技术自主创新重要突破口 加快推动区块链技术和产业创新发展》,载中华人民共和国中央人民政府网,https://www.gov.cn/xinwen/2019-10/25/content_5444957.htm。

[2] 侯衡:《区块链技术在电子政务中的应用:优势、制约与发展》,载《电子政务》2018年第6期。

框架性设定,实现政务信息共享与创新发展。[1] 可基于区块链构建政务信息资源共享与交换的网络体系、目录体系、安全智能体系及信任体系。[2] 政务区块链的建成和运营,能够为数据共享奠定信任基础,应当引入区块链为政务档案信息共享体系提供技术支持,实现政务档案信息共享。

政务区块链的第三个优势是有利于明确数据责任边界。区块链的特性可明确数据主体责任和数据权力边界,防止权力边界模糊和过于集中。虽然政务区块链大多由政府组织搭建,并往往以联盟链的形式出现,但在一些特殊情况下,比如政府罚没持有的比特币等情形下,就可能涉及去中心化的公有链数据。无论是公有链、联盟链还是私有链上存储的数据,最后认为国家享有链上政务数据的所有权。[3] 当然,国家所能够实施完全掌控的政务数据,只在于联盟链等由政府机关等作为节点的政务区块链类型中,对于其他具有海量分散节点控制的公有链,则很难说有完全掌控分布于其上的政务数据的可能。

通过前述区块链技术在政务服务领域应用价值的分析,可以发现政务区块链在政府信息公开透明、政务数据共享、政府业务协同、政府权责范围等方面都具有重要作用。总而言之,政务区块链对推进政务数字化智能化转型具有重要价值。

(三)政务区块链的应用场景展望

目前国家政务区块链的发展还处于萌芽期,国内政务区块链的应用场景大多处于以单个城市或单个项目作为示范摸索阶段,主要有政务数据共享类、电子证照类、司法存证类、业务协作类、资金监管类等。如在数据共享类应用场景中,针对大数据工作中长期存在的共享难、协同散、应用弱等问题,北京市经济和信息化局、市编办和市财政牵头政府各部门利用区块链将全市 53 个部门职责、目录以及数据高效协同地联结在一起,打造了"目录区块链"系统,为全市

---

[1] 朱志伟:《区块链参与政务信息共享的结构安排与实效价值研究》,载《学习论坛》2021 年第 4 期。
[2] 余益民、陈韬伟、段正泰等:《基于区块链的政务信息资源共享模型研究》,载《电子政务》2019 年第 4 期。
[3] 程啸:《区块链技术视野下的数据权属问题》,载《现代法学》2020 年第 2 期。

大数据的汇聚共享、数据资源的开发利用以及营商环境的改善提升等提供了支撑。湖南智慧政务区块链科技有限公司在娄底市构建的全国第一个不动产区块链信息共享平台，成功实现多部门数据的实时可信传递。电子证照类有联通数科与河北省政务服务办公室应用的联通链项目，将区块链技术引入电子证照应用，真正实现全省电子证照的链上纳管和跨部门可信共享以及"数据多跑路"的政务服务改革目标。

随着区块链应用场景的不断拓展，其不仅仅应用在金融领域，在政务服务领域、精准扶贫领域也展现出了其强大的优势。区块链技术的引入能够解决金融扶贫中存在的金融排斥、征信较差、识别困难与供给成本过高等问题，"区块链+农村金融"通过解除征信危机、助力精准识别、降低交易成本和资金透明化管理等有效促进精准扶贫。[1] "区块链技术也为后扶贫时代教育扶贫机制创新提供了契机，构建基于区块链的教育扶贫共识机制、协作机制、追溯机制、监管机制与考核机制，是建立教育缓解相对贫困的长效机制、实现教育扶贫方式从顶层设计向技术创新重要变革的关键举措。"[2] 区块链技术具有"去中心化"特点，能够赋能保证扶贫，但其中也蕴含了部分风险。由于区块链的匿名性，政府无法锁定并追究恶意黑客攻击的法律责任。在传统的扶贫过程中，由驻村干部承担收集、上报贫困户信息的职能，当区块链应用在扶贫过程中时，政府的监督管理职能便被弱化。在区块链技术中，私钥是唯一身份证明凭证，一旦私钥被盗窃或丢失，将会出现个人信息泄露、伪造数据的风险。精准扶贫是一个涉及主体广、周期长、耗时耗力的大工程，区块链可以将多个政府部门纳入平等的对话平台中，通过区块链的共识机制达到公平、透明、公正、公开、高效的扶贫效果，满足社会期许。若将扶贫工程付诸区块链技术上，则需要一个完全成熟的平台，依据此平台设计监管平台才能实现监管职能。

此时平台的顶层设计便显得尤为重要，区块链技术本身便具有安全风险。2016年6月，The DAO平台被黑客攻击，高达3643个以太币被盗，而当时以太

---

[1] 李阳、于滨铜：《"区块链+农村金融"何以赋能精准扶贫与乡村振兴：功能、机制与效应》，载《社会科学》2020年第7期。

[2] 袁利平、张薇：《后扶贫时代教育扶贫机制创新：区块链赋能的视角》，载《西安交通大学学报（社会科学版）》2022年第6期。

币的价格在 10 美元至 20 美元波动,而最后的原因是 The DAO 项目的智能合约的技术漏洞,与以太坊区块链并无关系。若黑客窃取扶贫基金,则会造成不可逆转的风险,可见区块链的安全性无法保证平台的有效安全运用,也会使政府公信力丧失。随着区块链技术的发展,其最初的金融货币交易应用领域逐渐拓宽,区块链本身已经发生了变化。目前我国虽然已经出台了相关监管制度,但存在法律主体不清、方法陈旧的问题。而在扶贫领域,法律制度的缺位更甚。虽然区块链能够保证扶贫过程公开透明,但极容易导致数据泄露、窃取的风险。区块链式的扶贫机制与传统扶贫机制不同,传统扶贫机制层层指导监督,扶贫干部、政府职能部门能够快速追究主体责任。但区块链具有"去中心化"特点,任何人和组织均能进入区块链平台,无法追究主体责任。

基于区块链技术的不断创新与发展,未来将有更多的应用场景优化政务服务流程,进一步提高政务服务效率与质量。当然,政务区块链探索的路上依然面临着"数据孤岛"、数据分散、水平不一、缺乏标准和监管等各种挑战,但终归会被一一克服并向好发展,政务区块链应用的最终形态可能会是政务元宇宙。

四、区块链革命蕴含的社会风险

(一)通证经济引发的风险

当前通证经济的发展领域主要是指将现实世界的物映射到区块链中,区块链上的资源对应着现实世界物品,这是通证经济的早期形态。而在元宇宙虚拟空间中,与现实世界上链不同的是,元宇宙虚拟空间中的物品不仅代表着资源本身,而且反映了数字资源的价值所在。比如基于区块链技术发展起来的 NFT 数字藏品,其不仅是一串独一无二的编码,更象征着其背后映射的数字作品。此种方式将通证经济的发展推向高潮。在作品创作上链、交易流转的过程中,涉及的法律主体也在逐渐增多,此时的法律风险也在逐渐显露。法律具有滞后性,风险的产生并不是由于科学技术的高速发展,而是由于技术发展的快速性与法律的稳定性相矛盾,对金融秩序与社会秩序产生了冲击与挑战。"区块链 + 通证经济"基于区块链技术的发展刚刚兴起,既能够逐渐转变人们的价值观念,也可以改变人们的行为模式和推动社会关系变革。值得我们关注的是,技术是一把双刃剑,"区块链+通证经济"在提升交易便捷性、工作便利和价值流通效率的同时,对其发展引发的潜在风险我们并不明朗,而如何把握科技之剑并走好发展之路仍需要我们继续探索前行。通常情况下,"区块链+通证经济"是具有经济价值的权利客体被通证化在区块链网络上,也就是具有价值属性权利客体的数字化、资产化体现。从技术角度考虑则完全有可能实现,但基于通证化之后也极有可能在权利实现、诚信行为、规则垄断方面产生风险。在权利实现方面,具有单一功能且有明显地域特色的动产价值只在当地被认可,而通证化之后是公开在区块链网络上,难以获得广泛共识、流通,不易实现权利增值。对于以通证方式持有房产份额或歌曲1%的人难以实现使用权,更多的只能是流通功能。在诚信行为方面,当前通证经济通常的机械激励模式,难免引发公众趋利心理而恶意差评经营者的不诚信行为,给经营者带来被相关部门进行失信惩罚的隐患风险。在规则垄断方面,通过区块链技术进行的设计、实施和使用均是基于人主观意识下的行为,客观上体现为代码,所以很大程度上是开发者利用自己的治理理念构建规则,给通证经济模型带来规则垄断的风险。同时,在技术自身安全性方面也存在风险。通证经济所具备的高效流通性主要依赖于智能合约技术,但以太坊的智能合约代码存在安全漏洞或隐患。即便采取形式验证机制也不能完全保证相关智能合约免受攻击,否则整个合约相关的价值流将面临基础性的巨大风险。元宇宙虚拟空间中的物品不仅仅代表着现实世界资源本身,而反映了数字资源的价值所在。那么通证经济的兴起,为人们能够进入元宇宙虚拟空间提供了可能。此过程包含现实世界资源首先进入元宇宙虚拟空间,其次数字资源在元宇宙虚拟空间交易流转,最后通证离开元宇宙虚拟空间进入现实世界三个阶段。[①] 每个阶段涉及的法律主体不同,面临的法律风险不尽相同,但不能因风险存在而使技术发展裹足不前。

第一阶段:现实世界资源进入元宇宙虚拟空间。

现实世界中各种各样的有体物映射到元宇宙虚拟空间中,也同样按照自身的属性对应着不同种类的通证在元宇宙虚拟空间中交易流转。在现实世界中,

---

① 李晶:《"区块链+通证经济"的风险管控与对策建议》,载《电子政务》2019年第11期。

一直秉持着"占有即所有"的观念,即使并未直接占有,我国《民法典》中也规定着占有改定、指示交付等延伸规则。当现实世界有体物数字化后,现实世界的物品与数字化后的物品也出现了相分离的现象。与上文结合,便出现了现实世界中的占有者在元宇宙虚拟空间却未合法占有数字化后的"物"的情形。利用通证经济具有匿名化的特点,由此便带来了三种法律风险:(1)现实世界的非所有权人在元宇宙虚拟空间中获取非法利益;(2)现实世界的合法占有者超越权利,在元宇宙虚拟空间非法转让;(3)现实世界的所有者在元宇宙虚拟空间损害占有者权益。此三种侵权行为将严重破坏元宇宙虚拟空间中通证经济的运行规则。

第二阶段:数字资源在元宇宙虚拟空间交易流转。

利用区块链为底层技术的 NFT 数字藏品有三种创作方式:一是数字艺术品的上链,二是传统艺术品的数字载体上链,三是直接基于区块链技术和平台创作的原生性 NFT。在这里主要论述后两种创作方式所带来的法律风险的不同。在第二种创作方式中,传统艺术品在发生物权变动时,其名下的著作权并不当然转移,但目前区块链下的 NFT 交易不仅转移了物权也一并转移了著作权中的复制和商业开发等权利,这与传统艺术品不同。NFT 数字藏品在现行的中国法律框架下,如果认为 NFT 是物权则其后续并不存在著作权相关权利。如果认为 NFT 为知识产权,则在转让过程中同样会遇到 NFT 物权和知识产权不分离的现实矛盾,此时则会出现侵犯作者知识产权的风险。在第三种创作方式中,会存在 NFT 铸造者是否会出现重复铸造,侵犯已有作品的知识产权的风险,以及利用元宇宙虚拟空间匿名性特点,铸造含有可识别的自然人生理特征的 NFT,此时存在会不会侵犯隐私权的问题。

第三阶段:通证离开元宇宙虚拟空间进入现实世界。

此时涉及消费者权益保护的问题。例如:(1)因区块链和元宇宙虚拟空间均具有匿名性特点,上文提到的 NFT,创作者和铸造者是否为同一人,我们不得而知。并且 NFT 具有稀缺价值,如推特 CEO 杰克·多西一条 15 年前的推文以 NFT 形式拍卖,由马来西亚一区块链公司的 CEO 最终以 291 万美元拍得,此背后是否有资本市场的商业炒作和追捧,等等,同样不得而知。物以稀为贵,NFT 被哄抬的物价,最终依然由消费者买单。(2)区块链的参与者可以同时拥有多个密钥,多个数字钱包地址,若此时利用此多个数字钱包地址哄抬通证价格,欺骗消费者,即便通证能够创新经济发展模式,其弊处也会完全超过其利处。

2022年11月13日清华大学发布的《元宇宙发展研究报告3.0版》中指出:"元宇宙是整合多种新技术产生的下一代互联网应用和社会形态,它基于扩展现实技术和数字孪生实现时空拓展,基于AI和物联网实现虚拟人、自然人和机器人的人机融生,基于区块链、Web 3.0、数字藏品/NFT等实现经济增值。在社交系统、生产系统、经济系统上虚实共生,每个用户可进行世界编辑、内容生产和数字资产自我所有。"[1]根据全国科学技术名词审定委员会发布的解释称元宇宙为:"人类运用数字技术构建的,由现实世界映射或超越现实世界,可与现实世界交互的虚拟世界。"[2]综合来看,元宇宙更像是一个技术集群,其融合了物理和数字技术,连接虚拟世界和现实世界,并且在虚拟世界中可以跨平台互动,兼具"时间"和"空间"属性,故很多人称元宇宙为下一代互联网。

虽然目前关于元宇宙的定义并未达成普遍的共识,但我们可以直观地看到元宇宙并不具有唯一性。不同的经营者可以制造出不同的元宇宙,而不同的元宇宙则会存在各种各样的通证,此时数字资产之间却无法在不同经营者的元宇宙中相互流转,此时极大地受限于经营者,经营者起着决定性作用,这与元宇宙的初衷是相悖的。在元宇宙虚拟空间中,有着明显的"去中心化"色彩,但此时的经营者却充当起"监管者"的角色,监管元宇宙空间的参与者和其对应的数字资产。因此,通证经济在元宇宙空间中运行会有重重阻碍。

(二)分布式社会治理面临的风险

区块链技术的诞生时间仅仅10余年,本身还处于高速演化之中,在一些方面的应用还不是很成熟。主要表现在共识机制存在一定缺陷、智能合约技术尚不成熟、密钥易丢失等方面。共识机制是区块链技术的核心,也是区块链具有

---

[1] 王晔斌、张磊:《虚实相生——元宇宙视角下智慧图书馆场景实现》,载《图书馆杂志》2022年第7期。
[2] 方巍、伏宇翔:《元宇宙:概念、技术及应用研究综述》,载《南京信息工程大学学报》2024年第1期。

"去中心化"色彩的关键因素,是为保证每一笔交易的一致性而预先设置的一种类似约法三章的条文,从而促使全部参与者达成共识。区块链能在众多节点达到一种较为平衡的状态也是因为共识机制,共识机制也是保障区块链系统不断运行下去的关键,但是共识机制的投票环节仍然存在被渗透破坏的可能,从而为基于区块链的分布式治理埋下隐患。智能合约是执行预先设计好的代码,由此可以推出,若编程语言出现代码错误,则会导致智能合约存在漏洞。非对称加密算法虽然安全可靠,但是持有密钥并不意味着绝对安全,由于绝大部分人仍然保持着将密码存储于电脑、手机等介质上的习惯,其会面临遗忘、被恶意攻击窃取的风险,此时则会给分布式社会治理带来极大的不便。但任何技术总会面临各种各样的风险,其风险的体现是因为被应用在现实生活中,大致可分为两类:一类是对个人财产权、隐私权的侵犯;另一类是对传统经济生活秩序的颠覆。其基本方式主要体现在四个方面:相关概念模糊而易遭受非法利用、配套制度滞后、伦理兼容性不足以及数字资本无序扩张侵蚀社会自由空间等。

第一,因分布式治理相关概念存在模糊地带导致被违法分子利用。区块链起源于中本聪发布的比特币白皮书,从诞生初期的比特币网络开始,区块链逐渐演化为一项全球性技术,吸引了全球的关注和投资。随后,以太坊等新一代区块链平台的出现进一步扩展了应用领域。在比特币与区块链发展初期,两者常常呈现混用态势,很多人将区块链等同于比特币等数字货币,甚至将分布式治理与数字货币等同理解。后来,随着比特币的发展,数字货币交易炒作活动日趋活跃,一些违法分子利用人们对于区块链技术理解不足而又乐于投机的缺陷,往往以建构分布式社会治理秩序等为名,从事诈骗、非法集资、传销、洗钱等违法犯罪活动,严重危害人民群众财产安全。为打击这些违法犯罪行为,我国出台《关于进一步防范和处置虚拟货币交易炒作风险的通知》等一系列规范性文件进行规制。此时,区块链法规体系整体上便呈现出只发展区块链技术,而禁止比特币的现象。[1] 这一监管理念对于发展分布式社会治理起到了一定作用,但是却影响了区块链激励机制的发挥,从长远来看并不能够完全支撑分布式社会治理走向强盛。

---

[1] 马玲:《全链条全方位整治"炒币"格局形成》,载《金融时报》2021年9月28日,第2版。

第二,缺乏关于支撑分布式社会治理的配套制度体系。法律具有天然的滞后性,科学技术的快速发展与法律的稳定性无法相适应。基于区块链技术的分布式治理,本身就意味着对现有社会治理模式的变革,而关于社会治理的传统法律则是与传统治理结构相伴而生的,这就要求分布式治理需要建构式法治演变思维来实现。当然,依赖建构性思维重构分布式社会治理所需配套制度体系的设想也存在固有的悖论,即分布式治理呼唤自治和多中心参与,而建构式法治演进路径要求集中权力。这些矛盾反映在分布式社会治理的实践中,就出现了分布式社会治理缺乏相关配套制度保障的窘境。例如,作为分布式社会治理重要理念的"代码即法律",曾经是Web 3.0领域高度认可的规则,但这一规则在法律上引发了诸多争议,长期面临着合法化危机。[①] 基于代码的治理面临诸多问题,区块链技术具有匿名性,隐匿在网络背后的行为主体是否具有法律认可的权利能力和行为能力,实际上无法判断。而法律主体资格是现行法律体系有效运转的基础性元素。此外,分布式社会治理的配套制度缺失还表现在对于区块链的底层数据并没有明确的法律属性定义。学术界与实务界对于FT和NFT法律属性的争议从未停止。大多数学说认为其应当适用如《民法典》第127条、《网络安全法》第76条第4项的规定界定数据,然而有关数据的归属问题、使用权限、责任追究及如何救济尚未明确规定。

第三,分布式社会治理伦理规则与传统数据伦理的兼容性不足。基于区块链技术的分布式治理强调数据分享,而传统的数据伦理则建基于数据资产化基础之上。在分布式治理体系中,数据无特定性、独立性,往往并不具备独立的经济价值,数据更像是一种工具,具有中立性特征。然而在现有的治理格局中,数据往往被设想为一种可以带来现实利益的资产。当然,也有人担心掌握数据者会利用手中的数据为自己牟利,形成数据垄断风险。基于区块链技术的分布式社会治理,虽然提倡多中心、多主体参与治理,但是在事实上可能仍然难以避免数据被集中所导致的垄断问题。更为严重的是,不同地方经济发展水平会存在较大差异,各方所拥有数据的数量和质量也存在巨大鸿沟,发达国家与发展中国家掌握的科技生产力完全不同,分布式治理也必然加剧国与国之间的不平等

[①] 徐冬根:《二元共治视角下代码之治的正当性与合法性分析》,载《东方法学》2023年第1期。

程度。在分布式社会治理特征较为显著的元宇宙场景中,也可能存在数据伦理的冲突。在元宇宙领域发展最快的是游戏元宇宙,大量的资本也是最先投入游戏元宇宙中。随着元宇宙诸多底层技术的发展,元宇宙不仅在艺术、文旅、图书馆等领域大展身手,在其他多个领域也发展迅猛。2022年9月26日,百度元宇宙歌会由百度APP AI探索官度晓晓担任歌会AI制作人,是国内首档Web 3.0沉浸式晚会。2023年11月,中国首场科幻史诗级虚拟演唱会《元素之城》系列第一场由抖音独家上演,5年磨砺匠心巨制,元宇宙演唱会《元素之城第一部》见证了中国虚拟演唱会的崛起。但虚拟演唱会背后的法律风险也值得每个人深思。其中,在2021年3月1日施行的《演出行业演艺人员从业自律管理办法》中明确规定了演艺人员的从业规范,并对违反从业规范的演艺人员实施自律惩戒措施,还可对相关演艺人员进行行业联合抵制。受到联合抵制的演艺人员复出前,需要申请并经道德建设委员会综合评议给予同意复出的意见,并通过"参与行业培训、职业教育、公益项目等活动"来改善社会形象。[①] 如果有不法分子利用受到联合抵制的演艺人员的数字分身形象在元宇宙虚拟空间大办演唱会,则会利用人们爱看热闹的心理,以此牟利。此现象不仅对社会产生较大负面影响,也会对青少年的身心健康发展产生不利因素。元宇宙不是法外之地,同样受到现实世界的法律监督。若法律不对此行为进行监管,那对受到联合抵制的演艺人员的封杀便毫无意义。

第四,数字资本无序扩张侵蚀社会自由空间。分布式社会治理范式下,数字资本扩张的速度可能会大大超过传统资本,在Web 3.0领域的创新演化速度极快,诸如以太坊、SOL等创业项目,短短数年市值已经飙升至千亿美元以上,截至2025年2月26日,以太坊最高市值一度超过5000亿美元,SOL最高市值超过1600亿美元。分布式社会治理的商业实践也蕴含了特定的价值追求,这些价值追求可能被数字资本刻意放大,成为主宰元宇宙世界的意识形态,这也决定了其场域中的利益分配格局。如上文所述,元宇宙虚拟空间的发展最初被应用到游戏领域,大型科技公司以及大型投资公司在元宇宙爆火之后,倾注资本投入元宇宙事业中。青少年对元宇宙、NFT数字藏品展现出极大的兴

---

① 李晶:《元宇宙中通证经济发展的潜在风险与规制对策》,载《电子政务》2022年第3期。

趣,大型公司诸如脸书(Facebook)、Roblox等纷纷布局元宇宙赛道。例如,脸书公司起初是社交型企业,后来转换为图片分享、互联网搜索,如今将公司的业务转移到元宇宙之中,并直接更名为元宇宙(Meta)。而大型投资公司则是将资本投入已经建立起来的中小元宇宙企业中。其中虚拟土地交易成为近几年的主流。2023年6月1日,在上海,我国首个元宇宙平台拍卖出9块虚拟土地,最终成交价为人民币13,625元。本次拍卖会以线上拍卖的形式展开,以1元价格起拍,浏览人次达4120人。参拍的虚拟土地为边长16米的立方体空间,单块体积为4096立方米,合计拍卖9块虚拟土地。但虚拟土地的交易却极容易引发法律风险。例如,Dapprader数据显示,在2021年11月,如Decentraland、The Sandbox(沙盒)这样的平台出现了前所未有的流量和交易活动,虚拟土地交易量达到2.28亿美元,这是迄今为止最好的月份,比上个月增长了688%。除此之外,虚拟土地11月的估值相比9月底增加了904%,而参与土地交易的独立交易商达到创纪录的2.8万人,比上月增加了145%。[①] 其中有太多安全隐患在此不再一一赘述。而且虚拟房产的定价与现实逻辑大不相同,影响因素也很多,虚拟世界买房存在着很大的不确定性,如果这家公司出现技术或经营问题,那么这些"房产"将会随之消失。因为是虚拟数字产品,不存在真实资产,目前无法受到相关法律保护。元宇宙中的数字资产的另一种表现方式便是NFT数字藏品,其背后的名人效应能具有多大的价值,无法衡量,但其背后与资本的操纵脱不了干系。

(三)政务区块链带来的风险

区块链作为全球科技革命的新成果,在社会治理各个领域展示出其强大的适应力和生命力,注定会对社会治理结构产生"颠覆性"的影响,甚至超出想象力所能及之范围。当前,国家对区块链的发展与应用十分重视,在畅想区块链赋能为社会治理主体结构、话语结构和权力结构产生积极影响的同时,也要注意其可能带来的政府价值取向偏离的风险、技术赋能失去制约的风险以及公共利益被俘获的风险。一方面,政府的传统职能和管理权威可能会被消解;另一

---

① 《深度研报:回顾"NFT"和"元宇宙"冰火两重天的11月》,载腾讯网"Odaily星球日报官方账号",https://news.qq.com/rain/a/20211203A07BXD00。

方面,政府的价值取向可能产生偏离。政府传统职能和管理权威弱化,甚至转变为区块链中普通的网络参与者,尽管克服了以往科层官僚组织层级多、效率低或信息传递缓慢的缺点,实现了政府与其他网络参与者话语和权力的对等。然而,政府权力与中心地位的弱化,可能产生的直接问题就是政府是否还需要对社会整体负责。历史的经验已然证明,过度迷信和夸大区块链对社会治理带来的影响,极易陷入"技术决定论"的泥沼。区块链赋能语境下的社会治理结构存在公共利益被局部利益或私人利益所俘获的风险。

政治秩序失控风险。政务区块链在助推政府政务服务的同时,会面临一系列的新风险。主要表现在两个方面,即区块链"去中心化"特点会助推"无政府主义"的再次兴起,无规则制约的区块链技术成为违法犯罪的温床等。

首先,区块链"去中心化"可能推动数字空间的"无政府主义"。区块链技术天然具有匿名性和"去中心化"特点。"无政府主义"最初包含了众多哲学体系和社会运动实践。它的基本立场是反对包括政府在内的一切统治和权威,提倡个体之间的自助关系,关注个体的自由和平等;其政治诉求是消除政府以及社会上或经济上的任何独裁统治关系。对大多数较为温和的无政府主义者而言,"无政府"一词并不代表混乱、虚无、或道德沦丧的状态,而是一种由自由的个体自愿结合,以建立互助、自治、反独裁主义的和谐社会。但 Eric Hughes、John Gilmore、Timothy May 三人创立早期加密朋克,1992 年 11 月发布《加密无政府主义者宣言》,1993 年 3 月 9 日发布《加密朋克宣言》,都可以看到其价值主张都是激进的自由无政府主义言论,在加密货币与区块链成为新的技术趋势时,利用互联网实现新的"技术利维坦"。区块链的发展并不拘泥于比特币交易,而是朝着组织化方向发展。如新去中心化应用(DAPP),去中心化公司(DAC),甚至在政府管理、医疗健康、科教文卫等领域实现一种去中心化自治社会(DAS)。[①] 其中,被称为 DAO 的是一种基于区块链技术的自主自治组织,是一个完全去中心化的智能合约平台,其典型代表就是以太坊。它旨在为去中心化的智能合约提供一个可编程的平台,使人们通过构建和使用智能合约在这

[①] 韩海庭、孙圣力、傅文仁:《区块链时代的社会管理危机与对策建议》,载《电子政务》2018 年第 9 期。

个平台上进行去中心化治理和投资。在组织形式的区块链技术中,每一个组织有自己的自治规则。若将政府服务职能上链管理,则会使区块链的共识机制、底层代码、自治规则取代国家治理规则,逃避法律监督和政府制约,违背"政务上链"的初衷。加之区块链技术的匿名化,法律风险更难以有效控制。

其次,无规则制约的区块链技术成为违法犯罪的温床。如上文所述,区块链和元宇宙平台均是"去中心化、完全开放式"治理模式,实际上是一种"多元治理"模式。若将政府服务职能上链,则会产生技术阻碍公权力的监督的问题,也会违背我国目前的行政法体系。一旦将公权力与技术牢牢捆绑,则会产生贪污腐败,倒卖毒品、药品,伪造政府文件等非法活动。目前对于区块链的合规治理问题尚无明显进展,2021年9月15日,最高人民检察院、工业和信息化部等10部门联合发布《关于进一步防范和处置虚拟货币交易炒作风险的通知》,但却没有涉及区块链赋能政府数据开放的相关规定。但是,区块链赋能政府职能却不是不可实现的,随着区块链技术向稳向好态势发展,政府数据开放,"政务上链"指日可待。

最后,"政务上链"消解政府权威。区块链技术具有可追溯、防篡改特点,因此参与区块链技术的每个人都秉持诚信原则,若将"政务上链"则会改变现有政府信任模式,重塑社会价值取向,甚至使基于分布式治理的若干节点取代原有的政府职能,包括但不限于财产登记公示、婚姻登记、身份认证等。区块链的诞生是为了应对传统金融体系导致的信任危机,本身就蕴含了替代传统政府权威的潜力。2008年金融危机是自大萧条以来全球最严重的金融危机之一,起源于美国次贷市场的崩溃,这场危机波及全球金融系统,引发了大规模的金融机构破产、股市暴跌和全球经济衰退,其规模之巨、影响之深远令人警醒。在区块链中,信任的达成往往依据的是共识机制,上文提到,若游说者或者特别活跃的资本家对分散的行动者进行游说,则基于共识机制达成的彼此信任也会产生危机。"政务上链"并不会直接导致公民信任价值取向的立刻改变,"去信任化"与重新建立政府信任是一枚硬币的双面,由国家公权力代表的监督和制约一旦转移到区块链上,则会造成新型的信任危机。同时,"政务上链"意味着政府数据公开,但区块链本身的技术风险则会加大数据安全风险。技术不成熟,法律监管缺失,政府无法保证数据的安全性,公民无法对政府产生信任。1999

年,哈佛法学院教授莱西格(Lawrence Lessig)将雷登伯格提出的"代码即法律"用作《代码和网络空间的其他法律》(Code and Other Laws of Cyberspace)一书第一章的标题,这一短语从此成为网络法领域的话题,①如今常被应用在智能合约领域。如上文所述,智能合约是依据编码人员输入的代码自动执行。而计算机编程语言具有技术中立性,其往往无法明确呈现法律所表示的真正含义。人类语言千变万化,法律的适用并不是一成不变的,其往往需要第三方对法律加以解释,以使法律适应社会生活的变化。法律的本质是统治阶级意志的体现,且受社会物质生活条件的制约。法律是调整人的行为的社会规范,规定权利和义务,并由国家强制力保证实施。法律不应当具有主观色彩,但一旦处于"代码即法律"的情况下,仰仗的应该是代码编写人员的主观认识,此时便远离了法律的本质。技术本是中立的,不应当掺杂个人价值判断,如何防止"技术利维坦"的出现是"政务上链"首先应当解决的问题。

小结

目前,区块链已经演化出了数以万计的应用场景,这些应用场景正是区块链革命的主要体现。总体上看,根据其影响,可将其分为三类,即以数字货币、NFT 为代表的通证经济,以以太坊生态系统建构的分布式治理,以司法区块链、税务区块链、数字人民币等为代表的政务区块链。各种类型的区块链应用场景皆面临着相应风险。而产生这些风险的原因也较为复杂,去中心化治理机制是其核心内容。即传统的经济社会治理模式总体上偏向于形成一个或者数个权威中心主导的金字塔形治理结构,由权威中心分配社会资源、认定社会价值、评判个体行动、解释社会规则,而经由区块链技术的应用场景则更倾向于一个扁平化的治理结构。因此,区块链革命注定与现有经济社会结构的维持力量形成矛盾冲突,社会也将在此种矛盾冲突中演进至全新的治理结构中。

---

① 张培培:《反思"代码即法律"》,载《中国社会科学报》2020 年第 2045 期。

第三章　数字货币的法律规制

数字货币起源于密码朋克等数字技术先驱的思想试验,其核心使命在于防范日渐兴起的互联网平台和数字权力对个人网络自由的蚕食,中本聪创立的比特币从技术上实现了这一目标。分布式治理是数字货币的重要技术追求,其扩张引发的社会治理范式转型带来了诸多规制难题,故数字货币早期发展阶段总体上遭到法律打压。随着比特币等数字货币生态系统的成熟,其在金融市场乃至整个经济体系中的地位日渐增强,各国也失去了彻底铲除其存在的能力和意愿,转而逐渐建立起数字货币交易的合规监管体系。为了更好地适应数字经济发展,保障我国在国际金融竞争中的优势,数字货币交易法律治理也需要从封禁向合规监管转型,我国香港特别行政区的数字货币交易合规治理实践为此提供了宝贵经验。2024年11月,特朗普代表共和党在美国总统选举中获胜,且共和党在美国参议院、众议院选举中都获得多数席位,加上美国联邦最高法院中倾向共和党主张的法官人数占优,这也就意味着特朗普所支持的数字货币政策将成为美国未来四年的重要国策,[1]这将对世界经济格局产生重大影响。

一、自由乌托邦:数字货币的创世理念

在科技浪潮的推动下,一个全新的世界正在悄然崛起,那便是以数字货币为核心的自由乌托邦。这是一个以去中心化、透明化和安全性为基础的数字世界,它打破了传统以中心权威主义为核心的金融体系的束缚,为人类社会带来了全新

---

[1] 2024年7月,美国共和党发布作为未来四年执政纲领的新版党纲,明确提出要终止不符合美国精神的数字货币监管政策,确保公民享有不受政府监控和操纵的加密数字资产交易权利。2025年特朗普上台之后,正式推动这些政策的落实。

的自由与机遇。数字货币的创世理念,源于对自由与平等的追求。它不再依赖于任何中心化机构或政府的发行与管理,而是通过嵌入密码学和分布式账本技术,实现了真正的去中心化。在这个体系中,每个人都可以成为金融领域的独立个体,无须受传统金融体系的限制和干预。透明化是数字货币的又一重要特性。区块链具有可追溯性,任何人都可以在整个互联网上进行查询,基于区块链的所有交易信息或其他类型的账本变动,都可以再进行追根溯源式的发掘。每一笔交易都被镌刻在区块链之上,形成不可磨灭的历史记录,无法被篡改或伪造。这种透明性不仅增强了交易的信任度,也为监管提供了更加便捷和高效的手段。在数字货币的世界里,信任的建立不再依赖于中介机构,而是建立在算法和技术的坚实基础上。安全性是数字货币得以立足的根本。通过强大的加密算法和分布式网络的安全机制,数字货币能够抵御各种网络攻击和欺诈行为。这使数字货币成为一种更加安全、可靠的交易媒介,为人们的日常生活和商业活动提供了有力的保障。数字货币所构建的自由乌托邦,不仅是一个技术创新的产物,更是对人类自由意志的深刻诠释。它让世人看到了一个更加公平、透明和自由的未来社会,也让人们对技术的力量充满了无限的期待和想象。在这个充满变革的时代里,数字货币正在以它独特的方式引领人类社会走向一个更加丰富多彩的数字世界。

（一）密码朋克的诞生

在科技的浩瀚海洋中,一个神秘的群体悄然浮现——密码朋克。密码朋克是互联网的早期探索者,更是数字世界自由与隐私的捍卫者。密码朋克的诞生,源于对信息自由流通的渴望和对权力滥用的警惕。这一群体旨在通过加密技术的运用,让个体能够保护自己的隐私,防止权力的过度干涉。密码朋克聚集在网络的隐秘角落分享技术、讨论哲学,逐渐形成了一个独特的社群。这个社群中,每个人都是一个自由的个体,他们不受地域、国籍的限制,只凭借对技术的热爱和对自由的追求而聚集在一起。他们不仅创造了众多加密工具和协议,更在思想上推动了互联网的自由化进程。

20世纪70年代,由活动家艾比·莫夫曼(Abbie Hoffman)领导的一个名为雅皮士(Yippies)的美国反文化团体开始发布如何从电话服务提供商那里窃取服务的消息。起初,这仅仅是一种反权威的行为,但随后逐渐演变为对技术系统边界的探索。自称"黑客"的人开始挑战自我,看看他们能够在多大程度上闯入技术系统而不被发现。

随着互联网技术的飞速发展和计算机网络的普遍化,越来越完善的法律屏障开始保护互联网用户。在20世纪90年代,各国政府开始采取行动,来保护逐步兴起的、法律不完善的互联网行业。同时,为了应对政府的这一行动,一些计算机社区的人士开始采取反击措施。他们因受到自由主义和无政府主义哲学的启发,基于对政府的不信任而团结起来。另一些人,看到执法机构迫害那些并没有真正搞破坏的人,开始组织起来为激进的黑客和计算机用户辩护。在这样的背景下,20世纪90年代,电子前沿基金会成立,其成立的目的主要是打击网络犯罪。虽然这个组织目前仍在为各种涉隐私问题提供法律咨询和帮助,但计算机用户深知,他们更需要的其实是强大的计算机保密技术作为后盾。

正是在这样的时代背景下,20世纪90年代见证了密码朋克的诞生。与传统意义上的黑客不同,他们并非专注于入侵计算机系统,而是一群精通数字密码学的专家。密码朋克们开发的工具,是为了在互联网中保护用户的个人隐私,而非制造病毒入侵他人的电脑。直到1976年,科学家惠特菲尔德·迪菲和马丁·赫尔曼偶然发现了一个极其重要的工具——一种"非对称的加密方法"。非对称加密技术的核心在于对文件进行加密或解密时使用的密钥是不同的。通常情况下,一个人拥有两个密钥,一个被称为"公钥",另一个则被称为"私钥",在打开加密文件时,两个密钥必须匹配使用,单独一个密钥是不能够解密文件的,这在一定程度上避免了钥匙传递过程中被截取的风险。一个人用公钥加密的东西只有这个人用私钥才能解密,用私钥签了名的信息大家都能用公钥来验证这就是那个人的签名。[①]

这种加密方法为两人间的秘密通信提供了无须交换密码本的可能。到了1991年,非对称加密技术开始应用于互联网领域。其中,软件工程师菲尔·齐默尔曼(Phil Zimmermann)开发的Pretty Good Privacy(PGP)程序尤为引人注目。齐默尔曼不仅将这一程序推向了高潮,还公开了源代码,使任何人都可以免费下载并发送加密信息。PGP具备强大的保密功能,是保护个人隐私的重

---

① 俞学劢:《区块链的4大核心技术》,载《金卡工程》2016年第10期。

要工具。由于其传播涉嫌违反美国关于加密软件出口限制的《武器出口管制法案》,齐默尔曼遭受了长达 3 年的刑事调查。1992 年 9 月,一封以"密码朋克"命名的邮件在互联网上发布,邮件中包含了多种对隐私进行保护的技术,如 PGP 工具和"无法追踪"的数字货币理念。在并不明确加密是否合法的情况下,密码朋克们仍然积极倡导隐私保护,他们坚信,只有不断地推进计算机加密技术的发展,才能避免互联网在不久的将来被全面监控的风险,否则对个人隐私的保护将无从谈起。因此,他们采取了一种非暴力的方式来监督政府行使权力。例如,运用洋葱路由(Tor)等匿名网络工具来隐藏身份和位置信息,在网络上批评政府的不当行为。

虚拟货币的最早拥趸,正是那些致力于加密技术研究的密码朋克。他们怀揣着对数字世界的热爱与信任,坚信虚拟货币能够开创一个更加自由、公正的经济体系。在这些先驱者中,哈尔·芬尼无疑是一位杰出的代表。哈尔·芬尼不仅是 PGP 加密软件的开发者之一,其在密码学领域更是有着举足轻重的地位。PGP 的出现,极大地增强了电子邮件和其他数据通信的安全性,使信息传输更加难以被窃取或篡改。芬尼的才华与远见,让其成为密码朋克社群中的佼佼者。而更值得一提的是,哈尔·芬尼还成为比特币源代码改进的重要人员。比特币作为一种去中心化的虚拟货币,其源代码的安全与稳定至关重要。芬尼凭借自己深厚的密码学功底和编程能力,为比特币的源代码改进提供了宝贵的建议与帮助。得益于芬尼的卓越工作,比特币逐渐从一种概念走向了实际应用,为虚拟货币的发展奠定了坚实的基础。另一位备受瞩目的密码朋克成员亚当·巴克(Adam Back),以其卓越的才华和前瞻性的思维,成功开发了一款名为"hashcash"的工具。这一创新工具的设计初衷,正是为了应对日益严重的垃圾邮件问题,旨在通过技术手段减少垃圾邮件的滋生,为用户创造一个更加清洁、安全的网络环境。"hashcash"工具的推出,引起了众多密码朋克的支持与共鸣。它的工作原理是通过增加邮件发送的计算成本,大大提高发送垃圾邮件的成本,从而有效地遏制了垃圾邮件的泛滥。这一创新理念不仅得到了技术圈的认可,更在实际应用中取得了显著的效果。其中,虚拟货币"Bit Gold"的开创者尼克·萨博,也是"hashcash"工具的积极支持者之一。他深知垃圾邮件对于网络安全和用户体验的负面影响,因此对于亚当·巴克的这一创新成果给予了高度评价,并在自己的项目中加以应用和推广。尼克·萨博支持"区块链治理最小化"方案,他认为:"除非出于技术维护的目的而需要更改,否则不要对区块链协议进行更改。"①这被称为代码自治才能获得足够的信任。与此同时,来自澳大利亚的克雷格·赖也展现出了对于安全技术研发的浓厚兴趣。他投身于各类安全技术的研发工作,其中涉及金融交易安全等重要领域。克雷格·赖深知金融交易安全对于整个经济体系的重要性,因此他致力于通过技术手段提升金融交易的安全性,保护用户的资产安全。

这些杰出的个体在比特币及其他加密货币的发展道路上扮演了不可或缺的关键角色。密码朋克凭借自己的才华和努力,为虚拟货币的安全与稳定做出了重要贡献。他们的成就不仅体现在技术层面,更在于他们对于网络安全和数字经济的深刻理解和坚定信念。正是因为有了这些先驱者的努力和付出,比特币及加密货币才得以在数字经济时代中崭露头角,展现出其巨大的潜力和价值。密码朋克是科技与人权深度融合的杰出产物。在数字化浪潮席卷全球的今天,这群秉持着自由与隐私至上理念的先锋者们,犹如一股清流逆流而上,用他们的智慧和勇气,为数字世界的自由与隐私筑起了一道坚不可摧的屏障,在汹涌澎湃的数据海洋中坚守着自由与隐私的圣地。他们不仅是一群技术精英,更是人权与自由的捍卫者,正是有了这样一群勇敢而智慧的密码朋克,正是由于他们敏锐的洞察力,数字世界的自由与隐私才得以保障。他们用自己的行动,向全世界展示了科技与人权相结合的力量,也为后来比特币的问世和未来数字社会的发展奠定了坚实的基础。

(二)比特币问世

密码朋克,这一结合了自由主义思想、致力于使用强加密技术保护个人隐私的群体,为比特币的诞生提供了思想和技术上的双重支持。加密货币的想法最早出现于1983年。当时美国密码学家大卫·乔姆(David Chaum)发表了一份会议论文,概述了一种早期形式的匿名加密电子货币。这个概念是针对一种可以以不需要集中实体(类似银行)且无法追踪的方式发送的货币。1995年,

---

① Vlad Zamfir, Against Szabo's Law, For A New Crypto Legal System, Medium, 2019.

乔姆在他早期想法的基础上开发了一种名为 eCash 的原始数字货币,这种数字货币能够在将资金发送给收款人之前进行特定加密,避免了以往数字货币模型中难以避免的"双花"问题。尼克·萨博于 1998 年设计的 Bit Gold 通常被认为是比特币的直接前身。它要求参与者将计算机能力用于解决密码难题,解决难题的人将获得奖励。结合乔姆的工作,它产生了非常类似于比特币的东西。但萨博无法在不使用中央权威的情况下解决臭名昭著的双重支出问题(电子数据可以复制和粘贴)。因此,直到 10 年后,一个神秘的人或团体,使用化名中本聪,通过发布一份名为《比特币——点对点电子现金系统》的白皮书,开启了比特币和后来的加密货币的历史。

比特币的发明者中本聪深受密码朋克思想的影响,创建了一个去中心化、匿名性的数字货币系统,来摆脱传统金融体系的束缚,实现真正意义上的自由交易。这与前述密码朋克们倡导的隐私保护、自由交易等理念和初衷不谋而合。此外,密码朋克们在加密技术、网络安全等领域的深厚造诣使比特币得以采用先进加密算法和去中心化技术。可以说,没有密码朋克运动的思想启迪和技术支持,比特币的诞生或许难以迅速推进。比特币的问世,不仅是对传统金融体系的一次革命性挑战,更是对密码朋克运动理念和技术成果的一次完美展现。[①]

2008 年,中本聪第一次向密码朋克们宣布了他创建比特币的想法。2009 年 1 月 3 日,中本聪在比特币的创世区块中留下了一段引人注目的信息:"2009 年 1 月 3 日《泰晤士报》报道,财政大臣计划对银行展开第二轮救助。"这一记录成为比特币历史上的经典一幕。这标志着一种去中心化的虚拟货币——比特币正式面世。比特币的问世,标志着数字货币时代的正式开启,它不仅仅意味着一种新型交易媒介的出现,更是一场深刻的金融革命的开始。自从中本聪在 2008 年提出了比特币的概念,并在随后的一年里成功推出了首个去中心化的数字货币系统,全球金融领域便迎来了前所未有的变革。

2008 年 8 月,中本聪向密码学家亚当·巴克发送了一封邮件,其中提出并具体描述了"虚拟货币"的概念,但当时的亚当·巴克并没有对此进行过多的关注。因为自从 1992 年密码朋克邮件发送列表名单创建以来,跟亚当·巴克一直保持

---

① 林群丰:《智能合约代码之治的法律边界》,载《河北法学》2025 年第 7 期。

联系的名单上很多人都曾提出过这种只存在于计算机上的货币的想法,但是他都未予采纳,就更别提来自一个陌生人的想法了。① 之后,中本聪并没有放弃自己的想法,而是再一次把他的设想发送到了一个专门研究数字加密的公共电子邮箱。随后,他在一个叫作点对点基金会(P2P Foundation)的网站发布了这一想法,这个网站接受各类点对点(P2P)技术项目的提交。有个名叫哈尔·芬尼的人发现了这个想法的潜在价值,他曾作为程序员为一款免费加密软件"绝佳私密"(Pretty Good Privacy)工作过。他被这种货币具备的易分发性及可加密性所吸引,因此,他选择与中本聪一同研发,并投身到这项技术的代码开发工作中。

2008年10月末,中本聪公布了一篇关于比特币的详尽阐述,详细描绘了比特币区块链网络的各项功能。其实,中本聪早在2008年8月18日就已经正式开始比特币项目的工作,当时他们购买了Bitcoin.org网站。比特币的诞生,象征着对传统金融体系的颠覆。它无须任何中央机构或政府的参与来进行发行与管理,而是凭借密码学和分布式账本技术,实现了真正的去中心化。这一创新不仅显著提升了交易的效率和透明度,还极大地增强了金融系统的安全性和稳定性。比特币的出现,无疑为金融领域注入了新的活力与可能性,同时也极大地激发了人们对自由、隐私和安全的追求。中本聪在发表比特币白皮书之后,有人质疑比特币并不能摆脱政府控制,而中本聪则回应道:"我们不会在密码学中找到解决政治问题的办法,但我们可以在军备竞赛的主要战役中获胜,并获得一段时间自由的新领地。政府很善于切断像Napster(音乐服务网络)这样的中央控制网络,但像Gnutella(分布式通信协议)和Tor(洋葱路由)这样的纯粹P2P网络则能够被用户自己真正掌控(而不会被政府切断)。"②比特币力图让每一个人都有机会成为自己金融命运的主宰,无须受到传统金融体系的限

---

① [美]亚当·罗思坦:《货币的终结:比特币、加密货币和区块链革命》,尚跃星译,机械工业出版社2019年版,第8页。

② 中本聪在2008年11月7日上午发送给密码学邮件列表的邮件,回应了关于政治问题和密码学的讨论。中本聪回应的原文是:You will not find a solution to political problems in cryptography. Yes, but we can win a major battle in the arms race and gain a new territory of freedom for several years. Governments are good at cutting off the heads of a centrally controlled networks like Napster, but pure P2P networks like Gnutella and Tor seem to be holding their own. https://www.mail-archive.com/cryptography@metzdowd.com/msg09971.html。

制和干预。在这个数字化的时代里,比特币以其独特的魅力,引领着世界走向一个更加自由、公平和透明的金融未来。

随后,中本聪在 2009 年 1 月 3 日成功挖掘出比特币网络的第一个区块,并巧妙地将《泰晤士报》的一篇关于银行财政援助的标题嵌入其中。比特币在一定程度上是对这种中心化统治的一种反抗。[①] 这一事件不仅为加密货币领域带来了巨大的变革,也为全球金融体系带来了新的思考和挑战。尽管中本聪最初创建比特币的想法遭到了质疑,但他仍然找到了支持者。[②] 这一革新不仅深刻地改变了金融领域的原有面貌,更象征着密码朋克理念在现实世界中的成功落地。

比特币的问世不仅是对传统金融体系的一次革命性挑战,更是对人类社会数字化进程的一次重要推动。加密货币从概念到现实的演变过程充满了曲折和挑战,然而,正是这些挑战和困难,为人类提供了一个全新的视角和思考方式,推动了技术的不断进步和创新。如今,加密货币已经成为全球金融体系的重要组成部分,为未来的金融发展带来了新的机遇和可能性。

二、从理想主义到回归现实:比特币社区对监管态度的演变

随着比特币的问世和成长,全球掀起了前所未有的轩然大波。这一数字货币的出现,不仅打破了传统金融体系的束缚,更引领了一场金融创新的浪潮。然而,在比特币崭露头角的同时,其发展也面临着来自各方面的挑战和质疑。正是在这样的背景下,比特币开始了自己的发展历程,比特币从孱弱的细苗成长为当今参天大树的过程,面临着诸多不确定性,任何稍大的风浪都有可能将其彻底扼杀,因此其早期发展始终保持着如履薄冰的态势。正是在此种谨小慎微的发展过程中,比特币从业者们逐渐从理想主义迈向现实,开始寻求融入现有法律监管体系。

---

① 《比特币的 14 年——加密货币简史》,载百家号网 2023 年 1 月 3 日,https://baijiahao.baidu.com/s? id = 1754000486297211831。
② [美]亚当·罗思坦:《货币的终结:比特币、加密货币和区块链革命》,尚跃星译,机械工业出版社 2019 年版,第 16~20 页。

（一）理想主义者的谨慎市场推广

在比特币发展的初期阶段，它更像是一个在黑暗中摸索的探路者，小心翼翼地规避着国家立法和监管的锋芒，大量理想主义者几乎完全是出于公益理念来推广数字货币。它不断地寻找着生存和发展的空间，努力在法律的缝隙中求得一线生机。2009 年，中本聪以比特币这一深具革命性的创新，对抗全球法定货币体系。中本聪写入比特币创世区块的那段话，至今仍振聋发聩。但是从另一个角度讲，"没有管理者就等于无法进行调控"，而且"完全的点对点网络就等于无法被击溃"，那么人们在比特币应用方面的选择就只有 3 种，即"接受"、"拒绝"和"无视"。比特币是一种"结算服务"，但也被视为一种货币，一定程度上甚至可以说是现存几乎所有金融机构的死敌，大多数金融机构选择拒绝比特币。在相当长一段时间内，比特币被定位为"恶性的存在"。也有部分银行正在默默地从长期视角审视"比特币"的竞争性和"威胁性"。那些将比特币定位为"恶性的存在"的人将目光紧紧地盯在比特币"黑暗"的部分，不停地散布"比特币是洗钱和不正当汇款的温床"等观点。尤其在日本，媒体长时间充斥着类似"比特币公司管理者被逮捕"等大量负面的新闻报道。全球政府曾试图合力杀死比特币这条"恶龙"。然而现在看来，这种努力基本上可以宣称已经彻底失败。

本书第一章已经介绍了比特币在上线之后，长期以来并未产生实际交易，直到 2010 年 5 月佛罗里达州的程序员 Laszlo Hanyecz 在多次尝试之后才用 1 万个比特币购买了 2 个棒约翰牌披萨，这项交易诞生了比特币第一个公允汇率，一个比特币值 0.3 美分。此后，比特币市场才开始逐渐形成，4 年后引发整个数字货币领域巨震的 Mt. Gox 交易所，也在同年 7 月正式上线运行。

2010 年 12 月，维基解密（WikiLeaks）在互联网泄露了部分美国政府的机密文件，从而遭到美国执法部门的打击，维基解密捐款的渠道被 PayPal 和其他付款处理机构截断。这让当时的自由主义者、解密高手和其他互联网的积极分子感到极为气愤，他们认为这是一种非常卑劣的审查控制。维基解密与以比特币为代表的数字货币理念共享一些基本信念，都极为反对国家权力无所不在的数字监控。此时，有人提出了可以用比特币来处理捐款事项，由于比特币的去中心化特点,使用者可以肆意捐献,且政府也无法迫使哪个团体来封禁维基解密。对于一般货币或者服务而言,扩大市场使用规模是难以拒绝的宝贵机会,比特币也正好可以利用这一契机获得更多的实际应用,在不违反自身发展理念的情况下向世界进行推广。但是,这对于正处于发展初期的比特币来说,无疑是一场巨大的冒险。作为比特币载体的区块链网络系统,要依靠算力来抵御黑客等外部力量的攻击。根据中本聪的设计,比特币属于"完全点对点网络",并不存在管理者或中心机构,实现了真正意义上的去中心化。因此,如果要破坏比特币网络的运行,那么就必须掌握超过整个系统50%的算力,也就是达到所谓51%算力攻击的优势。中本聪设想,理性的参与主体并不会选择破坏该系统,因为其成本远高于遵循比特币系统所设置的挖矿奖励。然而,当时的比特币上线时间不长,整个系统的算力还很低,如果某个大国认识到了其蕴含的破坏性力量,就有可能违背所谓的"理性人"假设,直接参与攻击,将比特币扼杀于萌芽之中。如果比特币被深度牵涉进入维基解密事件,必将引起各国政府及黑客的注意。一旦某个国家想要对其进行打击,以比特币网络当时的算力水平来看,很难抵御此种攻击,掌握超级计算机的国家完全可以利用51%攻击击垮比特币。因此,币圈中的很多人士在当时是拒绝由比特币接收捐款的,这也在一定程度上保护了早期阶段的比特币。

在中文网络世界,吴钢、吴忌寒、长铗(真名刘志鹏)、黄笑宇、杨林科、张楠赓、烤猫(真名蒋信予)、李笑来等,在早期的比特币知识普及和业务推广上起到了至关重要的作用。P2P视频网站技术开发者吴钢可能是国内最早从事比特币挖矿和比特币知识普及的先驱,吴钢在2009年6月收到一封介绍比特币系统的邮件后,就在公司电脑上下载、安装了比特币挖矿软件,此后经常活跃在比特币爱好者和中本聪交流的bitcointalk.org的论坛里。吴钢以网名"星空"创建了一批比特币社群,普及比特币基础知识。2011年,长铗[1]和吴忌寒一起创立了巴比特网站,用于传递数字货币相关知识,吴忌寒将比特币白皮书翻译成中文发布在该网站上,网站也发布了其他一批翻译的比特币资讯和文章,文

---

[1] 2011年12月21日,长铗在知乎上回答一个提问:"大三学生手头有6000元,有什么好的投资理财建议?"长铗发表回复到:"买比特币,保存好钱包文件,然后忘掉你有过6000元这件事。五年后再看看。"目前原帖已经不见,但网络上有原帖截图。

末留下比特币钱包地址供读者打赏。2011年8月,吴忌寒在巴比特网站发布文章,记录了其花费0.1个比特币在淘宝购买了价值8.88元人民币云服务内存升级的经历。2011年6月9日,杨林科与黄笑宇搭建的国内第一家数字货币交易平台——"比特币中国"正式上线。阿瓦隆矿机一出售就受到了市场的追捧。2012年9月,张楠赓(外号"南瓜张")开始对外发售名为阿瓦隆(Avalon)的比特币矿机,开启了全球挖矿的专业时代,为比特币系统算力提升奠定了坚实基础。2012年7月,中科大少年班学生蒋信予以烤猫(friedcat)的昵称,在比特币官方论坛bitcointalk.org上宣称造出了Asic"矿机",提出通过众筹募集资金布置算力挖矿分红,烤猫"矿机"ICO项目很快在GLBSE交易所成功进行,烤猫公司的股份总数40万股,烤猫共持有236,038股(59%),其余为股东持有,每股价格为0.1个比特币,2013年6月5日烤猫的股票周分红达到0.038,146,78个比特币。

(二)"丝绸之路"网站:反国家监管的数字货币发展道路

在很长一个时间段内,比特币爱好者们都在极力规避政府监管,力图将密码朋克反数字监控的自由主义理念发扬光大。但是这种无监管的状态,注定比特币在早期会成为灰色产业的工具。在互联网的一个阴暗的角落里,犯罪分子也盯上了具有高度匿名性的比特币,并在使用过程中进一步推动了比特币的发展。

2011年1月,某位理想主义者决定测试一下比特币规避政府控制的能力,"丝绸之路"网站横空出世,创建者使用了一个虚拟网名——"恐怖海盗罗伯茨"(Dread Pirate Roberts)。"丝绸之路"网站是一个类似于亚马逊的在线市场,其创建目的主要是阻挠政府的控制,出售一些非法的商品。"丝绸之路"网站诞生以后,他便作为第一个使用者在网站上进行交易,并将他和女朋友种植的致幻蘑菇放在平台上销售,很快该网站上就出现了大量的用户。随着越来越多的毒贩参与其中,"丝绸之路"网站的交易量也迅速增加,但若使用常规的网络技术和支付手段就会存在两个问题:一是交易具有可追踪性,即网络交易行为会受到监管,并可以追踪到现实世界里具体的个人;二是如何与客户建立可信任关系。随后,精通计算机技术的"恐怖海盗罗伯茨"通过将Tor软件和比特币区块链技术嵌入"丝绸之路"网站以形成双重匿名结构,从而解决了这两大问题。

"丝绸之路"网站仅对连接了地址匿名软件 Tor 的使用者提供交易服务。Tor(The Onion Router)是一种计算机软件,又被叫作"洋葱头",是第二代"洋葱路由"的载体,用户可以通过它在互联网上匿名进行交流。"洋葱路由"的概念是保罗·塞弗森、迈克尔·里德以及戴维·戈德施拉格在 1995 年于一个美国海军的研究办公室提出的,并在当时取得了负责研发军方先进技术的国防高级研究计划局的资助。在早期的计算机通信时代,信息传递依赖于"路由器"这样的专用网络设备。假设设备 A 有意愿与设备 B 交流,它便会借助这一专用工具,将信息内容从一个 IP 地址发送到另一个 IP 地址。在这个过程中,所有的"路由器"都扮演着关键角色,它们负责处理这些 IP 地址,确保信息能够准确无误地通过互联网抵达目标地址。然而,这种通信方式存在一个显著的隐患——任何接入网络的计算机设备都有能力处理并接触到这些传输的信息资源,包括设备 A 和设备 B 的 IP 地址。这就像是有人偷窥他人的信件,尽管信的内容可能不得而知,但发件人和收件人的地址却暴露无遗。这种情况极易导致个人信息被不当泄露,给用户带来严重的安全风险。在这种网络背景下,当一个美国海军做卧底时,如果不泄露自己的信息就无法与海军情报总局进行计算机联络。换句话讲,如果对手或敌人精通如何查看网络 IP 地址的话,那么,在网络上进行间谍活动基本上是不可能实现的。Tor 的出现改变了这一局面。Tor 就像洋葱一样,它使用一系列的加密技术,运用加密层覆盖数据资源的源地址,从而实现了数据资源在网络环境中的匿名化。当设备 A 和设备 B 进行通信时,其数据资源在网络传输过程中通过一系列的加密措施进行路由,每一个加密措施最终形成一个加密层。被传输的数据资源每进入一层"洋葱路由"网络之前,它的最终目标地址都是无法知晓的。同样的,数据资源在跨越网络层时,其源地址均被隐藏。简而言之,"洋葱路由"并非加密数据传输过程,而是对源地址和目标地址进行加密,从而确保地址信息无法被追踪。

Tor 也支持一些"隐藏服务",就是当一个计算机想要访问一个服务器使用了 Tor 软件的网站时,该计算机就必须同样连接到 Tor 软件。这并不是说使用 Tor 软件连接到一般的互联网,而是 Tor 本身就是一个只有在"洋葱路由"网络里的计算机才能够访问的特别的"迷你网络"。这就意味着,如果使用的配置没有问题,那么该服务器站点上的所有网络活动都是匿名的,没有人能够发现服务器或者该网站的 IP 地址,像这样的网站就如同网络中的蒙面区域,这个蒙面区域也被称为暗网(darkweb)。

"丝绸之路"网站唯一可以接受的货币是比特币。凭借着比特币交易比信用卡交易更高的匿名性,精通互联网的毒贩都想尝试一下"丝绸之路"网站。除此之外,"恐怖海盗罗伯茨"还参照亚马逊平台的经营模式,在网站上建立了非常完善的购物机制,如双向评价机制和复杂的客户论坛,网站中的交易者可以借此参考商品的评价和卖家评级进行购物。甚至"丝绸之路"网站中还存在争端解决机制,一经发现假冒伪劣产品,将会采取永久封号措施。如此一来,平台的使用者越来越多,交易量也得到快速增长,以至于在 2011 年上半年因无法处理流量问题而被迫关闭了很多次。虽然用比特币购买东西不合法,但随着"丝绸之路"网站的爆火,比特币在 Mt. Gox 平台上的价格 2011 年 2 月为大约 70 美分,在 5 月上升到 10 美元,6 月中旬已经上升到 32 美元。同时,随着交易的增多,区块链的算力也在急速增加。

"丝绸之路"网站的兴旺也随之催生了其他意想不到的公众关注。在 2011 年 6 月 5 日,美国参议员查默·舒默召开新闻发布会,(公开)谴责比特币和"丝绸之路"网站,并要求联邦当局予以严厉打击。[①] 美国毒品管制局(The US Drug Enforcement Administration)和司法部(The Justice Department)也发布声明表达了它们的担忧。在 6 月,"恐怖海盗罗伯茨"自愿关闭了"丝绸之路"网站,希望热度会降低。

2011 年 4 月间,比特币软件的开发者最后一次听到中本聪的消息。在一些简短的电子邮件交流中,他表达了对比特币引发的反政府负面新闻的担忧,并担心自己在支持者中声名狼藉。于是这位加密货币先驱隐退,论坛用户名沉寂,电子邮件断绝,比特币的匿名创造者自此彻底消失。当中本聪失踪时,已挖出比特币的总价值约为 5450 万美元。两个月后,这个数字猛增至 2.07 亿美

---

① NPR Staff, *Silk Road: Not Your Father's Amazon. com*, NPR, https://www.npr.org/2011/06/12/137138008/silk-road-not-your-fathers-amazon-com.

元。2011年6月8日,比特币交易量达到280万个的峰值,Mt. Gox当日的佣金约90万美元。随后"恐怖海盗罗伯茨"也重启网站,"丝绸之路"网站每月佣金达到了3万美元,而且这个数字还在迅速不断地上升中。加密货币不再只是一个概念,它那朦胧的、网络梦想般的特质连同它的假想创造者一起消失了,只留下真正的金钱、真正的价值,以及随之而来的所有问题。①

在比特币发展的过程中,经历了无数的波折和挫折,但它始终坚韧不拔,不断地优化自身的技术和机制,以应对日益复杂多变的市场环境。然而,正是这样的曲折发展历程,让比特币逐渐积累了足够的实力和影响力。它以其独特的去中心化、匿名性和安全性吸引了越来越多的关注和认可,在激烈的市场竞争中脱颖而出,成为数字货币领域的佼佼者。随着时间的推移,比特币逐渐从一个边缘化的数字货币成长为全球范围内备受瞩目的金融创新产品。

(三) Mt. Gox 交易所失窃事件:加密世界走向合规的直接诱因

Mt. Gox 交易所被中文 Web 3.0 从业者称为"门头沟",于2010年由美国程序员杰德·麦卡莱布(Jed McCaleb,数字货币 Ripple 公司的创始人)创立,其命名源于魔法风云会英文名称(Magic: The Gathering Online eXchange)的首字母略缩字,麦卡莱布后将其转变为比特币交易平台。在那里,每个人都可以用美元来买卖比特币,价格根据市场的需求而波动。Mt. Gox 的兴起与比特币的兴起几乎同步。在数字货币刚刚崭露头角的时代,Mt. Gox 凭借其先进的技术和前瞻性的视野,迅速成为行业的领军者。无数的数字货币投资者和交易者聚集于此,共同见证着这个新兴市场的蓬勃发展。2011年1月黑客在一次对网站的攻击中卷走了价值45,000美元的比特币。2011年3月Mt. Gox 被卖给了位于日本东京的 Tibanne 公司,由法国开发商、比特币爱好者马克·卡佩莱斯(Mark Karpeles)管理,其后迅速扩张为全球最大的数字货币交易平台,至2014年年初已经承担起高达全球70%以上的比特币交易。但是由于技术漏洞和安全问题频发,导致用户资金被盗、交易异常等事件层出不穷。这些问题虽然在

---

① [美]亚当·罗思坦:《货币的终结:比特币、加密货币和区块链革命》,尚跃星译,机械工业出版社2019年版,第16~20页。

一定程度上得到了解决,但已经给 Mt. Gox 的声誉带来了不小的损害。

2013 年 5 月 15 日,美国国土安全局(DHS)向 Mt. Gox 的美国子公司 Dwolla 发出了逮捕令,并冻结了 290 万美元。次月,美国国土安全局又冻结了 Mt. Gox 的 Wells Fargo 中的 210 万美元。理由都是其未获得金融犯罪执法网络(The Financial Crimes Enforcement Network,FinCEN)的经营许可。2013 年 6 月 29 日,Mt. Gox 从 FinCEN 处获得了货币服务业务(MSB)的许可。

但是到了 2014 年 2 月底,Mt. Gox 交易所遭遇大规模黑客攻击,损失了超过 850,000 个比特币,当时价值约为 5.1 亿美元。在美国申请破产保护 11 天之后,Mt. Gox 在网站报告中称找到了 199,999.99 个比特币,这也就意味着最终失窃比特币的数量为 65 万个。2018 年,日本东京地方法院将此案从破产程序转为民事恢复程序,Mt. Gox 的重组计划于 2020 年 12 月在东京法院提交,并在 2021 年 11 月获得大多数债权人的批准。

Mt. Gox 的陨落,给数字货币行业带来了巨大的冲击和警示。它让人们深刻认识到,数字货币交易所的稳健运营和监管至关重要。只有建立健全的监管机制、加强技术安全保障、提升用户体验和服务质量,才能确保行业的健康发展。如今,Mt. Gox 已经成为数字货币历史的一部分,但它所留下的教训和警示,仍然深刻地影响着比特币世界的每一个人。

三、大而难制:比特币蚕食主权货币市场及其规制中的"囚徒困境"

在数字化时代的浪潮中,以比特币为代表的一种去中心化数字货币正悄然改变着传统主权货币市场的格局。其独特的加密技术和去中心化特性,使交易的隐私能够得到更好保障,且可以随意跨国流通而不受严苛审查。因此,数字货币吸引了大量投资者的目光。然而,这种超越国界、去中心化的特性,也给主权货币带来了空前的冲击。数字货币的流通不受任何单一国家或机构的控制,这无疑给传统货币政策的制定和执行带来了诸多困扰。更为严重的是,数字货币普及可能导致资本大规模流向虚拟世界,这将进一步削弱主权货币的流通性和地位。面对数字货币的崛起,各国政府和金融机构陷入了规制困境。一方面,它们必须采取措施限制数字货币流通,以维护主权货币的稳定和权威;另一方面,过度严格的规制又可能引发投资者的反弹,甚至加速数字货币国际化进程。这种"囚徒困境"的根源在于比特币等数字货币与主权货币之间的根本性差异。比特币的去中心化特性使其能够摆脱任何形式的政治和经济干预,而主权货币则必须服从于国家和机构的控制。因此,任何试图通过规制来限制比特币的努力,都可能面临来自市场和技术的双重挑战。

(一)比特币的迅猛发展

比特币的发展与其市场价格变动密切相关,与股票等类似,其价格暴涨往往会引来更多的投资人与真实用户。按照比特币的技术方案,基于工作量证明机制的"挖矿"是比特币发行的唯一途径,自2009年1月上线开始,其发行以10分钟左右出一个区块并产出奖励50个比特币为基准,每间隔21万个区块(时间长度约4年)则产出奖励减半。在此机制下,市场形成了比特币产量减半的预期,其价格往往也在产量减半前后暴涨,16年来这一规律始终未曾打破。比特币价格虽然波动较大,但总体上延续了长期上涨的趋势,从已知最早的0.03美元一直上涨,截至2025年2月20日,比特币最高价格一度高达109,800美元。

随着比特币价格增长,其底层技术也得到广泛效仿。这些效仿者开发出了一系列新的数字货币类型,其中部分种类获得巨大成功,而失败者在市场推广中建立的生态系统则带来了更多数字货币爱好者。这些新进入的数字货币爱好者,少部分被市场淘汰,而其中的大多数则回归到比特币生态系统,成为推动比特币发展壮大的重要力量。

2012年,比特币价格稳步上升,同年9月,旨在推动比特币发展与普及的比特币基金会成立。与此同时,名为OpenCoin的Ripple项目亦于当年问世,次年吸引风险投资青睐。2013年,比特币面临多重挑战,包括法律监管和自身技术瓶颈等问题,其价格涨跌不定。11月19日,比特币价格一度达到755美元,但随后骤跌至378美元。至11月30日,价格又回升至1163美元。然而,这仅是长期下跌的序曲,至2015年1月,比特币价格最终跌落至152美元。[1]

---

[1] 《比特币的14年——加密货币简史》,载百家号网2023年1月3日,https://baijiahao.baidu.com/s?id=1754000486297211831。

比特币的迅猛增长,不仅在全球范围内激发了数字货币的发行热潮,更引领了一股创新浪潮。比特币的成功,为其他数字货币的崛起铺平了道路,催生了众多新兴项目。继比特币之后,以太坊以其智能合约功能崭露头角,瑞波币则以其快速、低成本的跨境支付解决方案赢得了市场的青睐。比特币现金、莱特币等数字货币也相继问世,它们各具特色,满足了不同投资者和用户的需求。此外,EOS、币安币、BSV、泰达币、恒星币等数字货币也纷纷涌现,它们各自拥有独特的技术特点和应用场景,吸引了大量的投资者和开发者,带来了更多的技术创新和应用场景。截至2024年10月31日,据笔者不完全统计,全球已公开发行的加密数字货币已经超过2万种,并且这个数字还在不断增长。数字货币的发行和交易,不仅加速了全球经济的数字化进程,也促进了跨境支付、供应链管理、智能合约等领域的创新。这些数字货币不仅拓宽了数字货币市场的边界,更为整个区块链行业注入了新的活力。随着数字货币市场的不断发展和完善,未来还将有更多的数字货币出现,它们将拥有更先进的技术、更广泛的应用,同时也面临更严格的监管。数字货币将成为数字经济时代的重要基础设施之一,将为全球经济的发展和繁荣作出更大的贡献。①

(二)区块链与银行

区块链技术的分布式、透明和不可篡改的特性,使它在金融交易、供应链管理、身份验证等领域展现出了巨大的潜力。经济学家们看到了区块链在优化金融流程、降低交易成本和提高交易速度方面的优势,纷纷开始探索其对于金融市场的深层次影响。随着加密货币变得越来越有价值,区块链收集和存储账单信息的用途也越来越明显,区块链已经开始变得不那么像一个小众的尝试。经济学家、银行家以及区块链的支持者都开始研究区块链在现有金融市场中的作用,而不是将其作为一个备选方案。银行家们也在积极寻求区块链技术的实际应用,他们希望借助区块链技术改进传统的银行业务流程,提高服务效率,并为客户提供更加安全、便捷的金融服务。一些银行中的先锋者已经开始尝试将区块链技术应用于跨境支付、供应链融资等领域,并取得了显著的成果。

---

① 郭丰:《聚焦"双碳"背景下数据中心的绿色发展》,载《世界环境》2022年第3期。

例如,桑坦德银行、巴克莱银行和花旗银行等大型银行都在争相研究和投资区块链技术,不仅是为了将其作为数字货币的一种机制,而且是作为一种简单明了的账本。使用去中心化的、安全的分类账簿可以让投资者轻松获取其所有的权益记录。纳斯达克是全球第二大股票市场交易平台,它与区块链初创公司 Chain 合作,建立了一种区块链,以确保其私人交易平台的记录,允许非公开上市公司的注册和交易。另外,一个美国公司 Overstock.com 收到美国证券交易委员会(SEC)批准其使用基于区块链技术所发行股票的债券系统的通知,该公司计划创建任何公司都可以使用的有时间戳的区块链分类账簿。这种区块链不会被公开访问,而是只针对公司内部的员工和分支开放,并用于跨业务共享记录。新加坡央行(Singapore CentralBank)也表示对此类区块链感兴趣,并于 2015 年开始为开发基于区块链的记录保存系统提供资金支持。西班牙的桑坦德银行在 2015 年发布了一份报告,称赞区块链技术能够处理供应链各方之间的合同。单一的区块链可以跟踪任意数量的公司之间的材料和产品运输,而不是在不同的批发商和船运公司的会计系统之间进行交互。

到目前为止,对于究竟什么是最有用的区块链技术应用程序,人们还没有达成共识。但已有部分大型银行和企业联合起来,以最通用的形式推广区块链技术,希望稍后能够解决具体的应用程序。交易后分布式账簿(PTDL)集团包括汇丰银行、伦敦证券交易所和法国兴业银行。另一个名为 R3 的财团,包括高盛、摩根大通、德意志银行、加拿大皇家银行,以及更多来自世界各地的银行。这两个联盟都没有公布它们正在开发的技术细节,它们目前还是处于最基本的组织阶段。① 此外,区块链的支持者们也在积极推动其在金融市场中的普及和应用。他们相信,区块链技术将能够重塑金融行业的格局,推动金融市场的创新发展。

随着比特币、以太坊等应用场景的快速崛起,其与银行等金融机构之间的关系也越发引起社会关注,由此也引发了关于比特币法律属性的长久争论。2013 年中国人民银行等五部委《关于防范比特币风险的通知》(银发〔2013〕

---

① [美]亚当·罗思坦:《货币的终结:比特币、加密货币和区块链革命》,尚跃星译,机械工业出版社 2019 年版,第 170~172 页。

289号)将比特币界定为虚拟商品,反对者将其界定为支付方式,[1]或将其界定为虚拟财产;[2]或将其解释为受刑法保护的财产。[3] 司法实践中,部分法院将盗窃比特币行为定性为"非法获取计算机信息系统数据罪"判罚,显然是将加密货币定性为数据,[4]反对者认为此种定性显然有悖于加密货币财产特性并建议将其暂定为准货币。[5] 迄今为止,比特币等数字货币的法律性质仍然尚未形成高度共识,司法实践中如何处置数字货币问题也始终未见定论。

区块链已经不再是一个仅供少数人探索的领域,它正在逐渐融入主流金融市场,并发挥着越来越重要的作用。比特币的崛起对主权货币市场构成了巨大的挑战。在规制比特币的过程中,各国政府和金融机构必须权衡利弊,寻找既能维护主权货币稳定又能促进数字经济发展的平衡点。这是一项艰巨而复杂的任务,需要全球范围内的合作与共同努力。

四、从拒斥到融入:数字货币法律治理理念的艰难转型

法律的主要作用之一就是调整及调和种种相互冲突的价值。[6] 随着数字经济的蓬勃发展,比特币这一去中心化的数字货币逐渐崭露头角,引发了全球范围内的广泛关注。然而,在比特币兴起之初,由于其匿名性、跨境性和去中心化等特点,许多国家和地区对其持有一种拒斥的态度,担心其可能带来的金融风险、洗钱犯罪等问题。然而,随着比特币市场的不断壮大和技术的不断完善,越来越多的国家和地区开始重新审视比特币的法律治理问题,逐渐调整及调和种种技术发展与法律规制中相互冲突的价值。他们意识到,简单地拒斥比特币

---

[1] 樊云慧、栗耀鑫:《以比特币为例探讨数字货币的法律监管》,载《法律适用》2014年第7期。
[2] 齐爱民、张哲:《论数字货币的概念与法律性质》,载《法律科学(西北政法大学学报)》2021年第2期。
[3] 任彦君:《非法获取虚拟货币行为的刑法定性分析》,载《法商研究》2022年第5期;潘文博:《数字货币的运行机制与法律治理》,载《清华法学》2023年第3期。
[4] 罗勇:《论数字货币的私法性质——以日本Bitcoin. Cafe数字货币交易所破产案为中心》,载《重庆大学学报(社会科学版)》2020年第2期。
[5] 杨延超:《论数字货币的法律属性》,载《中国社会科学》2020年第1期。
[6] [美]E.博登海默:《法理学:法律哲学与法律方法》,邓正来译,中国政法大学出版社2017年版,第414页。

并不能解决问题,反而可能错失数字经济发展的机遇。因此,一种从拒斥到融入的法律治理理念开始逐渐形成。

在这一转型过程中,各国政府和监管机构面临着诸多挑战。首先,各国需要制定合适的法律法规,既要确保比特币市场的规范发展,又要避免过度干预和抑制创新。其次,各国需要建立有效的监管机制,加强对比特币交易的监测和风险防范,确保市场的稳定和公平。最后,还需要加强国际合作,共同应对比特币跨境交易带来的挑战。尽管转型过程充满艰辛,但许多国家和地区已经取得了显著的进展。他们通过制定相关法律法规、建立监管机制、加强国际合作等方式,逐步将比特币纳入法律治理的轨道。这不仅有助于规范比特币市场的发展,也为数字经济的发展提供了有力的法律保障。

(一)各国和地区对比特币的态度

比特币作为一种去中心化的数字货币,自诞生以来便引起了全球范围内的广泛关注和热烈讨论。然而,各国和地区对于这一新兴事物的态度却大相径庭,呈现出多样化的特点。一些国家和地区对比特币持开放和包容的态度。他们认为比特币的去中心化特性有助于促进金融创新和跨境交易,同时也有助于提升金融体系的透明度和效率。这些国家和地区纷纷出台相关政策,鼓励比特币的合法交易和应用,以推动数字经济的发展。然而,也有一些国家和地区以谨慎或限制的态度来应对比特币的传播。这些国家和地区担心比特币的匿名性和去中心化特性可能被不法分子利用,进行诸如洗钱、贩毒等非法活动。因此,他们采取了一系列措施来限制比特币的交易和应用,以维护国家的金融安全和稳定。

还有一些国家和地区对于比特币则处于观望和摸索之中。他们既看到了比特币的潜力和优势,也对其可能带来的风险和挑战保持警惕。这些国家和地区正在积极研究和探索比特币的监管方式,以期在保障金融安全的同时,也能充分利用比特币的优势来促进经济发展。总之,各国和地区对比特币所持态度不一,这既反映了比特币本身的复杂性和不确定性,也体现了各国和地区在经济发展和金融安全之间的权衡和选择。以下是一些代表性国家和地区对于比特币所持态度的简要概述。

在亚洲地区,中国对比特币等数字货币的监管态度经历了从宽松到严厉的转变。早期,由于数字货币的兴起与普及程度相对较低,中国政府对其采取了较为宽松的态度。然而,随着比特币等数字货币的炒作日益火热,中国政府开始意识到其中潜藏的风险,并逐渐加大了监管力度。五部委联合发布的《关于防范比特币风险的通知》明确界定了比特币的性质,并禁止其作为货币在市场流通使用。在亚洲东部地区,日本则是较早承认比特币合法地位的国家之一。日本政府不仅允许比特币的交易和使用,还为其制定了相应的法规和标准,如修订《支付服务法案》以正式确立比特币的合法地位。同时,日本也实施了严格的KYC政策,通过加强审查,明确账户的持有人身份并确保入账资金的合法性,从而维护金融市场的稳定与安全。2021年4月,土耳其中央银行发布公告,禁止在支付中使用加密资产,指出其市场价值波动剧烈且存在不可撤销的风险,可能用于非法活动。该规定于4月30日正式生效。①

在欧洲,各国对待比特币的态度也存在差异,一些国家如德国,首次公开承认比特币的合法性,并将其归类为"私人货币",允许其在本国境内进行合法交易。而另一些国家则对比特币持谨慎态度,对其交易和使用进行了严格的限制。

美国对待比特币的态度则相对开放和包容。美国政府承认比特币的合法地位,允许其在一定范围内进行交易和使用。美国的一些州甚至允许使用比特币进行税收支付,显示了对数字货币的积极态度。然而,这并不意味着美国全然放任比特币的发展,相关监管机构仍然对其进行了严格的监管,以防止潜在的风险。然而,并非所有市场都对数字货币持开放态度。2019年6月,全球最大期权市场——芝加哥期权交易所宣布,交割完最后一单比特币期货合约后,将正式关闭加密货币期货交易,交易所不再跟进任何加密货币期货产品。②

以上各个国家和地区对比特币的不同态度说明了多个方面的复杂性和多

---

① Central Bank of the Republic of Turkey (Apr. 16,2021). Press release on the decision numbered 2021 – 13/750 regarding the non-use of crypto assets in payments. Retrieved from https://www.tcmb.gov.tr/wps/wcm/connect/EN/TCMB + EN/Main + Menu/Announcements/Press + Releases/2021/ANO2021-13.

② 范文仲:《比特币的崛起》,载《企业观察家》2023年第1期。

样性。首先,这反映了各国和地区对于数字货币和区块链技术的认识和理解程度不同。一些国家和地区可能将比特币作为一种创新技术和潜在的经济工具,因此持较为开放的态度;而另一些国家和地区则可能更关注其可能带来的金融风险和监管挑战,因此持较为谨慎的态度。其次,这也体现了各国和地区在数字货币领域的政策目标和利益诉求不同。一些国家和地区可能希望通过推动数字货币的发展来促进本国经济的数字化转型和创新,而另一些国家和地区则可能更注重保护本国金融市场的稳定和消费者的权益。

此外,各国和地区对比特币的态度还受到其国内政治、经济和社会环境等多种因素的影响。例如,一些国家和地区可能由于国内政治稳定或经济发展的需要,而对比特币等数字货币持更为开放的态度;而另一些国家和地区则可能由于社会舆论或监管压力等因素,而对其持更为谨慎或限制性的态度。随着数字货币和区块链技术的不断发展和普及,各国和地区需要更加深入地研究和理解其本质和潜在影响,以制定更为合理和有效的政策和监管措施。

(二)各国和地区对比特币的法律规制

在全球化的今天,比特币作为一种新型的数字货币,正在逐渐改变着金融领域的传统格局。然而,各国和地区对比特币的法律规制却呈现出显著的差异。这种差异不仅反映了各国和地区对数字货币的认知和态度不同,也体现了各国和地区在维护金融稳定和隐私保护方面的不同侧重点。在一些国家和地区,比特币被视为合法的支付工具和投资产品,政府通过制定相关法律法规规范比特币的交易和使用。而在另一些国家和地区,由于担忧比特币可能带来的金融风险和社会问题,政府对其采取了严格的限制或禁止措施。这种法律规制的差异,给比特币的跨境流通和全球应用带来了挑战。

观察一个国家和地区对新兴事物所采取的态度,最直观的反映往往体现在其立法和司法实践中。立法作为国家意志的体现,是政府对新兴事物进行规范和管理的重要手段。当一个国家和地区积极拥抱新兴事物时,其立法机构往往会迅速作出反应,制定相应法律法规;而司法实践则是检验立法效果的重要环节。在司法过程中,法院会根据相关法律法规对涉及新兴事物的案件进行审理和裁决,从而进一步明确其法律边界和适用规则。因此各国和地区关于比特币的法律法规和司法实践预示着数字货币在未来的发展趋势和前景,本章重点从上述两方面进行叙述。

1. 日本

日本对于数字货币的法律规制,在早期阶段确实面临着无法可依的尴尬局面。但随着数字货币特别是比特币等主流数字货币的普及,给日本的社会经济环境带来了前所未有的冲击。日本很快意识到了这一问题的严重性并及时出台了相关法律,不仅接纳了比特币等数字货币的流通,更是积极推动了符合条件的数字货币交易所挂牌营业。这些交易所不仅提供了安全、透明的交易环境,使投资者和交易者能够在公平、公正的市场中进行数字货币的买卖,还通过引入严格的监管措施,确保了数字货币交易的合规性和稳定性,为整个市场的健康发展提供了坚实的保障。

在早期阶段,比特币作为一种新兴的数字货币刚刚流入市场时,确实引发了一系列的纠纷与争议。日本比特币法律规制体系的演变,与 Mt. Gox 数字货币交易所引发的系列司法裁判密切相关。该事件涉及两方面的问题,一是数字货币交易平台经营者的刑事法律责任问题,二是比特币的法律属性界定问题(是否属于日本民法上的物权)。

关于交易平台经营者法律责任的问题。2015 年 8 月 1 日,日本东京警视厅逮捕了 Mt. Gox 数字货币交易所首席执行官马克·卡佩莱斯(Mark Karpelès),后案件由检察官接手提起公诉。检察官以篡改财务记录罪、贪污罪、严重背信等罪名向东京地方法院起诉,指控卡佩莱斯在 2013 年 9 月至 12 月期间通过将资金从 Mt. Gox 银行账户转移到他自己的账户中,存入了总计 3.41 亿日元(300 万美元)的客户资金,还操纵公司交易的数据系统填补资金缺口。2019 年 3 月 15 日,东京地方裁判所判决认定卡佩莱斯伪造数据以将 Mt. Gox 的持股夸大 3350 万美元,并认定检察官所指控的篡改财务记录罪成立,卡佩莱斯被判刑 2 年零 6 个月,缓刑 4 年,但认为其行为不存在主观恶意而为支持贪污和严重背信等罪名指控。[1] 很显然,本案裁判对交易平台

---

[1] 《原全球最大比特币交易所 Mt. Gox 破产案落下帷幕:原负责人获刑 2 年 6 个月》,2019 年 3 月 15 日,载 https://www.toutiao.com/article/6668634639675949580/? upstream_biz = doubao&source = m_redirect。

经营者的责任认定过于轻缓,这也为日本加密资产行业的快速发展奠定了基础。

关于比特币的法律属性争议问题。2014年,大量比特币遭窃之后Mt. Gox交易所向日本东京地方法院申请破产,一个用户认为其在交易所数字货币账户中的400余个比特币应当属于其个人财产,不属于应当进行破产分割的财产内容,该主张被Mt. Gox破产管理人拒绝。故该用户向法院起诉,要求Mt. Gox破产管理人返还比特币并赔偿相关损失。根据《日本破产法》第62条规定,破产程序开始决定不影响从破产财团取回不属于破产人财产的权利。原被告双方围绕比特币能否物权客体进行了激烈争辩。最终,法官裁判认定,所有权意义上的物,既要符合有体物说的要求,也要符合管理可能性说的要求,而比特币均不符合,故否定了原告对比特币拥有所有权的主张。[①] 此案裁判引发了诸多质疑,尤其是关于比特币法律属性的界定,迄今仍然未能完全解决,日本随后也开始了相关法律的修订工作,旨在从立法上提供解决类似问题的方法。由于Mt. Gox交易所破产,其他大量债权人(超过2万人)也面临与此案相似的问题,其最终解决方法却是基本上延续了此案的裁判思路,由所有债权人共享剩余公司财产。而且由于比特币性质未能最终确定,法院也确定了按照现金清偿和数字货币清偿并行的两种可选择方案。2021年10月20日的债权人会议上,99%的债权人(占投票权总额的83%)接受了破产清偿计划,将已经升值到数十亿美元的比特币作为清偿资金来源。截至2022年7月6日,Mt. Gox的日本受托人持有约142,000个比特币(当日比特币价格在20,000美元左右)和几乎同等数量的比特现金(BCH)。[②] 该计划于2021年11月16日得到法院正式批准。2024年1月,波兰一位债权人表示收到了偿还,称其索赔的80%通过银行转账以美元形式退还。2024年5月28日,Mt. Gox冷钱包(钱包地址为"1JbezDVd9VsK9o1Ga9UqLydeuEvhKLAPs6")已将持有的全部比特币转移到

[①] 东京地方裁判所判决书,2014年(日本平成26年)(ワ)第33320号。参见赵磊:《数字货币的私法意义——从东京地方裁判所2014年(ワ)第33320号判决谈起》,载《北京理工大学学报(社会科学版)》2020年第6期。

[②] 参见维基百科"Mt. Gox"词条。载https://wiki.biwenwo.com/view/Mt.Gox,最后访问日期:2024年5月29日。

Kraken 交易所等控制的新钱包地址[①],Mt. Gox 发布文件确认此批转账是为债权人偿还做准备。截至 2024 年 8 月 21 日,这些接收到 BTC 和 BTH 的数字货币交易所,直接将其向逾 19,000 名债权人部分偿还。

　　日本不仅开放比特币流通,也允许合规的数字货币交易所挂牌运营。[②] 2015 年 6 月,在日本召开的 G7 峰会发表宣言称,要采取行动确保对数字货币及其他新型支付手段进行规制。在此基础上,2016 年 5 月,日本国会修改了 2009 年颁布的《资金结算法》,并于次年 4 月 1 日正式实施。该法新增了"数字货币"专章,对数字货币的概念进行了界定,并建立了数字货币交易机构监管规则。根据该法规定,数字货币是具有如下特质的财产性价值:(1)可以向不特定的人作为价款支付,且可以与法定货币相互兑换;(2)以电子记录,可以转移;(3)非法定货币或法定货币表示的资产。同时该法规定,非经登记,不得从事数字货币交易业务。该法为比特币等虚拟货币提供了一个明确的法律规制框架,为投资者和交易平台提供了明确的指引。[③] 比特币作为一种全球知名的数字货币,自然满足了上述两个条件。因此,在日本,比特币被正式承认为"虚拟货币",并受到相应的法律保护。[④] 为了进一步加强对虚拟货币的监管,2020 年 4 月,日本设立数字货币兑换协会(Japan Virtual Currency Exchange Association,JVCEA)和日本证券通证发行协会(Japan Security Token Offering Association,JSTOA)两大数字货币行业自律组织,成为首个建立虚拟资产自律监管组织的国家。2022 年 6 月 3 日,新版《资金结算法》修正案获众议院通过,法案明确了稳定币(stable coin)的法律地位,基本上将其定义为数字金钱(digital money)。2023 年 6 月 1 日,由日本金融监管机构金融厅修订后的《支付服务法》获得日本上议院投票通过后生效,规定由法定货币支持的"稳定币"

---

① 《Mt. Gox 资金转移的线索跟踪与市场解读》,2024 年 7 月 22 日,载 https://www.coinlive.com/zh/news/mt-gox-fund-transfer-clues-tracking-and-market-interpretation。
② 赵磊:《数字货币的类型化及其法律意义》,载《学海》2022 年第 5 期。
③ 赵磊:《数字货币的私法意义——从东京地方裁判所 2014 年(ワ)第 33320 号判决谈起》,载《北京理工大学学报(社会科学版)》2020 年第 6 期。
④ 赵磊:《数字货币的私法意义——从东京地方裁判所 2014 年(ワ)第 33320 号判决谈起》,载《北京理工大学学报(社会科学版)》2020 年第 6 期。

将在日本发行。① 这些立法为比特币等数字货币提供了一个明确的法律规制框架,为投资者和交易平台提供了明确的指引。较为精密的立法为投资者提供了明确的指引,它要求交易平台必须充分披露交易信息,保障投资者的知情权,还规定了投资者的权益保护措施,如投诉处理机制、纠纷解决途径等,使投资者获得了有力的法律保障。

总体而言,日本对虚拟货币采取了适度监管、鼓励创新的态度。该国既确保了虚拟货币市场的稳定和健康发展,又为其提供了广阔的发展空间。通过明确虚拟货币及其交易平台的合法地位,不仅有助于推动该国金融业的创新与发展,也为全球数字货币市场的繁荣提供了有力的支持。

2. 美国

美国政府从未否定过比特币数字货币的合法地位,但在对其的监管问题上,美国的态度却一直含糊不清。这既体现了政府对新兴科技产物比特币的审慎与观察,也反映了在如何制定合适的监管政策上,政府所面临的复杂挑战和不确定性。一方面,比特币等数字货币的创新性和潜在价值得到了美国政府的认可,他们被视为金融领域的新兴力量,具有推动经济发展和提升金融效率的潜力,因此美国政府并未将其完全排除在合法范畴之外。另一方面,数字货币的匿名性、跨境性和去中心化等特点,也给监管带来了前所未有的难度。如何确保数字货币交易的安全与合规,防止其被用于非法活动,成为美国政府需要解决的重要问题。

在数字货币性质的认定上,SEC 与美国商品期货交易委员会(CFTC)长期存在分歧,无法就其为证券还是商品达成共识。然而,最近 SEC 主席 Jay Clayton 明确表达了观点,他澄清比特币并非证券,而是主权货币的替代品,人们可以选择使用比特币来替代日元、美元和欧元等法定货币。② 从当前的发展趋势看,美国政府对于比特币等数字货币的态度似乎更倾向于将其视为一种商

---

① 宋爽、熊爱宗、华佳丽:《日本数字货币发展策略及启示》,载《国际经济合作》2024 年第 3 期。
② Rakesh Sharma, *SEC Chair Says Bitcoin Is Not A Security*, Investopedia(Jun. 25, 2019), https://www.investopedia.com/news/sec-chair-says-bitcoin-not-security/.

品,而非传统的货币形式。[1]

美国在对待加密数字货币的态度上,既鼓励投资,又严格监管。2015 年以来,美国多个州已经建立了加密资产从业许可(BitLicense)制度。据 TRM Labs 2023 年 6 月 22 日发文称,自 2015 年纽约州金融服务部(DFS)发布虚拟货币法规以来,已向 33 家纽约州运营的数字货币交易相关企业发放了从业许可证牌照。[2] 2024 年 12 月 16 日,加密货币托管商 Anchorage Digital 的子公司 Anchorage Digital NY, LLC 声称已经获得数字货币从业许可证。在联邦层面,监管机构从金融创新产品角度出发实现对加密数字货币及其衍生品的监管。例如,2017 年 7 月,SEC 将基于以太坊技术的 The DAO 代币认定为证券,要求发行方依法登记。这些举措体现了美国在加密数字货币领域的审慎监管态度。

随着加密数字货币市场的复苏及其规模和深度的快速扩展,美国相关机构也在积极构建更为立体和灵活的监管体系。2019 年 6 月,CFTC 正式批准比特币衍生品交易平台 LedgerX 的运行。自此,其成为受监管的比特币衍生品交易与清算机构,并被指定为合约市场,为零售客户提供比特币现货及实物结算衍生品合约。[3] 但 SEC 对此态度尚不明朗。2020 年年初,Bitwise Asset Management、VanEck/SolidX 和 Wilshire Phoenix 三家比特币交易所向 SEC 提出了比特币交易所交易基金(ETF)的申请,但 SEC 对此一直持推迟表决的态度。[4] 2024 年 1 月 10 日,SEC 公布称,已批准首批 11 只现货比特币 ETF 上市,包括来自贝莱德、方舟投资(Ark Investments)、21Shares、富达、景顺、VanEck 等 11 家资管机构的产品,且预计最早将于 2024 年 1 月 11 日开始交易。[5]

---

[1] 赵磊:《数字货币的私法意义——从东京地方裁判所 2014 年(ワ)第 33320 号判决谈起》,载《北京理工大学学报(社会科学版)》2020 年第 6 期。

[2] *New York state of mind: a look at NY Department of Financial Services' role as one of the most active regulators in the crypto space*(June 22, 2023), https://www.trmlabs.com/post/new-york-state-of-mind.

[3] 赵炳昊:《加密数字货币监管的美国经验与中国路径的审视》,载《福建师范大学学报(哲学社会科学版)》2020 年第 3 期。

[4] 赵磊:《数字货币的私法意义——从东京地方裁判所 2014 年(ワ)第 33320 号判决谈起》,载《北京理工大学学报(社会科学版)》2020 年第 6 期。

[5] Kyle Torpey, *Spot Bitcoin ETFs Are Approved by SEC, Cleared To Start Trading Thursday*(January 10, 2024), https://www.investopedia.com/spot-bitcoin-etfs-are-approved-by-sec-cleared-to-start-trading-thursday-8357670.

SEC 主席詹斯勒(Gary Gensler)在随后的声明中却强调,此次的"批准"并不代表"认可"。詹斯勒称,比特币是一种投机性、波动性较大的资产,比特币现货 ETF 的获批将带来更多监管。部分业内人士认为,美国 SEC 批准比特币 ETF 是加密货币投资者基础扩大的关键一步;但也有专业机构警告称,此举将鼓励散户投资者将资金转移到一个以丑闻不断和价格大幅波动而闻名的行业,对风险监管方面有巨大挑战。根据数据分析商 Galaxy Digital 此前预计,美国比特币 ETF 推出后第一年的潜在市场规模约为 14 万亿美元,第二年将扩大至 26 万亿美元,第三年则将扩大至 39 万亿美元。[1] Orbit Markets 联合创始人 Caroline Mauron 在近期的一次采访中表示,市场将密切关注流入 ETF 的资金规模。他认为这一指标将直接反映投资者对数字资产市场的信心和热情,同时也将影响市场的整体流动性和价格走势。

以美国以德案[2]为例,可以窥见美国对比特币的规制一直是一个复杂且多面的议题。以德案是一个涉及比特币和相关加密货币的重要法律案件,它集中体现了美国对比特币的监管态度和法律界定。在这个案例中,关键问题在于比特币是否应被视为一种货币、商品还是证券,以及它应如何受到美国法律的监管。美国证券法规定,从事证券类数字资产交易的平台必须遵循要求,以"交易所"的身份进行运营,并需做出如下两种行为之一:(1)在全国证券交易委员会注册为持牌运营商;(2)寻求交易委员会的豁免。美国对涉及比特币、以太币等虚拟货币的交易平台的首次执法活动发生于 2018 年 11 月 8 日,该执法活动由 SEC 实施,处罚原因系该交易平台未经注册或豁免而从事虚拟货币的交易业务。

本案涉及的以德(Ether Delta)是一个基于以太坊的去中心化智能合约交易系统,[3]扎卡里·科伯恩是该平台的创始人并且其曾是该平台的实际运营者。2018 年 11 月扎卡里·科伯恩将该平台出售给了一个中国买家,自 2018

---

[1] Charles Yu, *Sizing the Market for a Bitcoin ETF* (Oct. 24, 2023), https://www.galaxy.com/insights/research/sizing-the-market-for-a-bitcoin-etf/.

[2] 赵炳昊:《加密数字货币监管的美国经验与中国路径的审视》,载《福建师范大学学报(哲学社会科学版)》2020 年第 3 期。

[3] 根据 SEC 的披露,EtherDelta 是 ERC20 技术标准代币二级市场交易的在线平台。

年12月16日便不再参与平台的运营。但尽管如此,美国证券交易委员会为实现明显的执法效果、保障处罚决定的有效执行,最终仍直接向居住在美国的科伯恩提出了指控。同时,美国证券交易委员会认为,即使科伯恩作为创始人未对交易平台设立法人实体,但依然需要对 Ether Delta 这一"非法人实体"承担直接连带责任。

在本案中,美国证券交易委员会援引了其在2017年7月25日发布的"DAO 调查报告",①该报告明确规定了提供证券数字资产交易运营平台必须注册。基于此,美国证券交易委员会认为 Ether Delta 在2016年7月12日至2017年12月15日运行期间,用户在其平台共达成了超过360万份 ERC20代币交易,其中最主要的是约92%(约330万份)发生在"DAO 调查报告"发布后。然而,美国证券交易委员会在指控中对于哪些代币构成证券并未明确界定。最终,尽管科伯恩就此事件并未承认或否认指控,且一直保持缄默的状态,但仍支付了相应的赔偿金。②

上述以德案,首先,从监管角度来看,美国对比特币持有一定的谨慎态度。监管机构担忧比特币可能带来的金融风险、洗钱、恐怖主义融资等问题,因此加大了对加密货币的监管力度。以德案正是这种监管态度的体现,法院需要判断比特币的交易行为是否违反了联邦证券法律。其次,美国对比特币的法律界定也存在不确定性。比特币作为一种新型的数字资产,其法律属性并不明确。以德案中,法院需要对比特币进行法律定性,这涉及对比特币本质和功能的深入理解和分析。最后,从商业层面来看,美国企业对比特币的态度积极而谨慎。一些企业开始接受比特币作为支付方式,看中了其去中心化、跨境支付等优势。然而,由于比特币市场的波动性和不确定性,企业在采用比特币时也保持谨慎态度。

总的来说,以美国以德案为例,我们可以看到美国对比特币所持的态度是复杂且多面的。一方面,美国加大了对比特币的监管力度,关注其可能带来的金融风险和法律问题;另一方面,美国也在积极探索比特币的法律界定和商业

---

① SEC 在该报告中明确表示,根据联邦证券法的规定提供证券数字资产交易并作为"交易所"运营的平台必须于证券交易委员会注册,成为国家证券交易所或是取得豁免注册资格。
② 赵炳昊:《加密数字货币监管的美国经验与中国路径的审视》,载《福建师范大学学报(哲学社会科学版)》2020年第3期。

应用。这种态度既体现了美国对新兴技术的谨慎和关注,也展示了美国在金融创新方面的开放态度。特朗普任职总统之后,履行了其竞选时发布的施政纲领。与之前严厉打击数字货币交易行为不同,例如,币安交易所被 SEC 发出的多项犯罪指控(最终以认罚 43 亿美元和解)①,特朗普放松了对数字货币企业的打击力度。当地时间 2025 年 2 月 21 日,加密货币交易所 Coinbase 表示 SEC 已同意撤销对公司的诉讼,美国在线证券经纪商 Robinhood 24 日也表示,美国证券交易委员会已终结了对该公司加密货币交易业务的调查且未进行任何处罚。美东时间 2025 年 1 月 23 日,特朗普签署行政令成立加密货币工作组,负责提出新的数字资产监管法规,并探索建立国家加密货币储备的可能性。该工作组将在 180 天内提交报告,提出监管和立法建议,聚焦管理数字资产发行和运营的联邦政府监管框架等内容。② 同时,特朗普政府将反对打击和限制加密货币自由发展的 Mark Uyeda 任命为 SEC 代理主席。

3. 欧盟

欧盟理事会 2023 年 5 月 16 日通过了一项具有划时代意义的《加密资产市场监管法案》(MiCA)提案,法案已于 2023 年 6 月 30 日生效,其中关于稳定币发行人的规则于 2024 年 6 月 30 日生效,另外条款将于 2024 年 12 月 30 日生效,这标志着欧盟对数字货币及加密资产领域的监管迈出了坚实的一步。MiCA 立法的通过,为欧盟内的加密资产发行者、交易平台和服务提供商等市场主体提供了一个清晰、透明的监管框架。这不仅能够提升市场的透明度,保护投资者的权益,还有助于消除市场中的不确定性和风险,为加密资产市场的长期发展奠定坚实的基础。该立法不仅协调了欧盟各成员对数字资产的不同理解和监管策略,而且将它们统一置于现有欧盟金融法规的严格监督之下,从而确保数字资产市场的健康发展与稳定运行。

此外,MiCA 立法还体现了欧盟对于加密资产市场潜力的认可与期待。随

---

① 《币安洗钱案罚金高达 43 亿美元 CEO 赵长鹏辞职》,载中国网 2023 年 11 月 24 日,https://www.toutiao.com/article/7304910603963859519/? upstream_biz=doubao&source=m_redirect。

② 《币圈迎重磅利好! 特朗普成立加密货币工作组 探索创建国家储备》,载财联社 2025 年 1 月 24 日,https://www.toutiao.com/article/7463281379388883468/? upstream_biz=doubao&source=m_redirect。

着数字经济的不断发展,加密资产作为其中的重要组成部分,正逐渐成为全球金融市场的新兴力量。欧盟通过制定这一立法,不仅有助于推动欧洲加密资产市场的规范化发展,还有望进一步提升欧洲在全球数字经济领域的竞争力。MiCA 规定,欧洲银行管理局(EBA)和欧洲证券及市场管理局(ESMA)获授权监管两大内容:一是对支付型代币及其他加密资产的监管;二是对加密资产服务提供者的监管。此外,还对提供加密资产服务的主体提出许可、注册、信息披露和行为规范等要求。

MiCA 为加密资产交易商制定了详细的准入牌照制度。具体而言:交易商需要由欧盟国家主管当局获得 CASP(Crypto-Asset Service Provider)许可。所有 CASP 都需要遵守有关其治理、资产保管、投诉处理、外包、清算计划(wind-down plans)、信息披露以及永久最低资本等要求。不同的 CASP 有具体的监管要求需要满足,如托管人需要制定托管政策并定期告知客户的资产情况;交易平台需要实施市场操纵检测和报告系统,或公开当前的买卖价格和交易深度;交易所和经纪商需要制定非歧视政策,并尽可能以最好的结果和价格执行订单。

MiCA 重点监管的加密资产主要为两类稳定币资产:(1)资产参考代币(Asset-Referenced Token),其价值的稳定性源于对其他价值资产、权益或两者的综合考量(包括一种或多种法定货币)。同时,MiCA 还根据持有者数量、发行代币的价值、交易量和发行人身份等要素划分出了重点资产参考代币(Significant Asset-Referenced Token),重点资产参考代币将对金融市场和主权货币产生更加深远的影响,因此受到更加严格的监管。(2)电子货币代币(E-money Token),即一种加密资产,其价值是通过参考单一法定货币来保持稳定。MiCA 也根据前述的要素划分出了重点电子货币代币(Significant E-money Token)进行严格监管。针对这两类稳定币,MiCA 要求稳定币的发行方向欧洲银行管理局(EBA)申请许可和登记。MiCA 法规对非欧元支持的稳定币实施了限制措施,明确规定其每日交易笔数不得超过 100 万笔,且交易量上限为 2 亿欧元。[1]

---

[1] 钟英通、肖扬:《社会货币论下数字形态人民币国际化与法制建设》,载《武大国际法评论》2023 年第 3 期。

除此之外，MiCA 还对加密资产项目合规营销、合规发行以及违规责任等问题进行了相应规定。① 在合规营销方面，MiCA 强调了透明度和真实性的重要性。它要求所有涉及加密资产项目的营销和推广活动，必须准确、全面地披露项目的相关信息，包括但不限于项目的目的、风险、预期收益以及项目团队的资质等。同时，禁止任何形式的误导性宣传和虚假承诺，以确保投资者能够基于真实的信息做出理性的投资决策。在合规发行方面，MiCA 设定了严格的条件和标准。它要求发行加密资产的企业或项目，必须事先获得相关监管机构的批准，并提交详尽的申请材料，包括项目的商业模式、技术架构、风险评估等。监管机构将对这些申请进行严格的审查，确保项目符合法律法规的要求，并具备足够的可行性和安全性。在违规责任方面，MiCA 明确规定，违反合规要求的企业或项目将面临严厉的处罚措施，包括但不限于罚款、业务限制甚至吊销营业执照等。此外，MiCA 还强调了投资者保护的重要性，要求对于因违规行为而遭受损失的投资者，应给予适当的赔偿和救济途径。

总的来说，欧盟通过 MiCA 立法为加密资产市场带来了前所未有的发展机遇，同时也为投资者和市场参与者提供了更加稳健、透明的投资环境。这一立法不仅将对欧盟的金融体系产生深远影响，也将为全球加密资产市场的未来发展树立新的标杆。

4. 中国

目前，中国对数字货币的态度相对谨慎，在相关规范性文件和司法裁判文书中，数字货币大多被视为是一种虚拟商品，而非法定货币。也就是说，在中国不能将比特币等数字货币作为一般等价物进行交易，它只能被当作一种特殊的虚拟商品。中国还明确规定，所有与虚拟货币相关的业务活动，比如交易、兑换，都是非法的金融活动。这就意味着，在中国是不能找到合法的比特币交易平台的。同时，在中国进行的比特币交易也将不受法律保护。

2013 年 12 月 3 日，中国人民银行联合工业和信息化部等五部委共同发布了《关于防范比特币风险的通知》，该通知禁止金融机构与支付机构涉足比特

---

① 刘磊、郑雨奇：《解读｜欧盟〈加密资产市场监管法案（草案）〉（MiCA）（上）》，载知乎网 2023 年 1 月 13 日，https://zhuanlan.zhihu.com/p/598814242。

币相关业务。2017年9月4日,中国人民银行与工业和信息化部等部门再次联合发布了《关于防范代币发行融资风险的公告》。该公告特别指出,虚拟货币不宜作为货币在市场上流通使用。值得注意的是,这份公告取消了之前关于"比特币交易作为互联网上的商品买卖活动,普通民众在自愿承担风险的基础上,可自由选择参与"的解释性说明①。通过这两份文件,中国政府对比特币等虚拟货币的态度和立场得到了明确,即禁止金融机构和支付机构从事与比特币相关的业务活动,并加强了对虚拟货币市场的监管。这些规定旨在防范金融风险、保护投资者权益、维护金融市场的稳定。2017年济南高新技术产业开发区人民法院处理的纪某某与济南曼维信息科技有限公司(以下简称曼维公司)合同纠纷案②就足以表明这一态度。

2014年7月,纪某某在曼维公司的www.cn.bter.com的网站注册了用户名为jideyan@vip.qq.com、账号ID为123035、昵称为jideyan778899的账户,以此进行比特币的网络交易行为。随后,纪某某在www.cn.bter.com网站购买了19.0864个比特币,并存储在注册于曼维公司的网站平台的账户钱包中,但双方并未就保管比特币达成书面形式的合意。曼维公司网站于2015年2月21日发布公告称,2015年2月14日,比特儿交易平台中的7170个比特币被黑客盗走。2015年3月11日,曼维公司在其网站发布了比特儿恢复运营的公告,并对用户补偿计划进行说明,表明曼维公司愿意承担此次事件的全部损失,并公开表示愿意通过一切可能的途径返还用户存储在www.cn.bter.com网站的比特币。此次被盗事件发生后,曼维公司称其已经向警方报案,但警方以比特币不受法律保护,属于无价值物品为由而未予立案。在法庭辩论中,纪某某称其在2015年2月14日的被盗事件中,损失比特币19.0864个,2015年8月4日曼维公司仅偿还其比特币4.1796个,剩余14.8888个比特币于开庭前尚未归还。曼维公司称其已将所有的全部比特币补偿给用户,因其并不生产比特

---

① 《人民银行等五部委发布关于防范比特币风险的通知》正文第二段指出:"从性质上看,比特币是一种特定的虚拟商品,不具有与货币等同的法律地位,不能且不应作为货币在市场上流通使用。但是,比特币交易作为一种互联网上的商品买卖行为,普通民众在自担风险的前提下拥有参与的自由。"载中国政府网,https://www.gov.cn/gzdt/2013-12/05/content_2542751.htm。
② 山东省济南高新技术产业开发区人民法院民事判决书,(2017)鲁0191民初315号。

币,且手中亦无任何比特币,所以无法满足用户请求返还比特币的诉求,但同意按照平台被盗事件发生时比特币的市场价值——1500元一个的价格补偿用户损失。纪某某对曼维公司提出的比特币丢失时的价值(1500元/个)表示认可,但不同意其补偿方案,坚持要求返还比特币。诉讼过程中,纪某某提出了自己的赔偿损失计算方式:以未归还的比特币数量14.8888个为基数,从2015年2月14日至2016年6月23日,按照年化收益率4.85%计算,应得补偿0.9628个比特币。一审法院判决认定:纪某某在曼维公司运营的比特儿网注册并交易比特币,形成服务合同关系,比特币为P2P形式的网络虚拟货币。根据2013年五部委联合发布的通知,比特币属网络虚拟商品,无法律地位,不能流通使用,用户风险自担。纪某某在比特儿网交易比特币,因交易不受法律保护,风险自负。2015年黑客盗走7170个比特币属不可抗力,纪某某未能证明曼维公司有过错。纪某某虽主张合同关系,但未证明曼维公司有保管义务。故对纪某某要求曼维公司返还并赔偿比特币的诉求,法院不予支持,驳回其诉讼请求。二审法院也认为:"代币发行融资……本质上是一种未经批准非法公开融资的行为……不能也不应作为货币在市场上流通使用,投资者须自行承担投资风险……纪某某将比特币存于比特儿平台账户内的行为所产生的风险应自行承担。"[1]

此外,为了进一步防范和应对虚拟货币交易炒作的风险,2017年以来,中央人民银行、中央网信办、最高人民法院等又多次单独或联合发布了相关规范性文件。这些规范性文件明确强调,虚拟货币不具备与法定货币相同的法律地位,并不能作为货币在市场中流通使用。它们的存在和使用主要局限于特定的场景和群体,而不应被视为广泛接受和流通的货币形式。因此,在对待虚拟货币时,需要保持谨慎和理性的态度,避免将其误解为具有与传统货币相同属性和功能的货币形式。

与虚拟货币相关的业务活动在我国被视为非法金融活动,这是基于保护公众利益和维护金融稳定的考虑。若这些活动涉嫌违法,不仅可能受到行政处罚,一旦构成犯罪,还将依法追究相关人员的刑事责任。此外,需要强调的是,

---

[1] 山东省济南市中级人民法院民事判决书,(2018)鲁01民终4977号。

境外虚拟货币交易所通过互联网为我国境内居民提供服务,同样属于非法金融活动的范畴。这种行为不仅违反了我国的金融监管规定,还可能给投资者带来巨大风险。因此,我们呼吁广大投资者提高警惕,远离非法金融活动,选择合法合规的投资渠道。投资交易虚拟货币涉及法律风险,投资者应充分认识到这一点。若投资虚拟货币及其衍生品的行为违背社会公共秩序与善良风俗,那么此类民事法律行为将视作无效,因此产生的任何损失需投资者自担。[①] 对于涉嫌破坏金融秩序、危害金融安全的行为,相关部门将依法进行查处。可见,中国内地对比特币、以太币等虚拟货币的货币属性依然持否定态度,并不断增强对虚拟货币市场流通的打击力度。而中国香港特别行政区却对比特币有着不同的态度。

2023年6月1日,香港证券及期货事务监察委员会将实施《适用于虚拟资产交易平台运营者的指引》及《打击洗钱及恐怖分子资金筹集指引》。2023年12月22日,香港证券及期货事务监察委员会发布了两份通函,分别是《有关证监会认可基金投资虚拟资产的通函》和《有关中介人的虚拟资产相关活动的联合通函》。相关文件明确指出将实施虚拟资产服务提供者的发牌制度。这一制度的设立旨在通过规范行业准入,筛选并排除那些可能损害行业声誉的不良从业者,从而有效提升整个虚拟资产行业的形象和信誉。同时,这也将有利于推动虚拟资产行业健康发展,为投资者提供更加安全、可靠的投资环境。同时特别强调,对于不打算申请牌照的虚拟资产交易平台,应开始有序地终止其业务运营。我们深信,通过实施这一制度,能够为虚拟资产行业的长远发展和稳定打下坚实基础。

小结

法律,作为一种社会规范,特别是私法的各项规定与制度,往往都是基于深思熟虑的价值判断来构建和完善的。它们并非空中楼阁,而是旨在调和各种对

[①] 郭旨龙:《侵犯虚拟货币刑法定性的三层秩序观——从司法秩序、法秩序到数字经济秩序》,载《政治与法律》2023年第5期。

立价值,使之在社会生活中达到一种动态的平衡。而数字货币作为数字经济时代涌现出的一种新型货币形式,因其出现所带来的价值调和问题给传统法律体系带来了前所未有的挑战。对于数字货币的法律治理理念,起初,由于其去中心化、匿名性等特性,使许多法律体系对其持有一种拒斥的态度。然而,随着数字货币逐渐普及和应用场景的拓展,人们开始认识到,仅仅依靠拒斥并非长久之计,而应当逐步将其融入现有的法律体系中。这一转变过程无疑是充满挑战与必要性的。这一转变并非一蹴而就。数字货币的复杂性和不确定性,给法律治理带来了诸多难题。其去中心化特性使传统的监管手段难以直接套用;而匿名性又使交易行为的追溯变得异常困难。此外,传统法律体系与新型经济形态之间的摩擦与冲突也越发明显。如何在尊重数字货币特性基础上构建起一套既能够保障市场健康发展,又能够维护法律秩序的法律治理体系,成为摆在人们面前的一道难题。但正是这些挑战,促使法学研究和立法不断创新,需要在保障数字货币市场健康发展的同时,推动数字经济的持续繁荣。数字货币作为数字经济时代的重要代表,其法律治理理念的转型不仅关乎数字货币自身的未来命运,更关乎整个数字经济的长远发展。因此,必须以更加开放、包容、合作的态度,共同推动数字货币法律治理理念的转型和进步。在这一过程中,既要借鉴传统法律体系的智慧与经验,又要敢于突破陈规、勇于创新。只有这样,才能在保障法律秩序的同时,为数字货币市场的健康发展提供有力的法律保障。同时,也应当认识到,数字货币法律治理理念的转型并非一劳永逸,而是一个持续不断的过程。随着数字经济的不断发展,新的问题和挑战将会不断涌现,需要时刻保持警惕和敏锐,不断调整和完善法律治理体系,以适应数字经济时代的新要求。

第四章　央行数字人民币的法律治理实践

区块链技术推动了法定货币的数字化转型，数字人民币就是我国为适应货币数字化转型做出的重要战略选择。目前，多个国家和地区都在开展法定数字货币研发和试验，我国于2014年开始数字人民币研发并于2016年成立中国人民银行数字货币研究所。数字人民币最早于2019年在深圳、苏州、雄安新区、成都等部分城市开展试点测试，取得了良好成效。截至2024年1月16日，数字人民币已在全国17个省份的26个地区开展试点测验，数字人民币的应用场景不仅涉及社会生活领域的衣食住行、就医问诊、养老服务，还涉及公务行政领域的税费缴纳、乡村振兴领域的涉农资金保障和"三农"金融服务等多个领域。随着数字人民币的成熟与推广，其所带来的个人信息泄露、洗钱、假币、监管等法律问题也日趋严重，引发了社会广泛关注。本章描述了数字人民币诞生的背景、理论争议，发掘了数字人民币发行的底层技术原理和应用场景，并对应用场景中的应用情况进行具体介绍，在此基础上讨论了数字人民币的法律属性规制的功能定位及发行、流通两大环节的规制方法。通过对比数字人民币与其他货币后，明确了数字人民币是人民币的一种数字形式，与普通形式人民币一样具有法偿性。然后进一步指出数字人民币法律规制必要性，其中包括突破西方SWIFT系统对国际贸易清算的垄断、弥补传统货币支付存在的不足、提升央行经济调控能力、防止金融脱媒提升风险防控水平，使其在流通过程中更加符合公众的支付需求。在此基础上介绍了数字人民币在发行过程中存在的问题以及如何从法律上对问题进行规制。主要针对数字人民币发行法律依据不充分、法偿性问题和个人信息泄露问题，提出具体解决建议。最后介绍了数字人民币流通过程中存在的问题以及如何从法律上对问题进行规制。数字人民币流通过程中主要涉及的问题包括洗钱犯罪、假币犯罪等，并对上述问题提出解决建议，减少相关犯罪的发生。

一、数字人民币诞生的背景、理论争议与国际比较

（一）数字人民币诞生的背景

2008年中本聪发表《比特币：一种点对点的电子现金系统》（比特币白皮书）并于次年上线比特币之后，数字货币迅速开始风靡全球，受到了众多投资者的追捧。虽然比特币等数字货币具有去中心化、可控匿名以及非对称加密等特征，事实上具有部分类似于主权货币的特征，但多数人并未将其视为货币，而是将其作为一种投机资产。由此可见，比特币等非法定数字货币并不具备法定货币的稳定性等特征。但区块链技术作为比特币等非法定数字货币的底层技术得到了世界各国的广泛重视，我国基于区块链技术的数字人民币应用活动广泛开展起来。

2019年年末新冠疫情的出现给世界上多数国家和地区的经济发展带来了严重的破坏，也加快了经济社会的数智化转型，这为我国数字人民币的研发和推广带来了新的机遇。新冠疫情期间，我国民众更偏向于使用无现金支付方式进行支付，如使用电子支付或第三方网络支付平台支付。在这个背景下，无形中减少了对纸质货币的使用，使数字人民币的发行与流通显得更加迫切。此外，纸质货币在制造、运输、保存和销毁过程中面临高成本、高磨损率等情况，但数字人民币则不会出现上述情况。

我国数字人民币的发行与流通势在必行。数字人民币的发行与流通既可以避免非法定数字货币的不稳定性，又可以减少制造、运输、保存和销毁纸质货币的成本。2022年5月，国际清算银行调查了81家中央银行，其中高达90%的央行正在开展数字货币研究，高达62%的央行正在进行实验论证工作。[①]2024年，国际清算银行将调查对象扩大至全球86家央行，其中94%已经参与

---

① 俞懿春、邹松、郑彬、毕梦瀛：《全球央行数字货币发展提速》，载《人民日报》2022年7月29日，第17版。

了央行数字货币(CBDC)研究和发行相关工作。① 当今已经有多个国家正式发行本国的央行数字货币,如委内瑞拉、厄瓜多尔。我国关于数字人民币的研究较早,已形成相对成熟的记账技术,现如今已在多地进行试点测试,但何时在全国范围内正式推广还有待验证。

现阶段我国数字人民币在应用场景中类似于现金,作为公众日常生活的支付方式,其满足了公众目前的日常支付需求,金融普惠水平得到明显提高,大大提升了央行发行和支付体系的效率。截至 2022 年 8 月 31 日,数字人民币在我国的交易量已达到 1000.4 亿元,累计支持数字人民币的商户门店数量超过 560 万个。由此可见,数字人民币具有广阔的应用前景。然而数字人民币应用场景的逐步拓展必将引起货币发行与流通方式的重大变革,变革可能会进一步影响全球数字经济的发展,在一定程度上重构我国数字经济在全球的地位。因此,不管是为了在减少交易成本的前提下提高交易效率,更大限度地实现数字经济的快速发展,还是为了给我国经济注入新的活力,提高我国货币对国际货币体系的影响力,都要求我们对数字人民币应用场景进行更加全面综合的研究。

虽然我国对数字人民币的研究起步较早,但现阶段只是在试点测验阶段,并未正式在全国范围内发行流通,数字人民币还存在发行和流通法律依据不足、个人信息泄露、监管法律不健全等问题。本章从数字人民币的法律属性和特征入手,概括出数字人民币的法偿属性和数字性特征,明确指出数字人民币在发行流通过程中需要进行法律规制的必要性,在理论上分析得出完善发行流通的法律依据,完善个人信息保护制度和健全监管法律制度。除此之外,还需要防止假币犯罪和洗钱犯罪的发生,加快制定配套法律制度,使数字人民币发行流通更符合市场规律和社会发展需求。通过对理论和实践的研究,找到数字人民币发行流通中存在的问题并予以完善,为数字人民币在全国范围内推行开来提供理论保障。

---

① Daily Hodl, 94% of Central Banks Are Exploring CBDCs, According to New Bank for International Settlements Survey, Daily Hodl, https://dailyhodl.com/2024/06/15/94-of-central-banks-are-exploring-cbdcs-according-to-new-bank-for-international-settlements-survey/.

(二)关于数字人民币的理论争议

自从比特币这种非法定数字货币出现之后,数字货币逐渐开始受到社会公众的重视,多数国家和地区央行都开始着手数字货币的研究和发展,数字货币已经成为每个国家在未来经济发展过程中不可回避的问题。2014年我国开始了数字人民币研究,我国央行开始搭建数字人民币的运营框架、研究数字人民币发行与流通所适用的底层核心技术,深入研究了数字人民币发行与流通的环境及发行后将会产生的法律问题、流通后对整个金融体系的影响,取得了显著的成效。2016年搭建了我国第一代数字货币运营模型,建立了第一个数字人民币应用场景"数字票据交易平台",开始了数字人民币的全面开发工作。2017年央行为进一步研究数字人民币正式成立了数字人民专项工作组,正式开始研发数字人民币。2018年3月,在十三届全国人大一次会议记者会上周小川表示央行数字货币研究所正在研发数字人民币(英文简称"e-CNY"),是人民币的数字形式,与实物人民币一样具有法偿性和价值特性,由指定的运营机构参与运营。2020年上半年至2022年8月底,数字人民币先后在23个城市的多个应用场景进行试点测试。

随着数字人民币的试点加速发展,围绕数字人民币发行与流通实践中出现的问题,也有了较多研究。央行前行长周小川认为,数字人民币发行与实物人民币一样必须由央行发行,所以数字人民币的流通和交易也应遵循实物人民币的思路,实施同样的管理原则。[①] 同时,数字人民币的流通可以解决货币政策传导不畅、政策预期管理不足等困境。但数字人民币在发行与流通过程中有诸多优势的同时也存在一定的问题。如倪清等学者就提出,数字人民币的发行与流通会与现行法律法规不相适应,数字人民币法偿性地位不明等。李小武认为,当前需要尽快完善数字人民币在发行流通中法律制度缺位、制度僵化等问题。[②] 周梅丽等认为,数字人民币的发行与流通主要面临法律依据不足和法律

[①] 周小川:《Libra代表数字货币的趋势 中国应未雨绸缪》,载新浪网,http://finance.sina.com.cn/blockchain/roll/2019-07-09/doc-ihytcitm0741491.shtml。

[②] 李小武:《"数字资产"的法律监管》,载《中国信息安全》2018年第1期。

制度存在错位的问题。① 陈茜认为,数字人民币的无限法偿属性和在脱离网络情况下的离线支付会冲击金融机构的传统业务。刘晓洁认为,在数字人民币法律规制方面,现有法律体系仅对传统货币有效,目前数字人民币还没有被全面纳入法律规制体系中,这将导致数字人民币在发行、流通和监管过程中存在法律空白。章玉贵认为,我国数字人民币面临非法定数字货币 Libra "稳定币"的挑战,Libra 在全球范围内的推广普及会抢占未来数字货币市场份额,重塑全球数字货币竞争格局,对我国经济安全造成威胁。② 陈建奇认为,数字人民币在流通过程中会被不法分子用于洗钱、买卖毒品等犯罪行为,对社会稳定构成巨大威胁。③

数字经济时代的到来催生了人们对无现金支付方式的巨大需求,且人工智能、元宇宙等高新技术也使现金的使用率大幅下降,使数字人民币在社会生活具体应用场景中的使用率越来越高。现阶段,数字人民币已经在全国十几个省份中的数十个城市开展试点测试,支撑数字人民币支付的企业,截至 2025 年 1 月,仅北京、河北、江苏省苏州市统计数据显示,支持数字人民币支付的企业数量已经超过两千家。④ 其下一步要在全国范围内发行流通。对数字人民币发行流通的研究目的是使数字人民币可以更好地服务于社会经济的发展,满足社会公众的支付需求。充分发挥数字人民币重塑金融体系的作用,使社会经济更加平稳地向前发展,为今后数字人民币正式发行与流通提供一定的借鉴。

综上,可以得知国内理论界和实务领域专家普遍认为,数字人民币的发行与流通对实物人民币货币制度和相关法律制度提出了挑战,主要表现在数字人

---

① 周梅丽、顾陈杰、黎敏:《区块链金融法律问题研究》,载《金融纵横》2017 年第 8 期。
② 章玉贵:《全球数字货币竞争生态与我国数字货币发展前瞻》,载《人民论坛·学术前沿》2020 年第 11 期。
③ 陈建奇:《数字货币会影响国家安全吗》,载《学习时报》2019 年 4 月 5 日,A2 版。
④ 吕少威:"去年北京工业和信息软件业对经济增长贡献率接近六成",载中新网 2025 年 1 月 24 日,https://www.toutiao.com/article/7463403229267771919/? upstream_biz = doubao&source = m_redirect;《河北一百余家试点单位将应用数字人民币》,载河北省政府网,https://www.hebei.gov.cn/columns/580d0301-2e0b-4152-9dd1-7d7f4e0f4980/202407/24/eb405923-d4ae-4096-a20a-3507c72dc480.html;《超 600 家数字金融生态圈企业在苏州落户》,载江苏省人民政府官网,https://www.jiangsu.gov.cn/art/2024/1/24/art_87819_11137486.html。

民币的发行法律依据不充分、法偿性地位不明、个人信息泄露等方面。解决上述问题需要制定和完善与之相适应的法律法规。

(三)法定数字货币的外国实践

2018年国际清算银行首次公布了关于各国家和地区央行数字货币的研究报告。该报告从两个角度分析了央行数字货币:第一,数字货币的发行主体是央行、其他金融机构还是个人;第二,数字货币获取的难易程度。将央行数字货币定义为不同于银行结算账户余额,以数字形式支付的去中心化支付模式的货币。贝奇(Bech)将央行数字货币表述为一种以电子形式存在的,可以在用户之间直接转移无须中介机构参与的形式。① 基赛列夫(Kiselev)将央行数字货币定义为以数字符号表示的、能够用于支付、存储交易的中央银行主导的负债。Belke认为,比特币等非法定数字货币的匿名性为假币、洗钱和恐怖融资等违法犯罪行为提供了便利。②

关于各国央行是否发行数字货币,国外各个国家和地区的中央银行态度各不相同。在亚洲地区,日本银行(Bank of Japan)副行长Masayoshi Amamiya表示日本中央银行近期没有发行央行数字货币的计划,担心本国央行发行数字货币后会给当前金融体系带来不利影响。③ 韩国中央银行(The Bank of Korea)因担心发行央行数字货币会破坏经济稳定,宣布近期暂不发行。在欧洲地区,挪威银行(Borges Bank)表示研发央行数字货币,目的是作为现金的补充,保证本国金融系统的稳定。英格兰银行(The Bank of England)行长Mark Carney对于央行数字货币的未来发展前景持较为开放的态度,并在2018年苏格兰经济会议上表示将进行下一步研究。④ 在澳洲,新西兰储备银行(The Reserve Bank of New Zealand)行长Geoff Bascand表示目前对于是否发行央行数字货币的讨

---

① Bech M. & Garratt R., *Central Bank CryptoCurrencies*, BIS(Sep. 17, 2017), https://www.bis.org/publ/qtrpdf/r_qt1709f.htm.

② Belke A. & Beretta E., *From Cash to Cen-tral Bank Digital Currencies and Cryptocur-rencies: a Balancing act Between Modernityand Stability*, Journal of Econom-ic Studies, Vol.47:4, p.36-40(2020).

③ N. Yanagawa & H. Yamaoka, *Digital Innovation, Data Revolution and Central Bank Digital Currency*, Bank of Japan Working Paper Series, Vol.19:2, p.15(2019).

④ [英]Mark Carney:《数字货币的未来》,何乐、厉鹏译,载《中国金融》2018年第9期。

论还为时尚早,并没有看到央行数字货币带来的收益。澳大利亚储备银行(The Reserve Bank of Australia)部门负责人 Tony Richards 表示现阶段发行央行数字货币并不是必需的,需要结合经济的发展再作考虑。① 但也有国家已经发行了本国的央行数字货币,如委内瑞拉、厄瓜多尔。美国曾一度支持开发央行数字货币,但特朗普上台后,终止了相关活动。取而代之的是支持与央行数字功能较为接近的稳定币发展,并专门出台了相关法令。

通过以上论述可以看出,多数国家都对央行数字货币进行积极的研究,但对本国是否发行数字货币态度各不相同,且国外多数学者也投身于对央行数字货币的研究,研究包括本国在发行央行数字货币时,应满足怎样的条件、发行时应遵循怎样的原则、央行数字货币发行后能否促进本国经济金融业的发展等。

二、数字人民币发展简史

关于数字人民币我国经过了长时间的研究,现已在全国范围内 17 个省的 26 个城市进行试点运行,并应用于社会生活的多个场景。从试点地区的应用可以看出,数字人民币的出现给社会公众的支付带来了极大的便利,得到了普遍认可。

(一)数字人民币诞生与试点进程

货币的发展经历了从物物交换到通过金银作为介质进行交易,再到后来通过纸币进行交易的过程,且纸币交易一直沿用至今,这个过程体现了货币发展走向成熟。历史上每一次货币载体的更替都体现了社会经济的发展、科学技术的进步。现如今随着网络科技的发展,货币的载体又出现了以计算机代码为主的数字形式,使货币载体形式从有形载体变为无形的虚拟数字代码。数字货币起源于非法定数字货币比特币,2008 年金融危机过后,以比特币为首的数字货币开始出现在大众视野。该数字货币的运作模式是基于计算机密码学算法约定币值上限并通过哈希值运算,即通过矿工挖矿的工作量证明机制实现货币的发行,通过区块链分布式记账技术来记录货币的交易信息和货币归属。② 由于

---

① Shirai & Sayuri, *Money and Central Bank Dgital Currency*, Hink-Asia, p. 34(2019).
② Satoshi Nakamoto, *Bitcoin: A Peer-to-Peer Electronic Cash System*, SNI(Oct. 31, 2008), https://nakamotoinstitute.org/library/bitcoin/.

目前美元依然在国际贸易中占据主导地位,加之2008年美国引发全球金融危机给各个国家经济带来巨大的损失,由此数字货币应运而生。数字货币的出现是为了对抗过度宽松的货币政策和经济危机的发生,即对抗当前以美元为主导的货币体系。但由于比特币等非法定数字货币的发行缺乏国家信用背书且发行数量有限、发行机制和市场认可度较低,因此,非法定数字货币难以成为货币市场认可的主流货币。鉴于当前国际货币体系以美元为主,且不少国家都想摆脱美元的控制,数字货币作为一个重要的突破口给各国货币系统带来希望,各国央行都在进行积极的研发,我国抓住机遇开始了本国数字人民币的研究进程。

数字人民币是由我国中国人民银行以数字形式发行的法定货币,由央行指定机构进行运营并向公众兑换,与纸钞和硬币等价,支持银行松耦合功能,支持可控匿名。[①] 我国央行早在2014年就开始对数字人民币和区块链分布式记账技术进行探索;2016年央行举办了关于数字人民币的研讨会进一步明确数字人民币的战略目标,并于下半年工作会议中首次提出中国法定数字货币的名称为DC/EP(Digital Currency Electronic Payment),DC/EP是数字货币最广泛的统称,它是数字经济发展的基础设施,其中的支付产品为数字人民币。而数字人民币是当前我国正在试点城市运行的央行数字货币,我国发行的数字人民币主要用于公众日常生活需要,其功能是代替流通中的现金(M0)。

2016年央行正式成立数字货币研究所;同年以区块链分布式记账技术为基础的数字票据交易平台上线测试[②],这为后续开展的央行数字货币上线测试提供了经验;2018年搭建完毕贸易金融区块链平台;2019年对数字人民币支付展开试点;2020年商务部提出将在苏州、深圳、成都、雄安新区及2022北京冬奥会会场进行第一批数字人民币支付试点;后又相继在我国多个城市进行更大范围的试点测试,截至目前我国已将试点范围扩展到17个省份中的26个城市。2022年8月底试点地区累计交易笔数3.6亿笔、金额1000.4亿元,支持数

---

① 胡金华、赵奕:《央行穆长春详解数字人民币:生态建设需保持公平竞争,不会取代移动支付》,载华夏时报网2020年10月26日,https://www.chinatimes.net.cn/article/101218.html。

② 石建勋、刘宇:《法定数字人民币对人民币国际化战略的意义及对策》,载《新疆师范大学学报(哲学社会科学版)》2021年第4期。

字货币的商户门店数量超过560万个。① 自2019年开始试点至2024年8月,央行开发的数字人民币App已经累计开立个人钱包1.8亿个,累计交易金额高达7.3万亿元。② 数字人民币试点范围应用场景不仅应用于生活服务场景中的衣食住行、校园生活、文化旅游、养老服务、就医问诊等领域,还应用于公务行政场景的税费缴纳、诉讼费缴纳和企业应用场景的普惠金融、企业间结算等领域。我国央行数字人民币发行与流通应用场景的逐步延伸契合了国际货币基金组织的发展精神,为我国数字人民币国际化进展提供了良好的契机。

(二)数字人民币发行的技术原理

央行作为数字人民币的发行主体,与实物人民币一样,由央行行使货币发行、流通和管理的权力,不同于非法定数字货币的发行主体与机制。央行发行的数字人民币与实物人民币的功能相同,并且在发行模式与制度安排上二者发行基础程序相同,均采用双层运营模式。

首先,双层运营模式是指在发行数字人民币时,先由央行将发行的数字人民币兑换给指定的商业银行或其他金融机构,这一兑换过程与实物人民币性质相同,商业银行或其他金融机构需要缴纳足额准备金给央行,进行1∶1兑换。商业银行或其他金融机构与央行完成兑换后,再将数字人民币兑换给社会公众。央行将商业银行或其他金融机构缴纳的准备金作为央行的负债进行管理。央行在发行数字人民币时,其发行程序和发行过程与实物人民币的发行方式类似,均采用双层运营模式发行数字人民币,有效维护了金融体系的稳定,满足了公众支付多样性需求。

其次,2020年《中国人民银行法(修订草案征求意见稿)》明确规定数字人民币的发行只能由央行发行,确立了央行数字人民币发行的主体地位,央行依据现行货币管理体系,负责数字人民币的发行总量与其他事项。同时,商业银行从央行完成数字人民币兑换后,需要将数字人民币放进商业银行的货币存储库里,对数字人民币依照商业银行人民币运营管理规范进行管理,其发行先从

---

① 《数字人民币累计交易金额超千亿元》,载《人民日报》2022年10月21日,第2版。
② 余继超:《数字人民币普及仍需闯关》,载《国际金融报》2025年1月20日,第6版。

央行的发行库再到商业银行的储蓄库,以此完成数字人民币的发行。第二层运营模式是商业银行向公众的兑换。在该环节中,商业银行进行一系列的货币投放和吸收,如向符合条件的企业或个人发放贷款或吸收企业或个人的存款等。由于数字人民币的特征,在搭建数字人民币发行流通平台时,还需要建设认证、登记和大数据分析中心,确保数字人民币在市场交易中平稳运行。其中确保用户身份信息真实和系统安全的关键性一环,即对使用数字人民币的用户进行身份信息确认和集中管理。而登记中心则负责管理数字人民币的交易流水、权属变更情况,包括数字人民币交易情况和对应身份信息等,此外还可以对其流通情况、清点核算和消亡进行查询。大数据中心主要分析数字人民币在发行流通中所涉及的数据,对每笔交易进行妥善处理,通过监管社会公众的支付行为,充分掌握数字人民币在市场中的流通过程及情况,以保障其交易支付的安全性。

最后,央行通过技术开发与应用,将数字人民币以多种支付类型向公众推行,如公众可以通过移动设备下载安装数字人民币 App(软钱包)或可以向商业银行申请数字人民币"硬钱包"(卡或可穿戴设备)等支付设备,以满足公众多样化支付需求。当公众使用数字人民币"硬钱包"作为支付方式时,无须下载任何 App,也不用扫描付款二维码,只需设备"碰一碰"就可以完成交易。而数字人民币"软钱包"的核心技术是基于在移动设备上安装数字人民币钱包进行的,只要在移动设备上下载安装数字人民币 App 进行注册登记,即可进行转账付款。①

(三)数字人民币流通中的应用场景

现阶段数字人民币已在我国 26 个城市进行试点测试,未来要想使数字人民币尽快融入人们的日常生活中,需要加快建设步伐和拓展应用场景。从目前试点测试的情况来看,数字人民币的应用场景涉及社会生活、医疗卫生、税费缴纳和乡村振兴等领域,几乎囊括了人们生活的方方面面。当前,数字人民币的应用场景建设呈现出从侧重 C 端(个人消费者),向 B 端(企业消费者)和 G 端(政府消费者)延伸并逐步向智慧城市、跨境贸易、公共服务等领域拓展,从日

---

① 李冰:《多款数字人民币"硬钱包"亮相 有产品"圈粉"近 45 万人》,载中国经济网,https://www.chinanews.com.cn/cj/2022/10-13/9872028.shtml。

常的小额支付向大额支付、跨境支付等领域推开。

1. 社会生活领域

场景一：在绿色出行方面，公交、地铁、共享单车等作为城市生活重要的交通工具，其出行费用的支付频率高且数额较小，而这恰好是数字人民币在试点地区测试至关重要的一环。数字人民币支付几乎已经覆盖了各式各样的公共出行场景，在深圳、重庆、珠海、杭州、厦门等地，市民可以使用数字人民币乘坐公交、地铁和共享单车。在深圳市，公众想要使用数字人民币进行支付可以在移动设备中下载安装数字人民币App并开通账户，绑定银行卡给数字钱包充值。如市民在乘坐公交地铁时可直接使用"深圳通"App中的数字人民币支付乘车费用，操作流程便捷高效。① 使用数字人民币支付不仅便利高效，还支持双离线支付，即使在没有网络的区域也可以进行支付和转账，有效解决了因为网络不稳定造成排队支付增加出行时间的问题。从深圳市将数字人民币应用到公共交通领域可以看出，把数字人民币应用到公共交通场景不仅增加了经济效益，还为城市绿色出行做了宣传。

对于"数字人民币+绿色出行"模式，美团充分发挥自身的带头作用，在其平台积极引入数字人民币支付助力绿色出行。2021年9月美团联合多地推出数字人民币低碳骑行活动，刚上线就受到了广泛关注。2021年12月美团宣布进一步扩大数字人民币助力绿色骑行试点，美团联合邮政储蓄等多家银行共同发起公益主题试点活动，美团用户参与其推出的绿色低碳出行活动的，都将奖励一定数额的数字人民币，在普及数字人民币的同时，正向激励了市民选择节能减排、绿色低碳出行的方式。自活动开始至2022年2月28日，超过1000万用户报名参与了活动，其中约300万用户在活动期间开设数字人民币个人钱包。数字人民币激励对于用户的低碳行为表现出显著促进作用，活动累计产生超7120万绿色骑行公里数。②

---

① 《深圳可使用数字人民币乘坐公交地铁》，载广东省交通运输厅官网2021年7月26日，https://td.gd.gov.cn/dtxw_n/gdjrxw/content/post_3435204.html。
② 《数币低碳成绩单：300万用户参与共减碳近两万吨》，载今日头条"北京日报客户端"2022年3月4日，https://www.toutiao.com/article/7071025788446835214/?upstream_biz=doubao&source=m_redirect。

"数字人民币+绿色出行"模式带来了积极的效果。首先,对于C端的消费者来说,可以充分体验数字人民币在出行支付中带来的便利,如在网络不佳或断网的地铁站等区域也可以顺畅地进行支付。其次,对于B端的企业等主体来说,在日常的高频场景中用数字人民币发放数字红包可以极大地刺激消费、带动交通线附近的商业活动,激发出更大的市场活力。最后,对于G端的政府来说,政府在推进数字人民币试点测试普及工作的同时,可以借助数字人民币指导企业、引导市民积极加入数字人民币助力绿色出行的行列中。

场景二:在自来水费缴纳方面,水费缴纳是市民在生活缴费场合高频使用数字人民币的场景之一。为了给广大市民带来便利,助力数字人民币更好地融入生活场景,西安银行联合西安水务集团在全市范围内率先创建数字人民币支付场景,安排工作人员对市民使用数字人民币办理线上水费缴存业务进行指导,从输入具体金额到支付完成过程顺利,毫无障碍,让市民真切地感受到数字人民币的便利。数字人民币在西安市水费缴纳场景的成功应用,为西安市民带来了极大的便利,不仅丰富了西安市民支付方式的多样化需求,还为西安市大力发展数字经济和建设智慧城市做出了贡献。[①]

2. 医疗卫生领域

数字人民币应用场景也逐步向医疗卫生领域拓展,其中囊括了医疗机构在线支付、门诊结算等,不仅提高了费用支付的效率,也提升了患者对医院的整体医疗体验。

场景一:温州医科大学附属第一医院的医疗水平在浙南闽北赣东地区排名第一,其信息化和数字化建设走在国内同行前列。数字人民币进行试点以来,该医院积极落实数字人民币应用场景,并与农业银行、温州银行等多家商业银行签订数字人民币合作意向书,成为温州市首个率先在医疗机构中开通数字人民币支付场景的机构。温州医科大学附属第一医院计划进一步推进数字人民币落实工作,逐步扩容数字人民币在医疗支付场景中的应用,如诊疗支付、费用缴纳等。同时,引领未来新形势变革,积极落实"先看病,后付款"的就医模式,

---

[①] 《西安银行联合西安水务集团落地全市首个自来水数字人民币应用场景》,载搜狐网2022年6月8日,https://www.sohu.com/a/555305393_100185418。

打造"数字化、信息化、智能化"的智慧医疗建设新模式。①

场景二：在上海同仁医院，首先搭建了生活支付数字人民币的使用场景，生活支付使用场景指上海同仁医院与中国邮政储蓄银行合作，借助中国邮政储蓄银行的技术，让医院职工可以在食堂使用数字人民币进行点餐、消费、支付一站式体验。试点建设以来，全院医务人员积极响应，约90%的员工愿意接受并积极下载并开通了数字人民币App支付账户，之后该院又搭建了数字人民币医疗支付场景，首先在该医院的信息科和财务科重点推进。经过两三个月的应用场景试点测试，目前该医院已开通近20个数字人民币收费窗口，覆盖两个院区的多数门诊、急诊等部门。市民就诊时只需出示数字人民币付款二维码即可支付就诊费用，数字人民币的引入丰富了市民的付款方式。②

3.税费缴纳领域

数字人民币在税费缴纳应用场景中迅速拓展，涵盖缴纳住宅专项维修资金、个人所得税、保费等诸多方面。实践表明，使用数字人民币缴纳税费存在诸多方面的优势：首先，使用数字人民币操作流程简便，效率更高。比如缴税，企业或个人在缴纳税款时不再通过第三方平台，这将有助于提高效率，同时隐私性也得到了更好的保护。其次，使用数字人民币可以降低税费缴纳的制度性交易成本，提升体验感受。数字人民币取消了开户网点，纳税人可实现异地缴税、签订扣款协议等特殊业务，不会在跨地区和跨银行资金流转过程中产生任何服务费用和手续费，能够有效减少纳税人跨地区缴纳税费和签订三方协议的成本支出。最后，数字人民币具有交易匿名和可依法追溯的特征，税务征管系统依据法律、法规可对资金流向进行记录监管，可以更好地为纳税人提供精细服务，为精确执法和精准监督提供技术支撑。

场景一：雄安新区缴纳税费应用场景。2021年11月19日雄安新区开始在缴税业务中引入数字人民币，并于12月6日在河北雄安工商银行分行完成平台搭建。雄安新区选定了四个纳税人、缴费人涉税业务量大、办理频度高的

---

① 《温州首个数字人民币医疗支付场景 落地温州医科大学附属第一医院》，载温州市人民政府网，https://www.wenzhou.gov.cn/art/2022/4/21/art_1217829_59162425.html。

② 左妍：《数字人民币首个医疗场景支付功能在上海同仁医院落地》，载移动支付网，http://www.mpaypass.com.cn/news/202104/09093727.html。

样本场景开展前期的测试,经过测试实现了数字人民币缴纳税费的场景应用。①

场景二:海南海钢集团应用场景。2022年1月18日,海钢集团使用数字人民币通过工商银行向海南省昌江黎族自治县税务局缴纳1.043亿元税费,这是昌江县首单、海南自由贸易港单笔最大数字人民币缴税业务。这是推广数字人民币试点的具体应用,也是海南省国有企业向数字化、智能化转型的具体实践,同时也是企业助力海南自由贸易港数字经济发展的具体方式。②

4.乡村振兴领域

在乡村振兴领域使用数字人民币是实现乡村振兴至关重要的一环。目前,各试点地区政府通过与金融机构合作的方式,将数字人民币应用场景再度扩容到农产品交易过程中,通过利用智能合约提升涉农专项资金的使用率,在农产品支付场景中提高了其使用的效率。从试点进程长期来看,合理选择数字人民币应用场景、精准选择数字人民币试点群体,可以改变乡村群众的传统支付方式,提升数字人民币助力乡村振兴的能力,加快推进我国乡村振兴战略的实现,切实满足群众的利益和需求。

在乡村振兴中引入数字人民币应用场景,可以保障涉农资金的安全。我国是农业大国,政府对农业补贴力度大,包括基本农田建设、农村公路建设和农业综合开发等。目前,对于涉农资金的使用,农业部门有一套项目资金使用、检查、评估流程,各地流程都有对涉农资金在使用中的检查,为了保证涉农资金专款专用各地还建立了一套事后审计制度等,但这些制度存在一些弊端。对于事后审计制度来说,该制度在时间上具有滞后性,且基础审计数据可能存在上报不规范等漏洞,一旦审核查出资金违规使用或工作人员存在重大经济犯罪问题,按照既有流程,涉农项目资金可能无法追回。

如果在现行涉农资金管理使用流程基础上引入数字人民币,则可以通过可追溯技术来避免出现这样的问题。涉农资金管理部门可以与银行签订智能合

---

① 《雄安新区首笔数字人民币缴税业务成功落地》,载中国雄安官网,http://www.xiongan.gov.cn/2021-11/27/c_1211464411.htm。

② 赖书闻:《1.043亿元税款!海南自贸港单笔最大数字人民币缴税业务》,载中工网,https://www.workercn.cn/c/2022-01-20/6944416.shtml。

约,银行通过智能合约将数字人民币发放给资金使用人,建立起数字金融闭环。在使用涉农资金时,农业主管部门可以通过数字人民币系统平台监督资金流向,减少了事后检查和审计的成本。一旦发现问题,主管部门可以按照智能合约将涉农资金收回,无须通知当事人,追溯已使用资金流向并展开调查,更大限度地保障政府资金安全。①

场景:2022年6月5日,在厦门农行与产权交易中心努力下,促成了全国首个"农业碳汇交易平台创新数字人民币应用场景",双方举办了"农业碳汇交易助乡村 数字人民币万人购"活动,开创了"农业碳汇+乡村振兴+数字人民币"的新模式。厦门农行为活动中农业碳汇总量的每笔交易提供20元补贴,只要参与者使用数字人民币,通过农行掌银扫码支付1元,即可购得价值21元的3吨碳汇。除此之外,使用数字人民农行掌银付款的参与者还有机会获得"鹭享惠"智慧商圈美食、绿色出行等消费优惠券。厦门农行希望通过丰富多彩的体验活动,引导广大市民践行绿色低碳行动,助力乡村减排。②

(四)数字人民币在国际贸易支付领域的突破

"十四五"规划明确了数字中国的战略,《中国数字人民币的研发进展白皮书》也提出了数字人民币的目标和愿景。目前我国应用场景中的数字人民币主要用于居民的日常生活支付领域,未来数字人民币将进一步在国际支付领域取得突破。

俄乌冲突爆发以来,地面炮火还未停止,金融制裁的炮火就呼啸而来。2022年2月26日,以美国为首的西方国家发表联合声明,针对俄罗斯在乌克兰境内进行的军事行动,决定在环球银行金融电信协会(SWIFT)系统中排除俄罗斯部分银行。这就意味着俄罗斯银行机构几乎与全球银行系统断了联系,使俄罗斯在国际贸易中的跨境支付遭受到巨大打击。但是,俄罗斯经济并没有因此坍塌。一方面,欧盟等国在能源使用方面严重依赖俄罗斯,并没有将俄罗

---

① 《当乡村振兴"遇见"数字人民币》,载信息新报网易网2022年5月22日,http://www.163.com/dy/article/H804QT8V0552ADWT.html。

② 《全国首创"农业碳汇+数字人民币+乡村振兴"新机制,就在厦门!》,载中国城乡金融报腾讯网,http://new.qq.com/omn/20220607/20220607CNU00.html。

斯全部银行机构都排除在 SWIFT 系统之外,留下了国际能源贸易跨境支付的部分银行;另一方面,我国与俄罗斯的双边贸易可以使用人民币结算,同时我国也开通了人民币跨境支付(CIPS),可以完成中俄双边贸易的国际支付。

尽管如此,欧美国家对俄罗斯进行金融制裁,还是对俄罗斯的经济发展造成了影响。这一事件在国内引起了热烈的讨论,一部分人认为我国也面临着严重的国际金融危机,还有一部分人则认为欧美国家会像制裁俄罗斯一样制裁我国。必须看清的是,我国终将实现"两个一百年"奋斗目标,终将实现中华民族伟大复兴,但美国等西方国家始终认为我国的崛起会对他们造成威胁。所以我们要未雨绸缪,在具备全局观的基础上,做好系统性、战略性谋划。用统筹发展的眼光看待国际形势,充分做好应对以美国为首的欧美国家所有制裁手段的准备,包括将我国排除在 SWIFT 支付系统之外的准备。鉴于此,我国抓住了自身金融系统改革发展的步伐,数字人民币的出现正是我国在国际贸易支付领域的重大突破,以此逐步强化应对外部压力的能力。

近年来,CIPS 系统建设和人民币国际化已取得了很大的进步,CIPS 系统于 2012 年 4 月 12 日开始建设,2015 年 10 月 8 日正式启动。经过几年的发展,人民币在境外已经有了一定范围的流通,人民币作为国际贸易的计价货币、结算货币等都已经有了明显的进展。且由于数字人民币运用分布式记账技术,且直接适用点对点支付等优势,将数字人民币具体应用场景嵌入跨境支付领域会更进一步强化人民币在国家贸易支付领域的地位,CIPS 系统在得到数字人民币的加持后,会使我国在未来的国际贸易中获得更加稳定可靠的国际贸易环境。

三、数字人民币的法律属性

随着时代的进步,新类型的货币应运而生,数字人民币的出现必然与货币制度的建立息息相关。同时,它又必须被限制于货币制度的框架之内。所以认定数字人民币的法律属性是第一位的。数字人民币与实物人民币一样具有法律属性,它是实物人民币数字化的一种表现形式,都具有法偿性,数字人民币的法偿属性是其区别于非法定数字货币最本质的属性,体现了国家在市场经济中的宏观调控功能。

法定货币法偿属性可以保证数字人民币在市场上有序流通,维护了我国市场经济的稳定,避免了外来货币对我国货币的冲击,保证了数字人民币信用价值的稳定,有利于实现国家货币政策的精准调控。但数字人民币的出现给现行货币制度带来了优势的同时,也造成了一些问题,所以要对数字人民币进行必要的法律规制,以保证数字人民币更好地服务于我国金融体系的稳定和社会的发展。

(一)数字人民币的法律属性与特征

1.数字人民币的法律属性

数字人民币的法律属性是指数字人民币具有法偿性,指在一国领域内长久稳定流通的唯一合法计价货币,数字货币持有人在使用该货币进行支付时,接受货币的一方不得以任何原因和理由拒绝接受数字货币的支付。[1] 数字人民币与实物人民币法律属性相同,都由国家强制力保证实施,数字人民币是法定货币,具有货币价值符号、支付手段等基本职能,作为一般等价物充当交易媒介。数字人民币的支付特点在于数字性。纵观货币的发展和变革史,货币的发展和变革形式始终伴随着社会经济和科技的发展,从以前的金属货币到现在的纸币和硬币都是各个历史时期发展进步的产物,而数字人民币则是实物人民币在形式上的外延,即以数字化的形式流通。数字人民币与实物人民币一样,由央行发行,以国家信用背书,与流通中的纸币和硬币具有相同的法偿性。

我国央行明确规定数字人民币支付功能与实物人民币支付功能相同,且在市场流通中数字人民币与实物人民币具有同样的法律地位,央行表示将对数字人民币和实物人民币共同进行统计、分析和协同管理。数字人民币将长期与实物人民币共同满足人们对支付方式多样化的需求。数字人民币的法偿性有效保障了本国法定货币的货币价值,稳定了法定货币的地位,充分保证了数字货币信用价值的稳定,实现国家货币政策的精准调控。由于只有央行发行的数字

---

[1] 徐冬根:《论法偿性货币——兼论电子货币非法律意义上的货币》,载《江西社会科学》2013年第6期。

货币具有法偿性,央行在进行宏观调控时可以根据本国市场经济的运行情况采用多种货币政策手段进行调控。央行可以通过大数据系统查看数字货币的供应量情况,对数字人民币的供应量做出及时调整以实现经济秩序的稳定。

2. 数字人民币的特征

采用中心化发行模式。当前,随着市面上各类非法定数字货币的发行与交易量的增多,要求数字货币发行采用去中心化架构的呼声越来越高。虽然非法定数字货币运用点对点的交易支付模式没有任何管理机构的介入,一定程度上对用户个人隐私起到了很好的保护作用。但非法定数字货币在流通过程中存在很多问题,如非法定数字货币——比特币,其发行以后在流通过程中,更多时候是被投资者当作投机产品,并不具备法定货币价值的稳定性,且双方在交易过程中完全匿名,监管机构无法介入导致非法定数字货币的交易被一些不法分子当作非法融资、洗钱、资助恐怖组织犯罪的工具。而数字人民币坚持中心化发行模式,其由我国央行发行,货币发行的根本性制度没有改变,本质上依然是央行集中发行模式,这是与非法定数字货币去中心化发行的根本性差异。一方面,以国家信用为其背书,这为数字人民币自身的发行流通提供了强劲的发展动力;另一方面,通过央行发行库进行数字人民币的发行,央行能够精准地把握数字人民币在流通过程中的交易情况,有利于央行在宏观上精准实施货币政策、在微观上做到审慎监管。同时数字人民币的发行管理模式与传统货币管理模式相同,都采用百分百储备金的形式发放,防止了货币过度超发造成的恶性膨胀,充分维持了现有货币体系的稳定和货币价值的稳定。①

降低了发行和流通成本。当前各国流通的法定货币主要包括纸钞和硬币两种,但纸钞和硬币在制作、运输过程中需要消耗大量的资源以及人力物力,制作工艺还极其复杂,且还要定期对使用中的纸币硬币进行回收、销毁,这也需要投入大量的技术和人力物力,且央行还设置钞票处理中心定期对纸币进行清洁、杀菌,对残损币进行清分、销毁。除此之外,研发人民币的专门机构还需不断提升人民币防伪技术,尽可能防止假币的出现。而如今,数字人民币的发行是借助网络计算机和分布式记账技术进行,发行时只需要搭建好发行的平台,

---

① 吴婷婷、王俊鹏:《我国央行发行数字货币:影响、问题及对策》,载《西南金融》2020年第7期。

后续的发行、回收则不需要消耗资源和人力物力，只需在发行系统程序中操作即可。央行在发行数字人民币时，建立与之相配套的法律和监管制度，可减少法定货币发行和流通的成本，提高数字货币的使用率，减少伪造、变造货币情况的发生。

采取账户松耦合形式并实行可控匿名。在讨论账户松耦合形式之前要对账户紧耦合进行简单介绍，账户紧耦合是指交易主体在进行系列交易活动时，既须实名认证，又须绑定银行卡。随着网络新时代的发展，人们越发注重对个人信息和隐私的保护，传统的移动支付也无法满足人们对个人信息保护的要求。在此情况下，数字人民币采用账户松耦合模式，在一定范围内实现可控匿名，转账、支付交易时无须绑定银行卡即可进行。这种匿名与非法定数字货币的完全匿名不同，非法定数字货币是完全匿名，正是由于它具有完全匿名的属性，一些不法分子便利用这一特性进行非法交易来逃避监管和法律的制裁，如利用非法定数字货币进行洗钱、偷税、非法集资等犯罪行为，威胁国家的金融安全和社会稳定，被一些国家明令禁止使用。[1] 数字人民币的可控匿名分为前台是否匿名和后台必须实名认证两部分，前台是否匿名完全由账户持有者本人来决定，但是在后台必须进行实名认证，这样数字人民币就实现了可控匿名，一方面很好地保护了账户持有者的个人隐私和交易信息的安全；另一方面也实现了央行对数字人民币的实时监管，央行可以通过后台大数据的实名认证信息来追溯交易异常的账户，精准打击洗钱、非法融资等犯罪行为。

采用双离线支付和双层投放运营模式。采用双离线支付是指收支双方在进行转账、交易时双方或一方的电子设备无论是否在有网络的区域内都可以进行交易。现阶段，我国正在试验的数字人民币支付模式是按照实物货币的设计理念进行的，可以在离线没有网络的情况下进行交易，支付模式与需要借助网络进行的稳定币 Libra 和移动支付不同，这将给人们的生活带来极大的便利。数字人民币在发行过程中考虑到网络环境和基础设施较落后的偏远地区或人员流动量大、网络信号差的车站、地铁等场所进行支付的情况，设计出双离线支付模式，极大地展现了数字人民币具有环境适用性的优势。采用双层投放运营

---

[1] 吴婷婷、王俊鹏：《我国央行发行数字货币：影响、问题及对策》，载《西南金融》2020 年第 7 期。

模式是指数字人民币的发行采用实物人民币的发行模式,即央行—商业银行二元发行模式。上层是央行对接商业银行,下层是商业银行对接普通用户。央行发行数字人民币采用中心化的发行机制,与实物人民币的发行机制基本一致。商业银行向央行缴纳存款准备金,央行发放数字人民币到商业银行的储蓄库,并由商业银行向公众兑换。央行通过二元发行模式发行的数字人民币可以充分利用商业银行各方面的资源和技术优势来减轻央行的负担。此外还可以避免给商业银行的存款、放款等业务带来不利后果,防止金融脱媒。

(二)数字人民币与相关货币的辨析

1.数字人民币与非法定数字货币

数字人民币不同于非法定数字货币,自2008年金融危机比特币问世以来,数字货币不断兴起,至今全球数字货币币种已达到数万种,但其发行主体都是非法定机构或个人,而我国正在多个城市试点运营的数字人民币则不同于非法定数字货币。二者存在以下区别:

第一,发行主体的不同。数字人民币的发行主体是国家,而非法定数字货币的发行主体是个人或非法定机构。我国的数字人民币具有国家主权性,是由我国央行发行的,以国家信用为其背书,以法律强制力保证流通;[1]而非法定数字货币的发行模式是去中心化,虽然具有复杂的加密技术,但由于缺乏国家信用背书,无法律强制力保证其流通,[2]并不具备市场流通的稳定性,不能成为一国法定货币。

第二,支付交易是否匿名不同。我国数字人民币的支付方式是可控匿名,即账户信息是否在前台实名认证由账户持有者自己决定,但在系统后台必须要进行实名认证,为国家监管数字人民币的发行和流通提供了便利,有助于防范和调查违法犯罪行为;而非法定数字货币是完全匿名,对交易者的隐私信息虽然起到了很好的保护作用,但也由此滋生了洗钱、非法融资、偷税漏税等犯罪行为,给一国打击犯罪行为带来困难。

---

[1] 王德政:《现状与变革:法定数字货币视域下的货币犯罪》,载《重庆大学学报(社会科学版)》2023年第5期。
[2] 周铭川:《盗窃比特币行为的定性分析》,载《南通大学学报(社会科学版)》2020年第3期。

第三,是否合法不同。我国数字人民币是由国家主权机关发行的,具有合法地位,且相关的货币政策和法律法规体系正在不断修改和完善;而非法定数字货币由其去中心化发行模式及匿名性特点所决定,游走在灰色地带,我国遂于2013年、2017年、2021年分别颁布了3个规范性文件:《中国人民银行工业和信息化部、中国银行业监督管理委员会、中国证券监督管理委员会、中国保险监督管理委员会关于防范比特币风险的通知》、《中国人民银行、中央网信办、工业和信息化部、工商总局、银监会、证监会、保监会关于防范代币发行融资风险的公告》和《中国互联网金融协会、中国银行业协会、中国支付清算协会关于防范虚拟货币交易炒作风险的公告》,禁止任何主体实施关于非法定数字货币的营利和流通行为,如禁止任何机构和个人实施关于非法定数字货币的营利性业务,禁止消费者进行非法定数字货币账户的充值和提现、购买与出售充值码、划转资金等行为。营利和流通行为是非法定数字货币在市场流通中最为常见而重大的行为,上述规范性文件显然通过禁止相关行为的实施,在规范层面上认定了非法定数字货币的不法性。[①]

第四,我国数字人民币的应用场景广泛且币值稳定,支付方式快捷高效,不仅节约了实物货币的印刷成本,也提升了货币政策精准调控能力,但现阶段技术上还处于试点运营阶段;而非法定数字货币目前不具备法定货币的属性,结算范围有限且价值不稳定,在许多国家或地区无法使用,但其所运用的底层区块链分布式记账技术被许多国家和地区所看重。

2.数字人民币与移动支付

数字人民币不同于移动支付。近年来,在我国如微信、支付宝等移动支付方式已深刻融入人们的日常生活,极大便利了人们的生产生活。但数字人民币与移动支付极其容易混淆,移动支付与数字人民币的区别在于:

第一,央行发行的数字人民币是与现金支付效力一样的货币,进行支付时转移的是货币本身;而移动支付在进行支付时支付的是银行存款对应的债权,即支付人首先需要在银行开设账户把现金存入账户后取得对银行的债权,其后

[①] 柯达:《数字货币监管路径的反思与重构——从"货币的法律"到"作为法律的货币"》,载《商业研究》2019年第7期。

通过移动支付企业申请移动支付账户,将该移动支付账户与银行账户绑定,再通过移动设备进行移动支付,支付过程相比于数字人民币更加烦琐。

第二,数字人民币在进行支付结算时比移动支付效率更高,应用场景更加丰富,兼容性更强,且数字人民币可以在没有网络的区域内进行支付,有效避免了网络问题带来的风险,极大提升了支付效率。此外,数字人民币在市场上流通可以有效打破市场分割和支付壁垒,提升数字人民币在支付方式方面的包容性。移动支付如微信、支付宝等存在交易壁垒,不能实现跨平台的数字支付,两平台之间不能进行相互转账,而数字人民币兼容性强,支付过程中可以融合多种数字支付方式,实现跨机构支付的互联互通。

第三,使用移动支付方式支付造成货币流与信息流分离。通常情况下移动支付平台企业掌握着用户的支付数据,有可能造成数据垄断,导致数据被滥用,此时容易造成公民个人信息和支付数据的泄露,使消费者个人信息和交易数据存在巨大的安全隐患。而数字人民币实行"可控匿名的设计",即在支付前台消费者是匿名支付,很好地保护了个人信息与支付隐私,在支付后台实行实名认证,可以更加便利地追踪支付数据,更好地打击洗钱、偷税等犯罪行为。数字人民币比移动支付更安全、便捷、普惠。[1]

第四,数字人民币不同于移动支付,没有手续费,可免费全额充值、提现,具有费用成本的优势,可以降低用户的支付成本。且数字人民币在支付时使用的是账户松耦合形式,即不需要绑定银行账户,还可以在没有网络的区域进行离线支付满足人们的多重支付需求。而移动支付采用紧耦合账户,不仅需要绑定银行账户,还依赖网络和移动设备,不利于提升金融业服务效率。[2]

3.数字人民币与实物货币

数字人民币不同于实物货币。数字人民币是实物人民币在数字经济时代发展起来的新形式,是由央行发行的数字化形式的人民币,是以国家信用为担保的法定货币,但数字人民币与传统的法定货币存在诸多方面的不同。

第一,数字人民币与实物货币的形态不同。数字人民币是在运用网络通信

---

[1] 封思贤、杨靖:《数字人民币防范互联网平台数据垄断风险的作用机理》,载《改革》2021年第12期。

[2] 星焱:《农村数字普惠金融的"红利"与"鸿沟"》,载《经济学家》2021年第2期。

技术的基础上,以加密字符形式存在的,不具有常规的物理形态;而实物货币以纸币和硬币形式存在,具有实物形态。

第二,是否可能会被伪造和变造不同。数字人民币的发行和流通以密码学的加密算法为底层技术,不会轻易地被一般设备和技术伪造和变造,即使数字人民币被伪造变造,基于网络技术也会被很快查明,大大缩短了侦查的时间。而纸币和硬币具有实物形态,很容易被不法分子伪造、变造,从而破坏金融系统的稳定。

第三,需要花费的成本不同。数字人民币具有数字化特征,与传统货币相比制作成本大幅降低。虽然搭建和维护数字人民币平台运营需要一定的资金,但与实物货币的制作、运输、回收成本相比成本将会大幅降低。实物货币在生产、运输、回收等环节都要耗费大量资源与人力、物力。根据美联储公布的数据可以看出货币的制作、流通运输和回收成本很大。相较于传统货币,数字人民币在成本方面具有很大的优势。

第四,是否具有无限法偿性不同。实物货币具有无限法偿性,是指任何个体在一国境内进行交易都必须使用法定货币进行支付,用法定货币偿还任何债务且对方不得拒绝其清偿,否则会受到一国法律的制裁。而数字人民币受制于科技网络和移动终端设备的普及,独立支付受到极大限制,从而导致其无限法偿性在客观条件上可能会受到一定限制。[①]

四、数字人民币法律规制的功能定位

(一) 为数字人民币打破西方 SWIFT 系统垄断国际清算地位提供法治保障

目前,全球国际贸易清结算系统主要是通过 SWIFT 系统进行,该系统于 1973 年在布鲁塞尔成立,其中执行委员会的成员全部来自欧美国家和地区。尽管 SWIFT 系统是中立性国际组织,但美国凭借自身金融霸权地位开始获得 SWIFT 系统的主导权,并多次通过该系统对他国进行金融制裁,给他国经济带

---

① 陈海波、聂舒:《央行数字货币的本质与趋势》,载《中国金融》2018 年第 24 期。

来巨大损失。随着我国综合国力增强,国际贸易日益增多,美国政府会通过各种手段打压我国经济增长,其中就包括了可能会找借口通过SWIFT系统对我国进行金融制裁。面对美国的金融霸权,我国必须要建立自己的支付清算系统,以稳定我国对外贸易的发展。

央行数字人民币的出现给我国提供了机遇,有望突破SWIFT系统对国际贸易清算的垄断。一方面,SWIFT系统被美国长期垄断,技术更新缓慢,通过互联网技术和分布式记账技术构建一个新的、可供多国使用的清结算系统已成为多国共识;另一方面,SWIFT作为国际中立组织,应该保持其中立性,但该系统长期被美国当作制裁他国金融经济的手段,导致其逐渐丧失公正性。SWIFT系统从交易流程看,其中间环节多、流程复杂且长,每个环节中造成的损耗都会产生额外费用。而数字人民币在结算过程中直接在交易双方之间展开,实现了点对点快速交易,在跨境流通和跨境结算中省去了多个三方环节,在快速完成交易的同时又降低了成本,极大地提升了国际贸易跨境支付的效率,数字支付系统底层技术实现了互联互通,跨境资金的流动性得到了很好的提升,传统跨境汇兑周期长、效率低、到账慢等问题也得到了有效的解决。不仅如此,数字人民币构建的这种跨境支付和结算体系,具有非法定数字货币去中心化、公开透明和不可篡改等特点,这些技术特点支撑了数字人民币交易体系的安全。因而,数字人民币在跨境支付结算体系中不断发展,有利于更多国家和组织积极参与到该体系的建设中,促进国际贸易跨境支付的建设,也为世界数字经济的发展提供了现代信息化国家合作平台,推动了国际储备货币制度、国际收支平衡机制不断创新。

(二)弥补实物货币支付存在的不足

实物货币发行至今,基于其自身便于携带、易于保管的优势促进了社会生产的发展,但随着社会公众对支付方式多样化和支付功能便捷性的要求越来越高,实物货币由于其物理形态限制很难实现快速远程支付结算的缺陷逐渐暴露出来。在移动互联网络技术高度发展的当下,商业银行支付和第三方支付方式应运而生,极大地丰富了法定货币支付方式,拓展了互联网支付空间,直接弥补了实物货币支付的不足,实现了资金的远程支付,提高了支付效率。正是因为社会生产生活的高速发展,实物货币支付功能的不足逐渐显现出来,此时由非法定部门提供的第三方支付方式得以快速发展,使央行不得不将一部分货币发行权让渡与非法定部门,允许非法定部门发行电子货币或银行存款,因此央行不得不承担起相应的监管和政策调整责任。

在央行监管方面,法定货币从央行存款准备金账户到商业银行账户再到第三方支付账户最后再进行交易,其支付链条不断延长加重央行监管的负担。再有,如在我国非法定部门银行支付和第三方支付市场中,支付宝和微信支付的市场份额总额高达82.03%,金融寡头垄断格局基本形成,[1]这种金融寡头的形成会影响社会福利和公平正义。而数字人民币是借助计算机技术的加密数字符号,本质上是一种虚拟货币,不具有物理实物形态,不存在发行、流通、回收消耗大量资源的问题。从发行成本来说,主要费用在于前期数字货币的研发和搭建投放运营平台上,后期只需要定期管理维护即可,几乎不会产生费用问题,更符合数字经济时代的发展需要。

(三)确保央行经济调控能力

数字人民币的流通使货币的调节手段更加多样,央行可以根据经济市场中数字人民币的流通情况制定更加精准的货币政策。数字人民币在流通过程中被企业或个人持有,货币政策传导机制可以直接传送到企业和个人,使货币政策的落实和调控能力大大提升。

数字人民币正式流通后,央行监管部门可以通过央行数字人民币平台系统掌握数字货币的流通情况,使货币流转更加直观和透明。对于不正常的货币流通行为进行实时监控,防止利用数字人民币抽逃资金或进行不正当交易,数字人民币的流通使货币监管部门提升了对货币流通的检测能力,有效打击了经济类犯罪。央行也通过对数字人民币流通情况的追踪提升货币供应的测算能力,以此来调节货币的发行速度,将货币发行增长率与货币需求增长率更好地相匹配,吸收市场上流通过剩的资金,提升货币政策的精准度。央行通过数字人民

---

[1] 刘甜:《2020年中国第三方支付行业市场规模及竞争格局分析 支付宝、腾讯金额垄断地位稳固》,载前瞻网2020年11月14日,https://xw.qianzhan.com/analyst/detail/220/201113-77c2ab15.html。

币平台系统检测货币流向可以直观地了解企业或个人的实际需求,增加货币定向供给的准度,帮助民营企业、中小型企业等解决资金周转困难的问题。同时,央行通过对数字人民币大数据的掌握为市场经济的发展和为企业提供更为精准透明的货币服务和信息服务。

(四)防止金融脱媒提升风险防控水平

现阶段,全球大多数国家和地区已经加快了本国数字货币的研究和测试,甚至有些国家的央行数字货币已经发行并在本国市场内流通。一方面,为了维护我国货币的主权地位必须发行数字人民币;另一方面,为了防止金融脱媒提升风险防控水平。所谓金融脱媒指的是市场主体中交易双方绕开金融机构的监管进行交易,直接将资金转移给资金需求方,使金融机构无法有效发挥其监管职能,在金融机构系统外完成交易的情况,这种市场交易给金融机构的稳定发展带来不利影响。从我国的实践中可以看出,以金融机构为主体的间接资金交易市场更为发达,金融机构在整个金融市场中起到至关重要的作用。倘若由央行直接发行数字人民币会直接冲击商业银行,很可能会给我国市场交易领域甚至整个金融领域带来消极影响。随着互联网数字经济市场化进程的加快,金融机构同样也面临着中介作用逐渐弱化的情形,在金融市场中出现多种金融工具和金融产品,此种情形也会导致金融脱媒。

在我国数字化支付形式经历了四个阶段:在银行网点进行的银行卡支付阶段;通过传统互联网进行银行卡支付阶段;快速移动互联网支付阶段;现阶段数字人民币阶段。我国央行在发行数字人民币时考虑到商业银行的中介作用仍然采用双重运营体系,所以金融机构在流通环节中仍然是重要的运营主体,在数字人民币的流通过程中起着重要作用。在数字人民币逐渐成为主流支付方式的背景下,金融机构将继续发挥不可替代的作用,有效防止金融脱媒问题的出现。

五、数字人民币发行的法律规制

数字人民币的使用极大地提升了法定货币的安全性和效率,助力我国数字经济的稳定发展,但其在发行与流通中仍存在一些困境,表现为数字人民币与传统货币风险交织的态势。2022年3月,中国人民银行召开了数字人民币研发试点工作座谈会,对数字人民币的试点进程和应用场景提出要求。① 数字人民币与实物人民币的发行、流通和监管大不相同,现行法律制度存在很多空白,导致难以对其的发行和流通进行有效监管,更难以对数字人民币的相关犯罪活动进行有效规制,所以数字人民币的治理困境值得关注。

（一）数字人民币发行的困境

1. 发行法律依据不充分

国家行使主权的一个重要体现是发行本国的法定货币。货币发行权是指国家根据市场经济的发展需求,决定货币发行的面值、数量、种类等,一国货币发行权的行使直接关系到整个社会的经济稳定和个人财产的增减。因此,国家在发行货币时需要完善的法律依据和明确的发行程序做支撑。

《中国人民银行法(修订草案征求意见稿)》明确规定了数字人民币是数字形式的人民币,但对于其数字形式的具体类型并未详细说明。数字人民币的发行不同于传统的人民币,需要运用网络信息、密码算法等技术,现有的法律制度无法有效适用于数字人民币,且目前我国并未建立起数字人民币法律框架,没有明确的立法目标。虽然数字人民币在试点城市整体运行良好,且已形成了较为成熟的做法,尚可从中总结归纳出相关法律问题与可行规则,但是否能在全国范围内推行开来,还需要制定具体明确的法律依据。

2. 法偿性问题

法偿性是指一国的法定货币在其本国领域内可以支付一切经济活动的债务。我国人民币具有法偿性,由国家强制力保障实施。一方面,数字人民币缺乏相关法律制度的规定,导致数字人民币的法偿性无法得到有效保障;另一方面,关于数字人民币法偿性本身也存在一些困境。与电子货币交易相比,数字人民币在进行交易过程中可以进行联网交易也可以进行双离线交易。即便如

---

① 《人民银行召开数字人民币研发试点工作座谈会》,载中国人民银行网2022年4月2日,http://www.pbc.gov.cn.goutongjiaoliu/113456/113469/4524364/index.html。

此，数字人民币的交易也是依靠移动终端进行的，而在我国现阶段尚有较多老年人未能熟练掌握移动支付应用程序的使用方法，直接让他们在日常交易中接受或使用数字人民币不利于数字人民币日后的推广，且数字人民币应用场景推广将是一个长期过程，需要长时间过渡，法律无法硬性作出规定。同样货币法偿性是法定货币发行的关键，在交易过程中没有法律的强制性规定，人们可能会拒绝接受数字人民币，这将会对数字人民币的发行造成阻碍。

2020年中国人民银行针对社会中拒收实物人民币现象出台了相关文件，但该文件只针对实物人民币不适用于数字人民币被拒收的情形。如果数字人民币不具有绝对法偿性，那么在进行交易中交易个人就可能出现拒收数字人民币的情形，将造成数字人民币流通困难。数字人民币作为由国家信誉保证其价值实现的信用货币，如果不具有法偿性则不能在市场上正常流通，可能会导致货币贬值、丧失法定货币地位。

3. 个人信息泄露

随着移动互联网的快速发展，人们越来越关注和担忧个人信息和金融数据的泄露问题。传统的实物人民币交易不具有溯及力或溯及力较低，在交易的过程中可以很好地保护个人信息，但数字人民币具有可追溯性，可以识别并留存个人信息和数据，使社会公众担心央行或者商业银行等机构可能随时检测自己的信息和隐私。

数字人民币应用场景的不断扩大将会加快金融业务向数字化转型，这一过程必将在数字人民币的发行与流通中产生大量个人数据。以日常零售支付为例，使用数字人民币支付的用户每次的付款记录都会被记录到系统中，那么如果央行或商业银行想查询该用户的个人信息或消费数据将易如反掌，查询的个人信息可能不仅包括财务信息、交易信息，还可能包括部分敏感信息，这将对用户个人信息产生不可估量的影响。居民在办理支付业务或者安装数字钱包的时候也会使部分个人信息留存在办理业务平台或数字钱包App中，这也极易造成个人信息和金融数据的泄露。支撑数字人民币运行的底层技术是区块链分布式记账技术，在该技术的支撑下使用数字人民币进行的交易信息和记录具有不可篡改性，这在一定程度上提升了系统运行的稳定性和交易数据的安全性，但却影响了数据的隐私性。尤其是在跨境支付场景中，数据信息的安全问题就更为紧迫,央行有关部门可能还需协调各国在支付交易中的不同规则和个人信息保护问题。如 Mt. Gox 失窃和 DAO 被攻击事件触目惊心,充分暴露了分布式记账技术的潜在风险,引发了人们对个人信息保护与系统安全的担忧。

为了保护数字经济时代交易背景下的个人信息安全,我国先后颁布了多部法律。如 2016 年的《网络安全法》第 12 条第 2 款规定任何组织和个人不得从事侵害他人隐私的活动。2019 年的《电子商务法》第 5 条明确了电子商务经营者保护个人信息的义务。2020 年《密码法》第 2 条明确规定了密码保护的范围。《密码法》第 8 条规定,商用密码用于保护不属于国家秘密的信息,公民、法人和其他组织可以依法使用商用密码保护网络与信息安全。2020 年通过的《民法典》人格权编中对个人信息的内容进行了界定,列举出了姓名等主要的个人信息内容。2021 年通过的《个人信息保护法》对个人信息的保护进行了详细规定。总体上看,现有法律已经为交易中的个人信息保护搭建起了较为完备的制度体系。然而,这些规定存在难以弥补的缺憾。其中的首要问题是个人信息的分类保护机制存在困难,无法从根本上解决信息隐私的保护问题。[1] 在数字人民这一全新应用场景之下,现有个人信息法律保护规范体系中的问题将会更加严重。数字人民币虽然建立了基于区块链技术的隐私模型,但是这种模型的隐私保护功能高度依赖于用户自身的良好习惯。例如对于比特币用户而言,持有大额比特币的用户往往通过硬钱包形式的隔离措施来保护数字身份不被穿透,也就是说,人们确实可以通过数字钱包地址将数字身份与特定比特币账户对应起来,但是却不知道该账户或者该数字身份所对应的自然人身份。现实中,能够建立这种使用加密货币习惯的用户整体上数量较少,集中于长期使用加密货币的互联网技术"大咖",大多数人则习惯于将加密货币存储与特定交易所钱包地址中。对于数字人民币而言,大多数用户很难形成类似比特币大户的技术素养,而大多数用户会继续沿用支付宝、微信等支付工具中的支付方式,因此其隐私模型就很容易遭到穿透,尤其是作为交易对手的商户、电商平台等。由于现有个人信息法律保护机制存在的结构性难题,交易对手很容易就能够将数字账户与特定的自然人对应起来。在此情形下,数字人民币的交易数据等就

---

[1] 戴昕:《信息隐私:制度议题与多元理论》,北京大学出版社 2024 年版,第 6~10 页。

将不再是秘密,而是成为众人皆可获知的公开信息了。当前在移动支付、第三方支付等多种电子支付方式并存的情况下,这种只对一方作出义务规定的形式并不能达到防止个人信息泄露的法律要求,甚至可能会由于法律依据不充分造成个人信息更大范围的泄露。

此外,用户个人信息除了面临来自个人或者机构的不法侵犯以外,还可能面临被部门内部过度使用的可能,央行、商业银行和其他金融机构都掌握了众多个人信息,掌握着大量用户的个人信息。如果不从法律层面对其使用用户个人信息的情形、程度和方式作出规定,可能造成个人信息的违法乱用。并且如果央行、商业银行和其他金融机构查询用户个人信息过于宽泛,将会严重损害社会公众的合法权益,可能会导致社会公众对数字人民币的流通产生反感或抵触情绪,甚至会阻碍数字人民币多场景应用。因此,要平衡好个人隐私保护与数字人民币发行流通的关系。

(二)数字人民币发行的法律规制

科学网络技术的快速发展,使我国加快了对数字人民币的研究,而数字人民币未来要有良好的发展前景,必须要有一套与之相对应的法律制度对其进行更好的规范,这样才会对社会产生积极正面的影响,否则可能会产生各种社会问题。所以必须制定并完善相关法律制度,做好顶层设计和发行路径,使数字人民币充分发挥自身的功能价值。

1. 夯实发行法律依据

目前,我国需要解决数字人民币无法适用现行法律法规的问题。可以结合数字人民币的具体特点来完善相关法律制度,构建科学合理的法律框架加快制定法律制度。明确数字人民币的目标,采取适当的立法方案,针对数字人民币在发行流通中的具体适用问题逐步研究制定相关规则,以健全的规则体系不断加强对数字人民币的法治保障。

我国要全面及时修订涉及数字人民币各项业务流程的法律法规,形成法律法规相协调、内容互补的法律体系。在立法技术问题上,我国可以借鉴国际准则和在数字货币领域法律法规相对成熟国家和地区的经验,善于借鉴和吸收国外在数字货币方面的实践经验,建立兼容并蓄、因地制宜的法律体系。在数字人民币跨境支付情形中,我国可以与国际货币金融机构及相关国家和地区合作开展立法和监管,采取双边、多边方式解决数字人民币的跨境支付问题。

修订《中国人民银行法》《人民币管理条例》等基础法律法规,明确数字人民币的法律属性和法律地位。进一步修订涉及数字人民币的监管制度和规章制度,出台操作性强的规章制度和规范性文件,明确数字人民币市场准入规则和具体支付结算流程,保障数字人民币顺利落地,减少数字人民币在立法上的空白,减少管理制度的模糊地带,为数字人民币在市场上的有序流通提供制度保障和法律依据。

2. 明确法偿性地位

随着时代不断向前发展,货币的表现形式也在不断地变化,从具有物理形态的纸币、硬币到现在仅一串数字符号形式的数字人民币,但是其本质一直都是以国家信用为背书的法定货币,即法定货币具有法偿性。货币法偿性是国家信用在货币领域的体现,它表明了法定货币在一国的地位。我国《中国人民银行法》明确规定了人民币的无限法偿性地位。[1] 同样数字人民币也是由央行发行的,代表国家信用,应当在立法中明确其法偿性地位。

对于数字人民币的法偿性地位,目前学界仍对此存有争议,其中部分学者认为数字人民币应当具有无限法偿性。一方面,数字人民币的数字特性只是人民币具体表现形式的一种,虽然在形态上与实物人民币不同,但具有与实物人民币一样的功能;另一方面,第三方移动支付市场,如微信、支付宝等机构支付方式的使用率居高不下,对支付市场形成垄断,[2]使支付市场有失公平公正原则,所以应在立法中明确数字人民币的无限法偿性地位。此外,法偿性是法定货币的核心属性,不能仅仅因为运行中存在不能实现的客观情况,如支付环境差、支付设备不支持等,就削弱或排除其法偿性,可以在流通中设置例外情况对拒绝接受数字人民币支付的主体进行处罚。

还有部分学者则提出数字人民币不应具有与实物人民币相同的无限法偿

---

[1] 《中国人民银行法》第16条规定:"中华人民共和国的法定货币是人民币。以人民币支付中华人民共和国境内的一切公共的和私人的债务,任何单位和个人不得拒收。"
[2] 佘云峰:《央行数字货币与支付账户的共存问题猜想》,载移动支付网,https://www.mpaypass.com.cn/news/201912/17190929.html.

性,应将数字人民币界定为有限法偿性。① 他们认为数字人民币只有在特别应用场景内、特别面额以内才具有无限法偿性。第一,数字人民币发行以后会有很长一段时间要与实物人民币、第三方移动支付并存,人们在支付时可以选择适用任意一种形式进行支付。且数字人民币支付需要使用终端设备,现阶段数字人民币的相关基础设施、移动终端的选择尚未完善,如果直接规定数字人民币具有无限法偿性,将使货币流通成本明显提高,甚至可能会对数字人民币在社会中的流通产生消极影响。第二,数字人民币在市场上流通可能会导致银行存款溢出效应。当数字人民币具有了无限法偿性,一部分银行储户为了规避风险将放在银行中的存款从账户转移到数字钱包中,这将导致银行的可贷资金减少,发生金融脱媒。

笔者认为,必须通过法律明确规定数字人民币具有法偿性,数字人民币与实物人民币同样都是央行代表国家主权发行的,所以同样具有无限法偿性,只是现阶段处于一个过渡期。同时为兼顾多种支付方式的需要,商家在收款时可以提供多种付款方式,对于付款方来说也可以使用任意一种付款方式。

3.建立完善的个人信息保护法律制度

数字人民币的发行是国家货币体系不断进步的表现。相比于实体货币,数字人民币在交易方式和结算方式上可能会使用户面临更大的信息泄露风险。未来正式发行数字人民币,除了在技术上进一步完善交易结算系统,加强对反黑客入侵技术的研究以外,还应该在法律方面完善数字人民币个人账户信息的安全保障制度。完善的个人信息保护制度从根本上消除人们对于个人信息泄露的担忧。个人信息包含的范围很广,包括个人身份信息、账户信息、支付交易额度等特定信息,反映了用户社会生活的各个方面。可见,个人信息的覆盖面极广,对个人信息进行严格的法律保护是十分必要的。

首先,针对数字人民币中的个人信息保护问题,国家要建立完善的法律制度。我国针对个人信息保护问题颁布了多部法律规范。《民法典》第111条规定了对个人信息的保护;我国央行在《金融分布式账本技术安全规范》

---

① 柯达:《货币法偿性的法理逻辑与制度反思——兼论我国法定数字货币的法偿性认定》,载《上海财经大学学报》2020年第6期。

（JR/T 0184-2020）中也具体规定个人信息保护的方法；还有2021年11月1日起施行的《个人信息保护法》中整部法律都在强调对公民个人信息的保护；2021年9月1日起施行的《数据安全法》对数据隐私做出了具体规定和处罚规则等。随着数字人民币应用场景的增多，加强个人信息保护显得更为重要。数字人民币账户中包含的个人信息较多，一旦发生泄露，数字人民币的公信力会降低，而对于用户来说其损失也是无法承受的。

其次，需要明确相关部门获取个人信息的权限范围。交易记录可以查询固然重要，但个人隐私权也应得到保障。监管部门查询交易信息必须在法律许可范围内进行，且必须明确所要查询的事项、范围和目的，除规定监管部门可以依法查询外，其他任何个人和机构无权对用户个人具体交易信息进行查询，监管机构需要把个人信息的查询监管权收紧。相比于数字人民币，第三方支付机构现阶段可获得的个人信息更精准、范围更广，需要将第三方支付机构的信息监管纳入具体的监管范围。如果第三方需要查询某个人的交易信息、个人信息必须得到监管机关的同意且明确查询的范围和目的，得到批准以后才可以进行，第三方支付机构需要与监管机关建立监管通道，这样可以有效防止个人信息的泄露。

最后，在法律层面明确用户个人信息受保护的具体范围和禁止监管机关及其工作人员滥用个人信息。一方面，对于数字人民币所涉及的个人信息而言，法律并未明确其具体信息内容，所以要通过法律制度来明确个人信息受保护的范围，如货币持有者的身份信息、交易信息、持有数额、财产状况等。另一方面，在明确个人信息受保护范围以后，监管机构对于个人信息的查询使用需根据是办案需要进行查询，要合法正当，在法律规定范围内查询个人信息，坚持非必要不查询原则。数字人民币试点运行和正式发行后的个人信息保护，不仅需要技术上的不断创新，同时也需要在法律制度上做出详细规定，只有同时进行才能更好地保护个人信息不被泄露、滥用。

六、数字人民币市场流通的法律规制

近两年，数字人民币试点运营总体向好，数字人民币的使用方便了社会公众日常交易,其具备的双离线支付、交易可追溯和可控匿名性等特点,保障了央行货币精准调控能力。但数字人民币试点流通的同时,也带来了一些新的法律问题,如洗钱犯罪、假币犯罪和监管面临法律依据不充分等问题。下文将从流通中存在的法律问题入手,进一步给出具体完善建议。

(一)数字人民币流通中的困境

1. 认定洗钱犯罪方面

洗钱是指将犯罪或违法所得通过各种非法手段让其在形式上合法化的行为。为打击犯罪保障市场经济正常运行,反洗钱一直被各国重点关注。我国已经建立了完善的反洗钱制度。其中包括2003年修正的《中国人民银行法》、2006年颁布的《反洗钱法》、2006年颁布的《金融机构反洗钱规定》和2018年颁布的《互联网金融从业机构反洗钱和反恐怖融资管理办法(试行)》等。现行反洗钱法律制度的体系已经较为完备,但现行反洗钱法律体系只针对实物人民币,对数字人民币的特性关注不够,未来现存的反洗钱法律体系将面临数字人民币的挑战。

将传统实物货币在反洗钱犯罪方面的法律规定直接用于数字人民币存在诸多困境。一方面,当前关于反洗钱的有关法律规定主要是针对传统的汇款、现钞兑换等业务,而数字人民币与现有反洗钱的程序规定完全不同,传统法律规定并不能直接适用,此种情况可能会对反洗钱机制带来不利影响。另一方面,金融机构在对传统货币进行反洗钱监管时可以直接在业务办理过程中进行监管,如发现可疑情况及时上报有关部门并采取措施,但数字人民币交易时直接采用"点对点"付款,不需要通过金融机构的中介服务进行,且监管机构进行监管时只是根据某笔数字人民币的交易额大小来进行监管,如果进行小额度、高频率洗钱犯罪,监管系统并不能及时发现。我国目前并没有针对数字人民币反洗钱法律制度做出规定,尚未确定数字人民币反洗钱的具体监管流程。

2. 认定假币犯罪方面

关于假币犯罪问题各国都已经达成共识,并制定了完善的法律制度。为了本国金融秩序的稳定和营造良好的经营环境,严厉打击各种形式的假币犯罪成为各国经济活动发展的一部分。我国针对假币类犯罪制定了多部法律,如《中国人民银行法》《中国人民银行货币鉴别及假币收缴、鉴定管理办法》《人民币管理条例》等,都分别规定了伪造、变造货币的定义、特征和假币犯罪的构罪条件。上述关于假币犯罪的行为,伪造、变造的人民币都是有形的实体货币,而数字人民币是无形的、虚拟的数字符号,导致伪造、变造的概念对数字人民币不适用,同时可能需要对数字人民币的伪造、变造进行重新定义。《人民币管理条例》第33条第1款规定关于金融机构工作人员在办理业务时,发现伪造、变造的人民币,数量较少的,可以由两名或者两名以上银行工作人员当面收缴,加盖"假币"印章并登记在册即可。但数字人民币与实物人民币不同,导致该工作程序不能直接适用于数字人民币。因此,对于数字人民币假币的销毁则需要国家重新制定相应的法律或对原有的法律条文进行修改。

假币犯罪在我国《刑法》条文中有三种形式。第一种创造型犯罪,包括伪造货币罪和变造货币罪;第二种持有和转移型犯罪,包括持有假币罪、购买假币罪和运输假币罪;第三种利用型犯罪,包括使用假币罪和出售假币罪。当数字人民币正式发行后,与现实中实体货币在伪造、变造、持有、购买、运输、出售和使用假币的流通方式上存在不相适应的情形。其中运输假币罪可能会被去除,且其他货币犯罪的概念需要被重新定义,这将造成大量法律制度需要修改的局面。数字人民币发行流通以后,对于防范假币犯罪,一个迫切需要解决的问题是假币犯罪法律依据不足,而数字人民币试点运营以来,我国立法部门并未对其进行立法,这个问题如果得不到及时解决极大可能会影响数字人民币正式发行后的监管问题。关于货币在发行流通阶段的监管历来都是国家打击货币犯罪最为重要的一个环节,直至今日虽然电子支付已经普及,但实物人民币仍然有假币出现。数字人民币正式流通后也会面临假币的问题,此时防范假币犯罪就成了数字人民币假币监管至关重要的一部分。

3. 监管方面

现阶段,我国传统法定货币监管思路并不能完全套用于数字人民币,关于货币监管理念我国始终保持安全第一并结合效率的原则。但央行发行的数字人民币是具有数字性特征的货币,则更需要注重效率和独立性理念,因此我国传统法定货币支付理念尚不能满足数字人民币的要求。如果仍然保持原有法定货币监管理念,会给数字人民币的发行、流通中的安全问题和后续监管等造成不利影响,且以原有理念去规范数字人民币支付活动会带来理论与实际情况相冲突的问题,有可能导致货币流通领域出现混乱。

数字人民币发行后面临监管缺乏法律依据的局面。现在多数国家对央行数字货币的研究正在如火如荼地进行中,如我国央行于2020年4月公布了首批数字人民币试点城市,深圳、苏州、成都、雄安新区和2022年冬奥会场景;随后于2020年增加上海、海南、长沙、西安、青岛、大连;又于2022年4月增加了天津市、重庆市、广州市、福州市、厦门市、浙江省承办亚运会的6个城市,截至2024年1月,数字人民币已在全国范围内17个省份的26个城市推广开来。其中在冬奥会支付场景中,用户使用数字人民币支付效果良好,受到了试点地区市民和企业的支持。不仅如此,数字人民币在多个试点地区的支付场景中都得到了社会公众的广泛支持。但目前我国对数字人民币的有效监管缺乏相关的法律制度,现试点阶段小范围的使用不会对经济发展、货币体系造成不利影响,但如果数字人民币在全国范围内广泛使用,则会给监管带来极大的不稳定性。由于数字人民币与实物人民币的具体表现形式不同,且现行完备的法律制度只针对实物人民币并不包括数字人民币,在这种情况下,对数字人民币的监管就存在法律依据不足的情况,致使相关配套法律规范不足,不能有效对其发行流通进行规范。因此,现行关于实物人民币的监管规则不能直接适用于数字人民币。[①] 立法部门应尽快立法,确立数字人民币监管的法律依据,更好地促进数字人民币在市场上的流通,满足公众多样化支付需求。

目前我国金融管理制度对数字人民币体系的监控尚无明确规定,对数字人民币进行实时数据监控仅仅依据现有实物人民币监管法律制度并不能达到管控风险的目的。我国货币监管规则绝大部分是为了解决实物人民币在流通过程中出现的问题制定的。然而,数字人民币的数字特征表明了数字人民币的底层技术是信息网络技术,其表现形式为一串数字编码,用监管实物人民币的监管规则对其进行监管存在不适用情形。同时,要对数字人民币交易数据进行实时监控以保证交易安全,这就需要对数字人民币监管法律体系提出严格要求。因此,我国立法部门需要在现行实物人民币监管法律制度的基础上,制定数字

---

① 张莉莉、徐冰雪:《法定数字货币应用的法律风险及制度完善》,载《行政与法》2021年第3期。

人民币监管法律制度。由于数字人民币的发行与流通必然会对国家经济产生巨大影响,如不对其严格监管,最终可能会影响我国经济的发展。

(二)数字人民币流通的法律规制

1. 完善反洗钱法律规定

我国目前有关实物人民币反洗钱法律制度已经形成了一个完善的法律保障体系,且在反洗钱工作中发挥了至关重要的作用,未来也将继续发挥着重要作用。但数字人民币的无形性和数字性使洗钱犯罪活动更加隐蔽,导致我国现行的反洗钱法律制度已经无法满足数字经济的发展需求。因此,需要对现行反洗钱法律制度进行重新制定或适当调整。

首先,央行主要负责数字人民币的发行和信息认证等重要任务,所以通过法律或司法解释确立央行为主导反洗钱工作的管理机构,明确央行作为反洗钱负责机构的地位。一方面,央行可以在技术层面将分布式记账技术与区块链技术应用到反洗钱监管中,利用该技术实现对数字人民币交易流程的追踪,减少洗钱犯罪行为的发生。还可以对数字人民币交易数据进行监控,利用数字人民币的认证中心对用户数字账户的风险等级进行评估分类,对风险等级高的用户数据进行重点监控。但在监控数字人民交易数据时,要注重对监控人员的行为作出限制,用法律授权的形式赋予监控人员权限,同时要求监控人员必须履行法律赋予的监管职责,以免泄露用户信息与隐私。另一方面,赋予商业银行和其他金融机构反洗钱监管职责,商业银行和其他金融机构在全国范围内覆盖范围广且数量众多,由其行使反洗钱监管职责会减少央行工作量,提高反洗钱工作效率。

其次,现行的反洗钱监管方式已不能完全适应数字人民币的监管需要,需要改变对洗钱犯罪的监管手段。因此,为了加强反洗钱工作的实操性,实现对洗钱犯罪的有效监管,应该主动对监管手段进行创新,改变监管方式,通过大数据平台对交易数据进行实时监管,推动监管方式更加契合反洗钱制度的发展。

最后,数字人民币反洗钱的监管方式发生了变化,要求相应的监管制度也要进行一定的调整。央行要积极推动全国范围内反洗钱制度监管协调机制,积极推进多个金融机构之间数据共享与合作。同时反洗钱监管部门和机构在进行监管时要结合数字人民币的具体特征,制定全方位、立体化的监管制度,充分利用互联网大数据技术,采用全新的监管方式,形成打击洗钱犯罪合力。

2.完善反假币法律规定

自货币诞生以来假币就如影随形,每个时代都有防范假币的法律制度和方法。目前有关防范假币的法律规定主要是保障实物人民币正常发行流通的,而数字人民币不具有实物形态,必须要对这一特征在现有法律制度上进行完善。

首先,修改现行法律法规,将数字人民币存在或可能存在造假的方式纳入法律法规中,如犯罪分子利用互联网私自发行数字人民币或对发行的数字人民币面额进行更改等,且认定数字人民币造假认定标准应由央行确定。一方面,央行可以通过具体法律条文认定利用非法技术篡改数字人民币密码或创造数字人民币密码的行为为制造假币罪。篡改数字人民币密码是指个人或者企业在未经央行授权的情况下,利用互联网技术算法对数字人民币面额进行修改、增添或删减数字人民币代码的行为;创造数字人民币是指个人或者企业在未经央行授权的情况下,利用计算机分布式记账技术自行创设、编制数字人民代码的行为。另一方面,通过排除发行主体的方法防止假币的出现,即发行数字人民币的主体只能是央行,除此之外,任何机构和个人发行的数字人民币都是假币,不能在市面上流通。

其次,央行在发行数字人民币时可以在内部嵌入一套识别假币和回收假币的程序,使数字人民币在流通时,一旦发现交易结算的数字人民币是假币后,可被识别和回收并及时上报有关部门,有关部门根据实际情况予以回收或冻结数字账户。针对假币数额较大的,可以及时将假币交易信息或账户信息上报给公安机构,帮助公安机关有效打击数字人民币假币犯罪行为的发生。

最后,强化反假币机构职责或成立新的反假币机构,加大对假币工作的打击力度,赋予商业银行或其他金融机构收缴假币的职责,将收缴权限进一步下放到县级支行,形成层层联动的反假币机制。我国商业银行经过几十年的实践发展已经建立了遍布全国的银行系统,且在过去的实践中商业银行对反假币工作的贡献十分突出,所以在数字人民币的反假币工作中赋予商业银行或其他金融机构相应权限也是合理的。同时,央行和各地商业银行或其他金融机构也要加大对辖区内防范假币工作的宣传,特别是针对偏远地区和农村地区更要加大宣传力度,提高社会公众的假币识别能力和反假币意识,致力于反假币工作的开展。

3. 完善现行法定货币法律监管制度

对于数字人民币的监管理念,要在安全与效率的基础上转变到包容开放的理念中来,包容性理念有助于激发多种发展潜力和增强经济增长动力,维护经济的持续繁荣。坚持本理念是维护金融安全与科技创新、数据安全与用户隐私保障的必然要求。这种监管理念,对于预防数字人民币在推行后可能出现的市场金融秩序失衡,限制国家对数字人民币使用的过多干预都具有良好的导向作用,并能够全面推动数字人民币的稳步发展,稳定币值,维护货币主权,最后有利于金融市场和政府制度之间的协调共生。

要坚持安全、效率与科技创新相结合的监管理念。对于数字人民币至关重要的一环在于科技创新。在监管的具体场景中,要摒弃片面追求极致安全"一刀切"的思路,这一监管理念将抑制金融科技发展,不利于监管模式创新,不能适应消费者需要。金融行业的发展必须跟上时代创新的要求,适时把握发展机遇。如今,在我国经济发展过程中,要降低数字人民币发行流通存在的风险,提升网络信息技术安全性,制定国内外数字货币监管法律法规,巩固稳定商业环境。这就需要加快提高金融科技的速度,更要重视数字人民币监管中网络安全的重要性。为了保障数字人民币在交易时正常支付,就必须对用户财产以及信息安全进行保障,改进创新金融技术、不断更新金融产品、提升数字人民币相关数据技术水平。

加强对数字人民币的监管。尽管2020年央行发布了《中国人民银行法(修订草案征求意见稿)》,其中第19条第2款规定:"人民币包括实物形式和数字形式。"对现行法律进行了修改,但对数字人民币的发行方式和流通规则并未做出详细规定,也未出台具体的制度细则和监管制度细则。为了给数字人民币的发行与流通提供全面、权威的法律监管制度,需要对现存的监管制度进行创新,建立与数字人民币更为切合的监管制度。同时,将人工智能、大数据、云计算等技术嵌入监管中提升监管效率,如运用大数据技术,将数字人民币纳入"监管沙盒"中,测试科技监管场景的未来适用性,并逐步建立科学完善的监管体系。使用动态监管模式,运用数字技术加强对数字人民币监管的事前预警,增强抗击外部干扰导致监管失效的风险认证能力,及时解决监管中存在的干扰因素与风险威胁,贯彻落实监管部门和金融机构的监管责任,调动国家机关金融机构和行业协会多主体共同参与。

小结

2020年新冠疫情以来,人们大幅增加了对无现金支付方式的现实需求,全球数十个国家已经开始了央行数字货币的研究或者试点工作,6个国家已经正式发行央行数字货币,为全球金融体系带来了结构性变革,也对我国数字人民币的法律设计提出了更高要求。① 我国于2014年就开始对数字货币进行研发,在各国数字货币研发过程中处于领先水平,现阶段我国数字人民币已经在17个省份的26个城市进行试点测试,目前数字人民币的个人用户数量已经高达上亿级别,交易总额也达到数万亿元,显示出巨大的发展动能。我国发行数字人民币提升了我国金融系统的抗风险能力,并且降低了货币发行的成本,提高了支付效率,其中有关可控匿名的设计可以更好地保护用户隐私。同时,利用分布式记账技术使每笔交易都可被追溯,有力打击了洗钱、诈骗等犯罪行为。此外,在网络信息技术不断发展的背景下,社会公众对数字人民币的支付需要日益强烈,但数字人民币的发行与流通在法律层面还存在一些问题,如在法偿性问题、反洗钱、反假币等方面面临着新的挑战。针对这些问题笔者提出要完善数字人民币发行与流通法律依据、明确数字人民币法偿性地位、建立完善的个人信息保护法律制度和完善现行反洗钱、反假币、监管等法律制度。由于数字人民币的发行与流通不仅只涉及法律学科的问题,还涉及金融、计算机等学科的问题,所以还要加大这些领域中对数字人民币的研究并建设涉及法律、金融、计算机、密码学等多领域的基础设施。我国央行发行的数字人民币可以在全国范围内普及,能够更好地服务于我国经济建设和社会发展。通过对数字人民币试点运行情况和具体应用场景的实践现状进行分析,可见数字人民币对于

---

① Central Bank Digital Currencies (CBDCs): A New Era of Digital Money(Feb. 27,2025),https://www.analyticsinsight.net/finance/central-bank-digital-currencies-cbdcs-a-new-era-of-digital-money.

突破西方 SWIFT 系统对国际贸易清算体系垄断的重要价值。数字人民币在发行与流通中面临法律依据不充分、个人信息泄露和假币洗钱等问题,需要加快完善数字人民币法律规制框架,包括在发行与流通过程中要夯实发行与流通法律依据,完善个人信息保护制度等。数字人民币的发行与流通是一个内容结构复杂的产物,涉及金融学、计算机学、法学等多学科,仅从法学的角度来进行研究还存在较多局限性,未来需要更多其他学科视角的切入。

第五章 分布式治理的价值追求与规范构造

在现代社会,以复式记账法记录的各类信息账本构成了人类经济活动的底层基础设施,包括自然人的出生与死亡证明、婚姻登记证书、财产所有权凭证、学历学位证书、投票数据、银行账户、电子邮箱、手机号码、微信账号、Facebook账号等,为现代社会治理体系的稳健运转提供了现实基础。即便是贵为英国女王的伊丽莎白二世(Her Majesty Queen Elizabeth Ⅱ,1926年4月21日~2022年9月8日)逝世,也需要由医生签字确认的死亡证明。[①] 然而,无论是通过纸质文书还是数字形式建立的账本体系,都需要以一个权威中心为基础,存在防伪成本高昂、易被伪造、存储安全漏洞等问题,传统的单一权威下的社会治理体系存在诸多弊端。与时俱进的完善法律体系是解决这些问题的重要方法,区块链技术和产业发展也为这些问题的解决带来了新的思路。区块链技术作为数字经济时代的重大创新之一,能够推动形成分布式治理体系,解决传统社会账本体系存在的防伪成本高昂、易被伪造、存储安全漏洞等问题,使广大民众更好地享受现代社会的发展成果,确保各主体平等参与竞争,防止用户信息权遭受非法侵害。

一、传统治理模式在数字时代面临的难题

在古代社会的治理体系中,由单一权威中心治理社会是一种基本共识。信息垄断、经济垄断、权威垄断是维护单一权威中心治理秩序的重要基础,无论是中国古代法家"法、势、术"相结合的帝王术,还是西方马基雅维利《君主论》中

---

① Extract of an entry in a REGISTER of DEATHS. DG.10789978. 参见《英国公布女王死亡证明 去世原因显示为高龄》,载中国新闻网,https://www.chinanews.com.cn/gj/2022/09-29/9863993.shtml。

的君主统治技巧,都充分展现了这一点。造纸术、印刷术等重要科技创新和科举制等制度创新的出现,为人类社会突破信息垄断奠定了坚实基础,并为后续削弱经济垄断、权威垄断提供了条件。人类进入现代社会,资产阶级革命带来的自由主义理念为继续削弱经济垄断和权威垄断提供了思想武器,随之而来的工业革命和信息革命则全面解锁了信息垄断。然而,随着智能社会的到来,个人时常会被淹没在浩如烟海的无用信息之中,形成了"信息茧房",新的信息垄断再次形成,由信息垄断延续形成的经济垄断、权威垄断正在以新的形式出现。纵观单一权威中心治理体系,可以发现其中面临的四个关键问题,即信息不对称、社会信任难以建立、个人注意力遭遇侵蚀、制度性交易成本高昂。

(一)信息不对称

信息是开展几乎所有治理活动的前提,无论是记录自然人的身份信息还是财产所有权信息、银行账户信息等,都是治理活动得以展开的基础。"信陵君窃符救赵"之类的事件表明,记载关键信息的"虎符"等事物,在信息流通缓慢的古代社会具有重大意义。在现实生活中,信息不对称现象广泛存在,往往成为算法设计、资源分配等重要环节的决定性力量。互联网技术革新了人类世界的信息存储、传输方式,大大缩减了信息传递成本。在文字诞生之前,人类社会的信息存储依赖于口口相传,至多只能以刻石、结草等形式来记录信息,信息的传递也极为缓慢,人类祖先艰苦探索的经验知识往往会迅速湮灭。因此,此时段人类社会演进进程中的试错成本极高,人类进化的速度也十分缓慢。文字诞生之后,人类以竹简、动物皮、草纸等方式来记录信息,信息的存储成本迅速下降,印刷术等技术的推广也使人们之间的信息传递大为便利。资本主义革命以来,两次工业革命带来了火车、汽车、飞机等新的交通工具,使人类能够高效地利用书本等形式将信息传递至世界各地;电报、电话等新型通讯工具,则带来了信息处理模式的革新。计算机和互联网技术的诞生,使人类低成本存储和传输信息成为可能,"摩尔定律"断言芯片的存储能力每隔18个月到24个月就将翻倍。

信息不对称在算法设计上广泛存在,往往以看似中立的代码作为掩护,成为严重影响社会公平的存在。尼古拉·尼葛洛庞帝(Nicholas Negroponte)的

《数字化生存》一书中提出:"计算不再只和计算有关,它决定我们的生存。"①DNA 记载了人的基本生理信息,在整个社会竞争体系中,信息优势决定了竞争的结果。"信息社会的传播活动具有天然倾向性——掌握政治、资本及技术优势的社会行为体,会在信息表达和传递过程中占据有利位置,生成广泛而强大的影响力。"②法国学者西蒙·诺拉(Simon Nora)等 1978 年发表了《社会的信息化》一文,提出了"远程数据处理"的概念,信息和权力的传输渠道由此得到革命性突破。③阿尔温·托夫勒(Alvin Toffler)在《权力的转移》中表达了类似观点。④信息技术的迅猛发展,带来了国家和社会治理结构的重构,以此为基础的现代性转变已经植入人类生产方式和生活方式之中。⑤在日常生活中,以看似中立的算法实施的各种侵权行为广泛存在,且受害者很难取证。典型案例如线上购物平台大量实施的"大数据杀熟",就是在所谓"差异化定价策略""个性化推介"等算法主导下的智能区别对待方法,以所谓智能服务等方式对用户实施差异化定价。此外,还有部分政府机关工作人员滥用职权,非法使用甚至倒卖公民个人信息,严重侵犯公民个人信息权,也侵蚀了国家机关的权威。

信息不对称在资源配置上的影响主要通过资本的形式展开,其中最为严重的影响是权贵资本对资源配置的不当干涉。在接受媒体采访时,埃隆·马斯克深入探讨了金钱的本质。他指出,金钱并非具有固有的力量,其本质实为信息,更准确地说,它是一个资源分配的数据库。从这个角度来看,货币可以被视作一个跨越时空的资源分配数据库。同时,他还比喻整个经济系统如同一个庞大的互联网,其中也存在着诸如带宽限制、时延抖动以及数据丢包等网络通信中

---

① [美]尼古拉·尼葛洛庞帝:《数字化生存:20 周年纪念版》,胡泳、范海燕译,电子工业出版社 2017 年版,第 61 页。
② 韩奇:《观察与反思:数字社会中的互联网权力》,载《中国社会科学报》2021 年第 2238 期。
③ [法]西蒙·诺拉、阿兰·孟克:《社会的信息化》,施以方、迟路译,商务印书馆 1985 年版。
④ "权力正在向信息拥有者手中转移,拥有网络上信息强权的人和国家,旋转着未来世界政治、经济格局的魔方,而未来世界政治的魔方将受控制在拥有信息强权的人手里,他们会使用手中掌握的网络控制权、信息发布权,利用英语这种强大的文化语言优势,达到暴力、金钱无法征服的目的。"[美]阿尔温·托夫勒:《权力的转移》,周敦仁等译,四川人民出版社 1992 年版。
⑤ "现代性以前所未有的方式,将我们抛离了所有类型的社会秩序的轨道,从而形成其生活形态。在外延和内涵两方面,现代性卷入的变革比过往时代的绝大多数变迁特性都更加意义深远。"[英]安东尼·吉登斯:《现代性的后果》,田禾译,译林出版社 2000 年版。

常见的错误和挑战。因此,可以从信息理论视角思考何种系统最有利于经济运行。金钱本身绝非权力,拥有金钱并非意味着拥有权力。身处孤岛时,即便拥有1万亿美元也毫无用途,身处沙漠亦然,金钱在这些场合没有任何意义。在正常情况下,金钱资本作为一种中立性的生产要素参与社会生产活动,与其他类型生产要素之间并无性质上的明显区别,金钱资本成为调动其他生产要素的市场化激励机制。然而,一旦公权力介入到金钱资本的运转环节,就会产生权贵资本的风险,并且阻碍金钱资本作为市场激励机制的运转,导致资源配置的严重失衡。一些经济学家采用寻租经济这一术语来描述权贵资本,权贵资本往往会影响产业政策、金融政策甚至是国计民生,导致正常的经济信号难以发挥作用,成为社会治理的毒瘤。

(二)社会信任难以建立

信任不仅是一种人际关系,更是社会存续和发展的基础设施。人类早期的信任几乎都与"神"密切相关,因信称义历来是宗教的入门之法。《金刚经》在阐述"正信稀有"时断言:"有持戒修福者,於此章句,能生信心。"在西方社会,基于统一教义建立的社会规范体系及其配套的组织系统,推动社会从无序的丛林法则走向文明竞争。当教派成员迁居他处,都会随身携带自己教团的证书,不只可以借此和教友联系,而且可以获致无处不通的信用。成为教派一员意味着人格的伦理资格证明书,特别是商业伦理上的资格证明。[1] 西方国家市场经济的发展壮大,与宗教传统的信任机制密切相关,信贷、保险、股份公司等重要金融设施都是社会信任发达后的产物。马克思研究英国信用制度后提出,信用是一种基于人格信仰的脆弱关系准则。[2] 卢曼深化了人格信任和系统信任理论,他提出,信任实际上是一种简化机制,帮助人在复杂多变的社会环境中进行高效的交往与决策。[3] 佩雷菲特提出了"信任社会"的概念,认为信任社会是创

---

[1] [德]马克斯·韦伯:《新教伦理与资本主义精神》,康乐、简惠美译,广西师范大学出版社2010年版,第195~196页。
[2] 中共中央马克思恩格斯列宁斯大林著作编译局编译:《马克思恩格斯选集》(第4卷),人民出版社2012年,第247页。
[3] [德]尼克拉斯·卢曼:《信任:一个社会复杂性的简化机制》,瞿铁鹏、李强译,上海人民出版社2005年版,第87页。

造经济奇迹、促进经济发展和社会繁荣的基础。[1]

人类社会发展所必需的合作需要以社会信任作为基础,单一权威中心的治理体系已经逐渐成为影响社会信任发育的体制性弊病。古罗马的史学巨著《塔西佗历史》中生动地描绘了一种被称为"塔西佗陷阱"的信任危机现象。这种陷阱是指,一旦君主失去了公众的信任,那么无论其采取的措施是善是恶,都极有可能被视为谎言或坏事,从而引发民众的普遍怨恨。这一理论深刻揭示了信任机制一旦被破坏所带来的负面后果之严重。

对于复式记账法,马克斯·韦伯给予了极高的评价,他将复式记账法视为与传统企业家长制管理模式形成鲜明对比的理性管理的显著特征和典范。韦伯认为,将合理的资本会计制度确立为大工业企业的规范运作,是"当代资本主义得以存在的重要前提"。"复式记账法",这种看似简单的借贷双方各自记录的方式,实际上却有效地解决了大众对银行的信任问题,使银行人逐渐成为一种中心化的社会信任提供者,这种中心化的社会信任建立在复式记账法基础上的信任机制,促使商人逐渐崛起成为社会的中坚力量,并由此发展成为现代资本社会的重要支柱——会计学。而在过去的小型熟人社会中,人们更多的是依赖血缘和地缘关系来建立人格信任,进而进行社会交往和经济互动。

居住空间、血缘关系、信仰、知识带来了人类社会的结构差异,人类社会的不同组成部分之间在日常交往中形成了较为稳固的社会信任关系,社会分工和经济发展得以实现。资产阶级革命打碎了传统的社会信任体系,法律则实现了"从身份到契约"的转变,个人不再必须依靠行会、教会等组织,而是以平等主体身份参与各种类型的社会实践,主权国家背书的身份信息为这些个人参与社会实践活动提供了基础的信任积分。随着资本主义经济的发展和社会分工的复杂化,社会信任不再局限于简单的村镇、城市,而是扩大到全球体系,生产关系得以重构,社会分工更加精密化和广泛化。工业革命拓展了生产和交换体系,强化了社会内部的分工,提升了各个领域的效率和能力。[2] 然而,至关重要

---

[1] [法]阿兰·佩雷菲特:《信任社会:论发展之缘起》,邱海婴译,商务印书馆2005年版,第1~3页。

[2] 于琳、丁社教:《马克思与涂尔干社会分工思想谱系的异同与会通》,载《江西社会科学》2020年第2期。

的社会信任却在当代社会面临着十分严峻的考验。2008年爆发美国次贷危机,雷曼等公司大规模操纵财务报表、会计报告等信息,利用这些假账本和财务报表来获取投资者信任,维持公司过高的估值。事件暴露之后,社会公众对金融企业的信任随之坍塌,而且逐渐向社会和政治层面转移,信任危机在全球肆虐。[1] 在中国,2013年发生的"8·16"光大证券乌龙指事件,也是相关金融机构缺乏相应的风险防控机制导致,对投资者和金融秩序造成了重大危害。此外,在政治领域的社会信任度也普遍出现下降。根据盖洛普民意测验机构的调查结果,自1979年至2017年,美国公民对国会的信任度显著下降,信任者比例从40%降低至12%。同时,对报纸的信任度也从51%降至27%,而对大公司的信任比例则从32%减少到21%。[2]

在数字化、智能化的当代社会,需要更为稳固的社会信任体系作为支撑。然而,单一权威中心的治理体系却无法适应数字化、智能化的需求,无法提供相应的社会信任支撑。互联网的普及使信息传递的边际成本趋近于零,科学技术在互联网的加持下得到更为迅速的传播,人类社会改造自然的能力得到空前提升,传统社会的地域分工在现代知识体系的作用下有逐步瓦解之态势,经济社会的数字化、智能化也需要以此为基础。例如以色列对沙漠地区的改造,就是利用了大量物联网设施,通过数据收集和统计分析等方法,改造了农业生产流程,让传统社会认为绝不可能的沙漠地区农业生产成为可能。以色列将沙漠改造为良田的创举,经历了较多的试错过程,而在人工智能时代,这些试错过程中的很多内容都可以经由人工智能来建模处理,且迭代更新速度更快,从而大幅降低此类活动的成本。人类利用科技来改造自然环境的速度将大大提升,类似于以色列改造自然环境发展农业的科技知识能够更为迅速地传播并转化成为现实的社会生产力。亚当·斯密在《国富论》中揭示的根据自然资源禀赋形成的社会分工局面将受到挑战,其他类似的社会分工格局也将会被迅速打破,但是与之配套的是相应的社会信任体系之建立,尤其是建立可信的信息传输、复

---

[1] [美]保罗·维格纳、迈克尔·凯西:《区块链:赋能万物的事实机器》,凯尔译,中信出版社2018年版,第42页。

[2] Jennifer Hunter Childs, Ryan King & Aleia Clark Fobia, *Confidence in US Federal Statistical Agencies*, Surve Practice, Vol. 8:5, p. 1 – 9(2015).

核体系。在当今社会,信息存储成本和传递成本剧烈下跌,原本具有极强专业化门槛的社会分工体系逐渐被重构,但是相应的信息存储与安全保护体系却依然未能与时俱进。单一中心的社会信任体系,导致黑客、诈骗分子等往往能够利用信息网络中的漏洞侵犯他人权利,也无法有效防控信息收集、存储、传递流程中的相关主体滥用权力。这种数字化、智能化时代社会信任的缺失,也可被称为价值互联网的缺失。只有信息互联而缺少价值互联的网络注定是不完整的,难以承载人类社会发展的需求。

(三)个人注意力遭受侵蚀

在自然经济条件下,人们普遍身处熟人社会中,注意力并不是一种稀缺资源,十分简陋的杂技表演等都能够大量吸引人们的注意力。随着信息媒介的进化,越来越多的商业活动需要抢占人们的注意力。在中国,最为引人注目的是"春晚标王"的竞标,即各企业竞争中国中央电视台举办春节联欢晚会的黄金广告时段(北京时间为 20 时整点或者 24 点倒计时 30 秒),1995 年孔府宴酒成为"春晚标王"后实现销售收入 9.18 亿元,登顶当年国内酒企销量第一。此后,央视广告竞标日趋激烈,并在数字经济发展过程中实现了快速转型。2015 年,腾讯通过创新的"摇一摇"互动形式以及高达 5 亿元的红包福利,在春晚期间成功吸引了亿万观众的参与,互动量惊人地突破了 110 亿次。在随后的除夕至正月初五这六天里,微信红包的收发总量飙升至 32.7 亿次,这一热潮极大地推动了微信支付的用户增长,使其在当年 5 月成功突破了 3 亿用户大关。① 腾讯的成功带动了各互联网企业对人们注意力的劫夺,"算法推荐"等正是其中的重要方式。目前,人们已经很难较长时间离开微信、抖音、微博等网络平台,人的注意力正在遭受海量无效信息甚至有害信息的不断侵蚀。

很多人认为解决个人注意力遭受侵蚀的方法是商业模式的改变和个人消费偏好的转移,即应当对高价值信息进行收费的注意力经济模式,个人应当将注意力转向自己付费的领域。注意力经济模式催生了"财新""得到"等知识付

---

① 《腾讯的红包反击战》,载今日头条"商业周刊"2016 年 2 月 3 日,https://www.toutiao.com/article/6246896145969185282/? upstream_biz = doubao&source = m_redirect。

费企业,但是这种模式目前并未得到广泛认同,绝大多数人的注意力仍然被随处可见的垃圾文字、垃圾视频等无效信息所侵占。早在2014年8月,新浪微博就已经开通优秀内容的用户打赏功能,然而该打赏功能高度依赖明星效益,发展缓慢。2015年,以内容付费App为代表的移动互联产品相继出现并快速发展,开始向注意力经济模式发起挑战,"依靠吸引流量,然后构建一个巨大的生态系统来实现"。2017年10月16日,财新传媒正式宣布,其全平台将逐步转型为全面收费模式。同年,多个具有媒介属性的互联网内容付费产品平台,如得到App、知乎LIVE和喜马拉雅FM等,也实现了迅猛的发展。随着越来越多的用户开始尝试购买付费产品,互联网内容付费产业展现出了惊人的爆发式增长态势。根据《2022—2023年中国知识付费行业研究及消费者行为分析报告》显示,自2015~2022年,中国知识付费市场规模就不断快速增长,2022年总计规模将达1126.5亿元,预计2025年市场规模达2808.8亿元。[①] 然而,与知识付费看似火热的发展态势相比,注意力经济模式仍然占据着绝对优势。而且,知识付费往往包含了部分专业性咨询服务,如在线问诊、在线法律服务等具有较高准入限制的产业。就知识付费等注意力付费商业模式而言,原有的注意力经济仍然具有压倒性优势。

美国学者迈克尔·戈德海伯(Michael H. Goldhaber)在其《注意力购买者》一文中深刻指出,我们身处的时代,信息已经不再是稀缺资源,反而因互联网的快速发展而过剩。在信息极度丰富甚至过剩泛滥的社会中,人们的注意力日渐稀缺。在知识爆炸的后信息社会,注意力资源已经逐渐演变为一种极为珍贵的经济资源,成为财富分配的关键因素。这种现象最直接的体现便是明星、名人效应。同时,专注于经营注意力资源的产业,如媒介、广告、体育和模特等,也实现了迅猛发展,并崛起为高利润的新兴产业群。在这个信息爆炸的时代,有价值的已不再是单纯的信息本身,而是能够吸引并留住注意力的能力。[②] 腾讯、百度、抖音、微博、Googel、Facebook、Twitter等网络平台向个人推送了大量垃圾

---

① 《2022—2023年中国知识付费行业研究及消费者行为分析报告》,载艾媒网2022年6月30日,https://www.iimedia.cn/c400/86348.html。
② [美]赫伯特·西蒙:《认知:人行为背后的思维与智能》,荆其诚、张厚粲译,中国人民大学出版社2020年版,第44~70页。

信息,另外高价值信息的分享传递者也未得到合理报酬,网络平台免费攫取了个人的大量宝贵注意力,并将其变现成为这些平台公司所有的财富。

数字资本主义时代,注意力经济作为一种特定的劳动形式,把"观看"视为一种劳动,通过划分"观看"的必要时间与剩余时间,揭示"观看"作为劳动形式所蕴含的剩余价值;注意力经济作为一种"自由经济"悖论,呈现出个体消费欲望的强化与均质化消费欲望下降之间的内在冲突,表征着个体化的丧失以及个体的无产阶级化过程;注意力经济作为一种生产机制,它促使去领土化与再领土化之间的矛盾加剧,使资本有机构成中的固定资本与可变资本的关系呈现独特意义;注意力经济作为一种权力机制,凸显政治与经济的紧密勾连,为了使注意力经济正常运转,社会机器需要控制与操纵"注意力的凝视",通过这种"凝视"获得更多剩余价值。对注意力经济的历史唯物主义审视与批判,能够促动我们更好地把握马克思的劳动、价值、资本有机构成等范畴,这对深入理解数字时代资本主义榨取剩余价值的新型方式具有重要意义。①

(四)制度性交易成本高昂

在运营过程中,企业必须承担因遵循政府制定的一系列规章制度所产生的制度性交易成本。这些成本包括税费、行政审批费用、融资成本、交易成本以及与政策相关的其他费用。在单一权威中心的社会治理背景下,企业和个人都必须严格执行权威中心所制定的规则,但规则有时过于僵化或者具有滞后性,难以应对当前的治理环境,为此企业和个人就会付出更多的成本。因此,高昂的制度性成本主要表现为三个方面:一是成本高昂导致大量底层社会群体难以享受现代经济服务,有学者研究表明目前全球仍然有数亿人无法享受现代金融服务;②二是大量处于竞争优势的群体掌控了治理体系的权威中心地位,并进一步加剧了社会不平等;三是信息技术的新型应用带来了大量侵害用户信息权的现象。

---

① 马俊峰、崔昕:《注意力经济的内在逻辑及其批判——克劳迪奥·布埃诺〈注意力经济〉研究》,载《南开学报(哲学社会科学版)》2021 年第 3 期。
② [加]亚历克斯·塔普斯科特等:《区块链革命:比特币底层技术如何改变货币、商业和世界》,凯尔、孙铭、周沁园译,中信出版社 2016 年版,第 4 页。

单一权威机构往往意味着决策权的集中,这种集中决策模式会导致决策过程缓慢,因为所有的决策都需要经过权威机构的审查和批准。这种延迟不仅影响了市场的反应速度,也增加了企业和个人在遵循制度规定时所面临的时间成本。此外,单一权威机构下的制度设计和执行往往缺乏足够的灵活性和适应性。由于权威机构需要考虑各种复杂的情况和利益诉求,因此在制定和执行制度时可能过于僵化,难以适应市场的快速变化,这导致企业和个人在遵守制度时可能需要付出更多的额外成本,以应对不符合实际情况的规定。

正是单一权威机构下进行社会活动的交易性成本高昂,越发加重了社会不平等化,本就缺乏信息获取能力和财富数量匮乏的人更因社会活动交易性成本的高昂无法参与其中,无法享受金融服务,使其参与社会活动的权利受到了限制。

金融服务主要包括储蓄、贷款、转账、支付结算等银行服务,帮助个人和企业分散风险,减轻潜在损失的保险服务、金融产品投资与交易的投资服务等。其中最基础的就是开设银行账户进行存款的服务,但是目前世界上有些地区存在金融服务覆盖不足的问题,导致一些贫困地区的居民难以获得银行账户,没有银行账户给个人带来不便,无法享受电子支付、在线购物等便利服务,也无法利用金融服务进行储蓄、投资或贷款。

区块链技术实现了点对点(P2P)的交易,无须将传统金融机构作为中介,从而消除了中间环节,降低了金融交易的成本。通过区块链,人们可以直接进行跨境支付,避免了传统金融机构的烦琐手续和高额手续费,金融服务更加高效和经济。同时也意味着金融服务可以更加广泛地覆盖到社会的各个角落,无论人们身处何地,都能享受到便捷的金融服务。这种去中心化的结构也有助于减少金融服务的垄断现象,提高金融市场的竞争性和公平性。分布式治理使金融服务更加普惠和可及,为更多人提供了便捷、经济的金融服务体验,从源头上解决了制度性交易成本高昂的问题。

(五)个人信息遭受非法侵害

经济社会的数字化转型过程中,用户信息权遭受非法侵害似乎已经成为其享受智能设备和信息网络服务所必须耗费的成本。互联网推动了经济繁荣和生活便利，但是也带来了隐私泄露和垃圾信息泛滥的问题。

基于单一权威中心的治理体系，对于这些问题主要采取事前的行政管制和事后的法律救济，但是这两种方法对于治理用户信息权遭受非法侵害问题收效甚微。2014年年底，雅虎网站5亿用户数据泄露。2016年1月18日，《华尔街日报》报道指出，全球范围内约50个国家的凯悦酒店集团中，有250间酒店发生了支付卡数据等信息泄露事件。2016年11月14日，Friend Finder Network这一成人约会与娱乐巨头遭遇了前所未有的大规模数据泄露事件，涉及高达4.12亿人的账号信息被泄露。2017年4月，洲际酒店集团泄露的数据超过了1000家酒店，可能泄露的数据类型包括持卡人姓名，信用卡号，截止日期，内部验证码。2018年11月30日，陌陌网站超过3000万条信息（手机号、密码等）被泄露，并被以50美元价格公开售卖，已有数人购买。2019年11月，谷歌云12亿用户的个人信息数据（社交媒体账户、电子邮件地址和电话号码）被泄露。2022年，上海某单位疑似发生高达4850万人的个人信息泄露事件①，个人姓名、生日、地址、身份证号码和身份证照片都涵盖其中。

单一权威中心治理模式通常依赖于集中化的管理和决策机制。然而，在数字化的时代，个人信息泄露的风险来源多样化，可能来自网络攻击、内部泄露、数据共享等多个方面，单一权威中心往往难以全面覆盖和应对这些风险，导致个人信息泄露事件频发。另外，单一权威中心治理模式存在信息不对称的问题。单一权威中心治理下，处于中心地位的机构或个人往往掌握着大量的数据资源和决策权，而数据提供者、数据使用者等则可能处于信息劣势地位。权威中心可能出于自身利益考虑，不完全公开或选择性公开关键信息，形成了信息的垄断，导致其他相关方难以了解数据的真实情况和潜在风险。这种信息不对称不仅可能引发决策失误和监管漏洞，还可能为侵犯个人信息埋下隐患。由于权威中心对数据的垄断和控制，其他相关方难以对其进行有效的监督，增加了个人信息被侵害的风险。大量且持续不断的用户信息泄露事件表明当前相关法律规范对用户信息保护并未起到有效的作用。

---

① 《4850万人上海随申码泄露？官方回应》，载长江云新闻2022年8月12日，https://m.hbtv.com.cn/p/2253302.html?hidemenu=true。

互联网各平台利用算法技术为用户推送各种信息，只要用户检索过一次的内容，都会被算法技术所记住，以此来促进消费。这不仅会导致算法推荐下的过度消费现象，还会使互联网用户陷入一种"信息茧房"的状态，即他们关注的信息领域往往会被自己的兴趣所主导，这种现象会限制他们的视野，使他们的生活变得局限和单一，即使不是真正感兴趣的东西但受到垃圾信息不断推送的影响，也会深陷其中，严重限制了用户了解其他领域的有效信息，造成垃圾信息的泛滥。

二、分布式治理的价值追求

分布式治理模式的出现，正是为了应对传统单边权威治理模式无法解决的问题。经由区块链技术重塑的金融服务、个人信息保护、商业模式和物联网，充分发挥了分布式治理的各种优势，如促进信息自由、提升社会信任、强化注意力保护、降低制度性交易成本等。这些显著优势都是分布式治理所欲实现的价值目标。

（一）促进信息平等共享

区块链技术搭建起各个领域的信息共享平台，分布式账本下各个节点都可以记录并查看相关的信息，避免了用钱或权能够肆意获取甚至篡改信息的信息不平等现象，有效规避权威治理中心信息垄断、权贵资本扭曲信息等。

防止权威治理中心的信息垄断。基于区块链分布式治理的去中心化特性，数据管理和决策权分散到多个节点或参与者手中，避免了单一权威中心对信息的垄断。这种分散化的结构使信息不再集中在一个中心化的机构或实体中，而是分布在多个节点上。由此，每个节点都可以独立地处理、存储和验证信息，从而降低了信息被单一权威中心控制的风险。分布式治理还促进了信息共享和透明性。由于信息不再被单一权威中心所控制，参与者可以更容易地获取和验证所需的信息。这种信息共享和透明性有助于减少信息不对称的问题，无论社会地位高低或者财富多少，都能够基于准确和全面的信息进行决策和行动。比如，分布式治理下的政府信息不再依赖于中心化的机构进行管理和发布，采用共识算法技术，公民可以通过区块链网络中任一可信节点对数据记录的真实性进行验证，从而检验行政主体公布的信息是否准确或全面，有效避免行政机关在信息发布时选择性披露或隐瞒关键信息，①从而有效防止政府基于权威中心地位的信息垄断现象，使政府数据得到真正的平等共享。

减少权贵资本扭曲信息。如今，许多传统医学软件系统主要依赖中心化存储方法来存储病历资料，即将电子病历数据保存在数据库中，这种中心化存储方式不仅导致病历数据信息共享困难，还存在权贵资本任意伪造篡改的风险。基于区块链技术的医疗信息共享平台可以使个人医疗记录保存在区块链各网络节点上，实现原先分散在各医疗机构的数据的共享。② 不仅提高了各医院协作的效率，为患者就医提供了便利，更能防止在器官移植这种需排队等待的治疗过程中"插队"现象的发生，防止钱权交易任意篡改患者个人信息，导致患者失去本来属于自己的救助机会。电影《误杀2》中，医疗行政主管部门就随意更改心脏移植记录以掩人耳目，将未进行心脏移植的患者信息更改为已移植成功，在不知不觉中扭曲了事情的真相，弱势群体因此得不到救助而丧失生命。

除此之外，经营者与消费者之间长期存在着信息偏差，导致消费者在市场交易中总是处于弱势地位。消费者往往只能根据经营者的"一面之词"来进行辨别，而并没有一个客观公正的第三方去给消费者提供相关商品信息。在这种情况下，经营者与消费者在对商品信息的获取上存在着不平等的现象，处于弱势地位的消费者的知情权难以得到保护。区块链技术可以对商品质量进行追溯，在任一流通节点出现的质量问题，都能够直接追踪到相关模块与责任主体，是高效的质量控制方式。各环节信息公开，消费者可以查看想要购买产品的生产环节，与生产者或者经营者享有同等的商品信息，消费者的知情权得到强有力的保障。③

万物账本用以深度拓展智能物联网体系。万物账本是区块链和物联网结

---

① 范佳兴：《区块链助力政府信息公开制度的完善——以"互联网+"和大数据时代为背景》，载《吉林省教育学院学报》2020年第4期。

② 夏维浩、赵振江、曹佳璐等：《基于区块链的医疗信息共享平台》，载《山西电子技术》2024年第1期。

③ 李阳霄：《基于区块链的区域农产品公用品牌构建模式研究》，载《现代农业研究》2020年第7期。

合的创新概念,其核心思想是将物联网中所有设备、传感器、系统等的交易、事件和数据流动都记录在一个去中心化、安全可靠的分布式账本上。万物账本不依赖于任何中心化的机构或服务器,而是由网络中的各节点共同维护,增强了系统的鲁棒性和可扩展性;通过区块链的链式存储结构,可以追踪数据的来源和流动路径,对于供应链、物流等领域尤为重要;区块链技术的加密算法和共识机制,能够确保账本数据的安全性和完整性,防止数据被篡改或伪造。

在分布式电力资源分配上的应用。现实生活中存在电力需求较少而光伏发电量较高的时段,电网正在产生电力过剩的现象。比如,小明家每日可利用太阳能电池板发电100度,但是除了供自己家庭使用外,无法出售获利,或者仅仅能够以0.2元/度的价格销售给电力公司。而邻居则需要以0.52元/度的价格向电力公司买电。如果利用分布式能源系统,可以提高能源利用效率,减少能源在传输和分配过程中的损失。上述例子中小明和其邻居之间就可以实现点对点的电力交易,小明家的电力不会浪费而且双方都可以以更为优惠的价格进行电力的买卖活动。纽约州布鲁克林社区的"微电网"将可再生能源与区块链技术的核心技术进行有效融合,为当地民众和企业带来了可持续、高效、安全的能源新形式。该"微电网"还采用了区块链技术来实现能源交易的透明化和去中心化。通过智能仪表等设备,家庭和企业可以追踪记录自己的电量使用情况,与其他用户进行点对点的电力交易。点对点电力交易是指发电侧和用电侧之间的可相互识别的交易及其衍生交易,[1]发电侧和用电侧的电力数据会附加上信息标签,并将其以相互链接的形式分配。[2] 这种交易方式不仅降低了交易成本,还提高了能源分配的灵活性,使能源更加公平地分配给每个用户。在必要情况下,社区的清洁、可再生电力资源能够实现分布式存储和点对点的交易。

推广智能物联网需要解决几大关键问题,物的身份识别、物的状态的长期追踪、物的使用费用支付等,区块链技术的应用为解决这些问题提供了可靠技术方案。

---

[1] 王再闯、陈来军、李笑竹等:《基于合作博弈的产销者社区分布式光伏与共享储能容量优化》,载《电工技术学报》2022年第23期。

[2] 杨洪明、阳泽峰、漆敏等:《双链式区块链架构设计及其点对点交易优化决策实现》,载《电力系统自动化》2021年第9期。

物的身份识别。由于物联网涉及大量的设备和传感器,每个设备都需要一个独特且可验证的身份,以确保数据的完整性、安全性和隐私性。传统的比如使用 MAC 地址进行身份识别的方法虽然简单,但容易被伪造或篡改。此外,基于口令或密钥的身份验证方法可能会不适用于资源受限的物联网设备,且存在密钥泄露的风险。区块链技术为物联网中的身份识别提供了创新性的解决方案,每个物联网设备均可拥有独一无二的数字身份,以这个数字身份在区块链上进行活动并留下相关记录,这些记录包含了设备的身份信息、权限和交互历史等,可以被所有参与方共同验证和维护。

物的状态的长期追踪。物的状态的长期追踪是确保资产安全、优化运营和提高效率的关键环节。这种追踪不仅限于简单的位置追踪,还涉及物体的各种状态参数,如温度、湿度、压力、振动等。区块链分布式数据库的形式和不可篡改的数据记录方式以及数据的可追溯性,可以更好地实现对物的状态的长期追踪。区块链采用密码学算法确保数据的安全性,任何节点想对数据进行修改都会被网络中的其他节点迅速识别,从而使物联网中物的状态数据可以被长期、安全地保存在区块链上,供随时查询和追溯。

物的使用费用支付。智能合约解决了物的使用费用付费问题,通过智能合约功能能够推动物联网设备间实现自动化交易与价值互换,进而提升物联网系统的运作效率与应变能力。传统的支付过程中,涉及银行、支付机构等多个环节,每个环节都需要支付相应的手续费,导致支付成本较高。而区块链技术直接进行点对点交易,中间环节的去除可以大幅降低支付成本。同时,智能合约机制还能实现即时结算,进一步提高支付效率。

减少黑客恶意攻击及网络安全漏洞。区块链中的非对称加密和分布式存储等技术大幅度降低了黑客攻击风险和网络安全漏洞风险。在区块链中,每个参与者都拥有独特的公钥和私钥,公钥用于加密信息和验证数字签名,而私钥则用于解密信息和生成数字签名。这种加密方式确保了数据的完整性和真实性,因为只有持有私钥的个体才能解密和修改相关信息。这种特性使黑客难以伪造或篡改数据,因为他们没有私钥来生成有效的数字签名。在分布式存储的架构下,区块链是由多个节点共同协作维护的,每个节点都能掌握区块链的完整副本。这种具有去中心化特性的存储机制有效避免了单点故障的风险,数据的安全性和可靠性得到显著提升。即使部分节点受到攻击或出现故障,其他节点仍然可以保持正常运行,确保数据的完整性和可用性。此外,通过共识机制,如工作量证明(POW)或权益证明(POS),各节点能够共同验证新添加的数据块,进一步增强了数据的安全性。区块链技术以极低的成本实现了对物的身份识别和长期追踪。

利用区块链技术重构气象网络。借助区块链技术的高度自治性和数据安全性,我们可以将装备运维的各方及智能化观测设备整合至统一的区块链网络中。一旦装备发生故障,所有相关方均能即时接收通知,并实时记录维护流程,保障信息的一致性并杜绝篡改的可能性。这种方式相比传统的串行业务流程,不仅显著提高了响应速度,还大幅降低了管理成本。在气象预警信息发布领域,区块链技术的防篡改、可追溯和安全可靠等特性,能够有效解决当前气象预警信息发布过程中存在的诸多问题,提高了预警信息的及时性和准确性。每个负责监测和收集气象信息的智能设备都能作为区块链网络中的有效节点,它们可以基于数据分享获得相应的报酬,这一机制进一步提升了信息分享的积极性,降低了信息重复的可能性。

(二)建立去中心化的社会信任系统

当代社会学信任研究是由德国社会学家、哲学家格奥尔格·齐美尔(Georg Simmel,1858~1918)所开启的,他认为随着传统到现代的转变,信任类型也发生了相应的转变,即从基于关系的人格信任转到基于货币的系统信任。[1] "人类社会的发展经历了从基于人际关系的人格信任,到基于普遍主义的抽象的系统信任。"[2] "人际信任是人际交往的一方在'或合作或竞争'的不确定条件下,预期另一方对自己作出合作行为的心理期待",这是从心理学研究角度对人际信任的解读。[3] 人类历史上账本技术的首创者可追溯至公元前

---

[1] Simmel G., *The philosophy of Money*, London: Rountledge, 1978, p.22.
[2] 郝国强:《从人格信任到算法信任:区块链技术与社会信用体系建设研究》,载《南宁师范大学学报(哲学社会科学版)》2020年第1期。
[3] 张建新、张妙清、梁觉:《殊化信任与泛化信任在人际信任行为路径模型中的作用》,载《心理学报》2000年第3期。

3000年的古美索不达米亚。当时,古美索不达米亚人留下了丰富的泥板文献,其中绝大多数是账本形式,详尽地记载了税收、付款、私人财产及工人薪资等多种类型的信息。这种账本的普及与首批大规模文明的崛起紧密相连,共同构成了人类历史的重要篇章。① 纵观人类历史上的社会信任系统,大多高度依赖于单一节点的账本或者权威中介,而这些单一节点和权威中介大多难以善始善终,最终从以大众服务为主向沦为以满足节点实际控制人私利为主。区块链技术提供了去中心化的社会信任系统,其集中展现在金融领域的应用。

价值验证。运用区块链技术建立可供验证的稳健身份,通过加密算法保证安全。区块链技术提供新的隐私模型,对我们的银行账户进行算法加密,保障账户的安全,其安全性的保障是超过传统的银行的;数字人民币对从事国际贸易的结算有重大意义。在传统模式下,倘若发生国际争端,货币系统被美元控制,那么在参与国际贸易的结算过程中是存在很多困难的,如果以美国为首的几个国家对我国企业实施制裁,在不执行的情况下完全可以通过结算系统随意扣划我国资金;但是通过数字人民币进行交易,该种制裁控制是无法实施的,无计可施。

价值转移——资产出售与购买。大小金额的价值转移都可以摆脱中介机构,从而降低成本,提高效率。比特币白皮书上所提到的几个问题,比如小额交易,世界上有数亿人是没有银行账户的,传统的金融机构认为给这类人开设银行账户是无利可图的,反而是亏本的。但是开设一个数字货币账户成本接近于零,能够为这类人提供某些服务。另外,比特币白皮书中还提到一些不可逆的交易,通过数字货币进行交易就可以有效防止白嫖行为。

价值存储。货币、商品所有权、金融资产都可以登记在区块链上,可无限细分并随时交割。国际贸易有标准化的交易方式,一般是见仓单、提货单等就可以交付货物,但多数情况下货和提单是分离的。而且提货单可以用作质押,因此仓单、提货单等交付货物的凭证是极其容易伪造的。但是将这些权利或价值凭证等资产登记在区块链上,伪造或者转移是随时可以发现的,唯一例外情形

---

① Garbutt D., *The Significance of Ancient Mesopotamia in Accouting History*, Accounting Historians Journal, Vol. 11:1, p. 83-101(1984).

就是如果登记在区块链上的资产在真实的物理世界中被偷被抢或者被销毁,这样暂时可能无法发现,但是给这些资产投保的话,也是可以得到赔偿的。并且这种方式可以随时交割,这可能是对股市的一种降维打击。

债务融资。消费者或创业者都可以在区块链上发行、交易和结算债务,高效率地获得所需资金。在供应链金融中的应用,比如甲欠乙10万元,甲就可以将其债权打包进行质押用于贷款,这是一种企业常见的获得现金的方式,但是在这个过程中,合同很容易伪造,存在大量的骗局,而审查成本又较高,区块链技术可以解决此问题。假如甲与乙之间的借款通过银行转账方式进行,就会形成银行转账记录,可以将该交易明细打印出来作为凭证,但是这个凭证容易被造假;若通过区块链进行数字货币交易,转账记录可以在链上查阅到,企业是对公账户,不可能有太多的数字钱包地址,其中一两个主要的地址都是可以通过区块链进行查阅的,能够在一定程度上防止造假。

价值交换。区块链技术把交易、估价、清算、结算和保管等多个环节融为一体,将原本需要几天、几周的时间压缩为几秒。传统银行进行业务服务通常要经过以上多个环节,存在效率低下的问题。运用区块链技术,消除中介机构,价值转移能够直接在点对点的个人之间开展,在降低传统交易方式中中介费用的同时提高了交易效率。中国人民银行自2014年起便深入探索数字货币(DCEP)电子支付的研发工作。2017年春节前夕,央行在系统内部平台上成功对数字票据交易进行了测试,为后续研发奠定了坚实基础。截至2019年11月28日,DCEP的顶层设计、标准制定、功能研发及联调测试等核心任务已圆满完成。关于对DCEP的未来展望,央行会将重心放在对试点地区、场景及服务范围的选择上,防止做无用功,争取保证每一步都稳打稳扎,力求稳妥推进数字化形态法定货币的应用。截至2024年9月,有6个国家央行已发行数字货币,厄瓜多尔、乌拉圭的央行数字货币已经宣告失败;突尼斯、塞内加尔、马绍尔群岛、委内瑞拉等国已发行央行数字货币。[①] 根据国际清算银行的调查数据,2022年参与调查的81家中央银行中高达90%的比例正在开展数字货币研究,高达

---

① Central Bank Digital Currencies(CBDCs):A New Era of Digital Money(Feb. 27,2025),https://www.analyticsinsight.net/finance/central-bank-digital-currencies-cbdcs-a-new-era-of-digital-money.

62%的央行正在进行实验论证工作,2024年参与调查的86家央行中已有94%参与了央行数字货币(CBDC)研究和发行相关工作。① 正积极推进"电子克朗"(e-krona)的测试工作,而日本财政部、金融服务厅及日本央行亦联手开展央行数字货币研究。与此同时,欧洲央行则通过设立专门的央行数字货币专门委员会,致力于研发保护用户隐私的CBDC支付系统,并成功发布了基于R3 Corda平台的分布式账本"EURO chain"。这些举措彰显了各国和地区央行在数字货币领域的积极探索与高效实践,避免了重复性工作,共同推动了数字货币的发展进程。尽管现在大部分国家和地区都在研究法定数字货币,但笔者认为成功的概率很小,因为主权国家权力不受制约,整体上是中心化的模式。比如某国家发行法定的数字货币,如果资金不足,就会超发货币,即便是当届的领导人不想超发,承担债务,但是难以保证下一届领导人不愿意承认以前的债务,甚至可能重新发行一种数字货币,完全可能颠覆原有的数字货币系统。在这种情况下,存在着这种风险与危机,因此法定的数字货币具有天然的缺陷。

融资——资本增值、分红、利息、租金或其他组合投资收益。真正实现点对点融资,创新企业行为记录模式,优化投后管理,设置自动索取分红、租金和其他应得收益的智能合约。ICO模式融资,最开始投的是以太坊,公链搭建起来之后会发送币,比如甲要进行融资,可以融资以太坊,比如其他五个人每人给甲投了一个以太坊(价值2万元左右),甲的区块链上线之后,甲就给予投资的五个人相应的奖励。该模式具有一定的优势,几乎没有其他的成本,举证也很容易,在2018年发布实施的最高人民法院《关于互联网法院审理案件若干问题的规定》中特别提到了区块链证明的真伪问题,认可了区块链证据的效力,因为通过区块链进行转账交易,地址都可以看到。再者,根据智能合约的设定会自动执行约定的内容。同样的应用还有NFT,注册NFT进行售卖的话,可以设置智能合约,售卖出去之后,可获得10%的抽成,类似于美国的版权计划。

保险与风险管理。通过区块链记录相关主体的行为轨迹,保险公司和投资

---

① 俞懿春、邹松、郑彬、毕梦瀛:《全球央行数字货币发展提速》,载《人民日报》2022年7月29日,第17版。Daily Hodl, 94% of Central Banks Are Exploring CBDCs, According to New Bank for International Settlements Survey, Daily Hodl, https://dailyhodl.com/2024/06/15/94-of-central-banks-are-exploring-cbdcs-according-to-new-bank-for-international-settlements-survey/.

人能够更好地评估风险,创建去中心化的保险市场,并生成更为透明的金融衍生品。学生的活力为市场提供价值,比如活跃于某一平台、参与评论等都是行动轨迹,让世界变得丰富多彩,而不是投入钱财。有思想的人就提供思想,这也是我们参与区块链建构的一种思路,让该生态系统更加繁荣,这是我们参与建设的价值所在。这种构想通过数字货币能够提供变现的渠道,比如某人活跃于某一网络平台,提供了一些建设性想法或意见,该行为就可以被记录成为数据,大量的数据是被平台所收集的。但是倘若有新的商业模式,把某人浏览某一平台的时长、评论内容等活跃度的贡献,自动分发相应的数字货币作为激励,比如世界币,每个人都可以通过虹膜认证领取。浏览有价值的内容就奖励一定的数字货币,此时个人数据或者奖励可能成为投资人或者保险公司评估个人的标准。金融衍生品,期货投资的应用是一个联合博弈的问题,在部分情形下涉及纯粹随机性的概率选择,这种选择与博彩类游戏有一定相似之处,可能被人所操控,在看似公平的表象之下,实则极度不公,损害社会信任。区块链技术中的非对称加密算法,能够有效解决这一问题。常规情形下,某甲发行彩票,无论该过程看起来如何公正,但依然可能被怀疑为操纵;同样,某甲事先指定一个数字,令某乙猜测奇数还是偶数,同样也面临该数字被调包等怀疑。区块链技术提供的信任机制能够有效解决这一问题。类似于本书第一章中所列举的 SHA-256 算法案例,某甲给定数值 E 和从 A 至 E 的运算公式,令某乙判断 A 属于奇数还是偶数。某乙判断之后,很容易验证某甲是否调换,其原因在于 A 值的调换必然导致最终的运算结果 E 的差异,即可以很容易得根据 A 的值运算得出 E 的值,但很难根据已知的 E 值和运算公式来反推出 A。

价值核算与审计。分布式账本技术将极大提升实时审计与财务报告的效能,通过加快反馈速度和提高透明度,显著改善监管部门对企业和政府内部财务行为的审查效率。目前,税务系统已经在应用了,提高了工作效率。深圳市税务局加快"区块链+税收"的应用进程,推出了区块链资产平台。该平台通过区块链技术实现税务数据的去中心化存储和传输,提高了税务数据的安全性和透明度。此外,支付宝系统也在运用区块链技术,蚂蚁金服区块链携手华信永道共同推出了"联合失信惩戒及缴存证明云平台",此举旨在通过支付宝的技术支持,推动公积金行业信息的有效使用,服务于多样化的业务场景,为公众提供更加便捷、高效的公积金服务体验。①

（三）注意力保护

分布式存储——减少数据存储进程中的数据泄露。传统的数据存储方式往往会存在一些安全隐患而导致数据泄露,比如,数据在传输过程中被篡改或者数据存储的服务器被黑客攻击等。信息在借助区块链技术的个人信息存储和利用机制下,得以实现分布式的存储形式,不仅可以有效降低原来权威中心存储形式的信息泄露风险,同时基于区块链上的智能合约来对信息进行高效精准的利用。区块链技术将数据存储在不同的节点上,主要是基于其去中心化分布式存储和去中心化的身份验证机制,通过非对称加密的方式保障数据的安全性和完整性,防止数据被未经授权的第三方访问,为个人数据提供更安全的存储和传输方式。例如,就医、乘坐飞机火车、注册社交账号、注册银行账号等,利用智能合约控制个人信息的合理运用,防止网络应用平台攫取不必要的个人信息。再如,对于医疗数据的存储,现有的形式是基于云服务器进行数据存储,但云服务器自身体系结构的局限性,如单点故障和第三方的信任问题,导致不可信存储和数据泄露问题,②不能完全保证数据的隐私性和秘密性。基于区块链的分布式存储技术,对身份信息采用哈希算法实现隐私保护,采取群签名算法标记医院签名信息,创建一条医疗数据安全存储、高效传输的联盟链,确保医疗数据的隐私安全。③

数据自治与个性化授权。如就医过程,只需要授权病情信息,而不需要姓名、工作单位、家庭住址等信息;登机、乘坐火车,仅需要证明身份与票证一致,无须了解信息的具体内容,基于区块链的不可篡改性实现有效识别。区块链技术任意节点之间的权利义务实现对等统一,数据高度自治。系统中的数据块由全球范围内的所有节点共同维护,并通过这些节点进行验证,从而确保信息的

---

① 《支付宝切入新场景,首创公积金黑名单及缴存证明》,载观察者网,https://www.guancha.cn/ChanJing/2018_10_17_475802.shtml。

② 苗美霞、李佳薇、王赞玲等:《隐私保护的高效可验证数据流协议》,载《密码学报》2022年第6期。

③ 高改梅、史旭等:《一种基于区块链的医疗数据隐私保护方法》,载《计算机应用研究》2024年第5期。

真实性和完整性,防止伪造和篡改。这一技术使参与方和中心系统能够按照公开、透明的算法和规则,自动形成协商一致的机制,无须第三方介入即可完成交易。因此,个人数据不再需要在第三方平台上留下痕迹,也不会被非法搜集,每个人都能充分掌握和控制自己的数据,避免了重复性的数据管理和安全隐患。腾讯、百度、抖音、微博、Googel、Facebook、X(原 Twitter)等网络平台向个人推送了大量垃圾信息,另外高价值信息的分享传递者也未得到合理报酬,网络平台免费攫取了个人的大量宝贵注意力,并将其变现成为这些平台公司所有的财富。

一方面,我们可以借助基于区块链技术的数字货币和智能合约机制,对那些积极传播高价值信息的用户进行奖励。这些用户通过选择观看更多广告、浏览更多页面、积极分享内容、进行评论互动、提供个人信息或为内容方补充相关信息等方式,为内容提供方带来了更大的利益。因此,他们将会获得相应的优惠,甚至直接的奖励,从而进一步激励他们继续参与并推动信息的传播。另一方面,通过智能合约建立垃圾信息制造者的反向付费机制,来减少垃圾信息。即,主动向他人推广信息者发送的信息一旦被信息接收者确认为垃圾信息,就需要向接受者付费(极小数额的数字货币,但是该数额因传播幅度扩大而剧增)。

(四)降低制度性交易成本

单边权威中心治理的重要缺陷是容易陷入形式主义、官僚主义,从而大幅增加交易成本,而且这些交易成本往往由社会弱势群体来承担。制度性成本也被称为制度性交易成本,是制度经济学领域中的一个重要概念。企业在贯彻各类公共制度、政策或规则的过程中产生的成本,企业在国家宏观调控制度、税费制度、产权制度等其他服务性制度下所产生的不属于生产过程本身的一切支出,都是制度性交易成本。[1]"对于企业而言,面对制度成本是无能为力的,只有少数微观主体可以通过自身的成本消化能力而可以主动化解。"[2]

---

[1] 吴子熙:《中国制度性交易成本降低的路径研究》,载《云南社会科学》2019 年第 3 期。
[2] 金辉:《刘尚希:通过改革降低制度性成本》,载《经济参考报》2018 年 7 月 25 日,第 5 版。

在传统企业治理结构中,权力通常从股东会流向董事会,再流向高级管理层,形成一个垂直的金字塔似的权力结构,这种金字塔结构存在着效率低下的问题,既然如此,企业为何还会存在呢?亚当·斯密在《国富论》中指出,世界经济的发展主要是因为每个人需要自利而进行生产。人们为了获得报酬,各自在擅长的领域进行生产,将自己生产出的物品与他人生产出的物品进行交换。通过这种比较优势,各类型产业形成了分工,平均效率得到了提升。但是亚当·斯密的观点存在的问题是,他未注意到企业的存在,按照他的想法来说,企业是无须存在的,但为何还要有企业存在呢?科斯在《企业的性质》中谈道:企业之所以存在,是因为通过企业来组织各种生产要素进行生产的效率高于市场的自由组织,即企业内部的交易成本小于市场上的交易成本。交易成本是相对于生产成本的一个经济学概念,囊括了各主体在建立交易或合作关系时所产生的费用。具体来说,主要包括搜寻成本(用于发现合适的交易对象)、信息成本(用于交流必要信息)、议价成本、决策成本、监督成本以及违约成本等六个关键方面。[①] 举例来说,如果某个人擅长于种粮食,粮食对于他来说是自给自足的,但是倘若他要去买其他的物品,那么他需要耗费时间去找到卖家,还要进行磋商谈判,这个过程中耗费了大量的交易成本,正是因为有大量的交易成本存在所以才存在企业。企业规模变大之后,其成本也会变高,因为企业的存在也是需要成本的,市场有成本,企业也有成本。企业规模变大后腐败就会增多,在前些年,腾讯、阿里等大企业进行了严厉打击腐败的活动。当企业的组织生产成本和市场的组织生产成本差不多的时候,企业的规模就会固定。新兴的行业规模之所以大,是因为其增值的速度快,空间大,其企业成本相对于市场成本小得多,一旦规模大到一定的程度,增值的效率难以覆盖成本时,其规模就会固定下来。

区块链技术能够通过重塑商业模式来降低企业成本。区块链技术能够推动现实世界的各种生产要素、生活要素向互联网映射,从而大幅度降低各种生产要素的市场组合成本,使传统的官僚式的科层制企业无法存续。

---

① Ronald H. Coase, *The Nature of the Firm*, Economica, p. 386–405(1937);[美]奥利弗·E.威廉姆森:《资本主义的经济制度》,商务印书馆2002年版,第33~38、539~540页。

从融资、人力资源、产品生产、产品交易这些环节来对比出两种商业模式之间的差异(见表1)。从融资环节来看,传统的商业模式是通过股权借贷等方式进行融资,成本很高;通过ICO进行融资,成本更低,而且更加安全。从人力资源环节来看,传统的方式主要是通过市场招聘,支付社会保险等;但是区块链商业模式主要是通过外包的形式,外包的成本比较低,而且可以通过智能合约,能够较快地执行。传统模式下,签订一个劳动合同,可能需要的时间比较长,需要掌握大量员工的资料;而更多地用劳务外包的形式,将应聘者的教育经历、工作经历等信息登记在区块链上的话,企业就能够发现应聘者的学历证书和经历是否伪造,对应聘者所提供信息的真实性加以核验,以及通过其他链上信息综合判断应聘者能否胜任该职务。从产品生产环节说,传统的产品生产注重企业直接做出管理,采用科层制模式。如现在兴起的定做衣服行业,该行业成本较低,但需要更多的个人数据,通过区块链加密形式更加安全,如果将数据直接发送给厂家,数据是极其容易泄露的,因此通过区块链技术来发展定做衣服行业不失为一种可行的商业模式。在产品交易环节,智能合约技术能够应用其中,可以大大提高执行效率,这过程中存在的问题就是签订合同的主体不明确,但笔者认为这一问题从立法层面是可以解决的。

表1 传统商业模式与区块链商业模式主要环节比较

商业模式	融资	人力资源	产品生产	产品交易
传统商业模式	借贷、股权融资(基于信任关系、需要复杂的财务、法律服务作为辅助手段)	市场招聘(搜寻合适员工,签署劳动合同,监督合同执行)	企业直接组织管理(多层级管理、原材料库存)	订立合同并执行(法律服务等合同执行成本)
区块链商业模式	众筹(投资人主要将区块链上的历史交易信息作为评估方法)	劳务购买(以生产成品作为劳务交易的唯一依据,排除其他风险)	市场外包	智能合约

去中心化应用能够以更高的效率、创新和响应能力融合到商业体系中,深度拓展企业外包服务,实现去中心化的创新和价值创造模式。现实中,复杂商业模式往往意味着对个人实践技能需求的增加,也就越难以运用智能化操作方式来实现指数级增长。即智能化、复杂化程度事实上难以兼容,传统企业智能

化程度高的话必然复杂程度低,因为商业模式复杂之后,程序化设置上满足不了相应的要求。区块链技术的去中心化账本能够创建、确认、转移各种不同类型的资产及合约,包括股票、私募股权、众筹、债券和其他类型的金融衍生品在内的金融交易几乎都可以通过区块链技术进行交易活动。① 在区块链的语境下,智能合约是记录在区块链上的脚本,这些脚本不仅作为执行合约条款的计算交易协议,而且具备自动执行、代码可读等显著特性。②

在现实生活中,作为权利义务凭证的合同签署已成为社会活动不可或缺的一环。传统的纸质合约签订需要各方在物理空间内聚集,但智能合约的多重签名技术允许各方在任何地点、任何时间进行签名,大大提高了经济活动的效率。比如,房屋租赁合同的签订,通常房东都是因为身在外地而将自己本地的房屋出租出去,按照传统的租赁合同签订模式,远在外地的房东为了签约还得特地回到本地,这过程中产生了巨大的交易成本。智能合约技术提高了租赁合同签订的效率,租赁双方在明确租赁合同的各项条款之后将其转化为数字化形式,基于区块链平台构建智能合约,并设定好自动执行的规则,待租赁双方进行签名后,再将智能合约部署到区块链上,符合条件时将自动执行。这样的一系列操作通过互联网就可以完成,无须将双方聚集在同一地点。后续的合约履行步骤也得到了简化,房东每月为房屋生成一次开锁密钥,当租户把每月的租金打到房东账户后,系统通过智能合约自动把开锁密钥发给租户即可。

此外,有序多重签名在特定合约中必不可少,它要求签名者按照既定的顺序依次完成签名流程。以公司场景为例,上级的签名通常依赖于下属的先行签署。由于商业合同具备显著的商业价值及严格的时效性,签名过程中每位签名者都必须精确控制签名时间。然而,传统的有序多重签名方式涉及签名者之间的连续传递,一旦某个签名者延误签名,整个合同处理流程可能遭受严重干扰,甚至引发纠纷。③ 基于区块链去中心化的信任机制,不仅使合约的签订公平公

---

① 朱岩、王静、郭倩等:《基于区块链的智能合约技术研究进展》,载《网络空间安全》2020年第9期。

② 徐朝东、王化群:《基于区块链的有序多重签名方案》,载《南京邮电大学学报(自然科学版)》2021年第2期。

③ 徐朝东、王化群:《基于区块链的有序多重签名方案》,载《南京邮电大学学报(自然科学版)》2021年第2期。

正,维护双方的信赖利益,而且通过智能合约自动完成签名验证,从而减轻了签名者的计算负担。此外,数据拥有者为保证合同的机密性,可以利用加密技术加密后,将合同上传到区块链上。这种方式有效减少了合同处理过程中的重复性和烦琐性,提高了整体效率和安全性。[1]

基于区块链技术的分布式治理是重塑企业治理结构的重要方式。开放式联网企业是智能合约的高阶版本,能够从根本上削减不必要的企业管理层级。开放式联网企业主要指的是采用开放式网络架构,支持第三方业务开发商和提供商,以及网络安全域以外的企业应用的企业。这种企业模式有利于资源的共享、解决方案的最优整合,以及创新绩效的提升。自主运作的代理人是一个广泛的概念,它代表一种能够根据特定指令行事,并能从其环境中提取信息以及独立做出决策的设备或软件系统。这类代理人具有某种程度的"智能",即使它们并不具备全面的智能。智能合约可以取代中间人,成为"自主运作的代理人"。智能合约在编写完成后,被部署到区块链网络上,每个参与者都可以验证和执行该合约。当满足合约中预设的条件时,智能合约会自动执行相应的操作,无须人们手动参与到执行、决策的过程中,可以进行如转移数字资产、记录数据以及其他类型的交易。分布式自治企业无须科层制管理体制也能为客户创造价值并为所有者带来收益。19世纪晚期,马克斯·韦伯批评管理者把企业当作家庭一样经营,有些人也称之为"夫妻店"。韦伯在其著作《经济与社会》中认为,当前的人员组织形式因管理权的错位而阻碍了公司的成功。他观察到,在这种模式下,员工往往只对老板个人忠诚,而非对整个公司。因此,韦伯主张采用一种更为形式化、固化的组织结构,即科层主义,也被称为官僚理论或行政组织理论。他坚信组织应当实现非个人化,管理应依赖于明确的规则、职位和权力分配。韦伯认为,管理者的权力应当源自其在组织中的地位、专业水平以及遵守规章制度的情况。

现代企业仍然延续着韦伯的科层制管理模式,这种组织结构可以简要地总结为"逐级授权"的公司治理模式。科层结构存续时间之久,必然在公司内部

---

[1] 徐朝东、王化群:《基于区块链的有序多重签名方案》,载《南京邮电大学学报(自然科学版)》2021年第2期。

管理、组织生产经营方面有其优点。其优点在于职权范围明确具体,能够提高经营效率,同时确保权力行使受监督,减少风险。然而,科层结构亦存缺陷。权力的分配过于局限,导致协调成本上升和商机流失;重要职权部门远离一线,信息获取及反馈不及时,增加代理成本。简言之,科层结构在提升效率的同时,也带来了协调与代理成本增加的挑战。① 相比于科层制管理,在区块链分布式治理下发展分布式自治企业有诸多的优势。在分布式自治企业中,没有固定的管理层级和科层制结构,也即不存在中心权威。分布式决策过程中,需要各参与成员具有平等的地位,因此,其享有的权利、承担的义务以及责任的追究必须要一致对应,三者需达到一种均衡匹配的状态。② 每个参与者都有权参与决策过程,区块链上的智能合约可以实现企业内部各主体之间的智能协作,决策的制定和执行是自动的,无须人工干预。智能合约自动完成各种业务功能,甚至实现整个企业结构和功能的自动调整,形成高效的协作网络。分布式自治企业的金融交易记录和程序规则通常保存在区块链中,通过非对称加密、时间戳服务等技术,提高了企业决策的透明度和效率,降低了运营成本和风险。

总体上看,区块链经济体系下创新商业模式至少能够从以下几个方面降低制度性交易成本。一是企业规模缩减。在传统的中心化管理模式下,大型企业往往因为层级众多、决策流程复杂而显得笨拙。而区块链通过智能合约等技术,能够实现自动化、去信任化的协作,从而降低了组织内部的协调成本,这使一些企业能够更灵活地调整其组织结构,以更小的规模、更扁平化的形式运作。二是搜索成本持续下降。有价值的信息全部都登记在分布式数据库上,可以利用区块链技术实现快速检索。一些基于区块链的搜索引擎或数据交易平台能够提供更加高效和精准的信息搜索服务,降低了企业和用户获取信息的成本。三是智能合约能够实现合约签署、管理及支付成本的降低。智能合约是一种通过区块链交易建立合同关系的计算机协议。最先提出这个概念的人是萨博,根据其设想,智能合约将代码融入合同,实现自我执行,无须双方信用,不仅能提

---

① 楼秋然:《公司法与去中心化自治组织:历史回顾、理性反思与制度建构》,载《中国政法大学学报》2022年第5期。
② 郭少飞:《再论区块链去中心化自治组织的法律性质——兼论作为法人的制度设计》,载《苏州大学学报(哲学社会科学版)》2021年第3期。

升交易效率,还能消除传统合同的诸多不稳定性。[1] 智能合约所促成的交易具备可追踪性和不可逆性,相较于传统合同方式,它显著增强了签名的安全保障,并有效降低了与合同相关的其他交易成本。[2] 四是在公司之外协调各种资源的成本将趋近于零。传统的资源协调方式往往需要通过中介或平台来连接供需双方,这不仅增加了协调成本,还可能引发信息不对称和信任问题。而区块链技术通过分布式账本和共识机制,让供需双方可以直接进行点对点的交互和协调,降低了中介成本,提高了协调效率。五是建立信任的成本接近于零。信任依托于底层代码的功能、安全性、可审计性及区块链维护方的协同,不再依托组织或个人。跨越了多个节点、区域和机构的区块链分布式总账本技术,全覆盖式地记录每一笔交易过程。只要是经授权的参与者都会持有一份内容完全一致的账本副本,而且该账本是同步更新的,数据时刻都保持一致。分布式账本的不可逆性提供了一种数字信息单向传输路径,特定时间内只存在独一无二的单笔交易,避免了重复支付现象。同时,共识机制的应用保证了信息的真实性和完整性,即便在网络遭受攻击的情况下,信息仍能准确无误地传递。这一系列设计大大减少了数据冗余和重复操作,提升了区块链技术的整体效率与可靠性。[3]

(五)提供更高效的个人信息保护

一般认为,信息权与隐私权是两个不同范畴,而信息权属于更大的范畴。[4] "隐私是指一个社会自然人所具有的不危害他人与社会的个体秘密,从范围而言,则包括个人的人身、财产、名誉、经历等信息。隐私权是传统社会重要的自由权利,其保护了个体行为的自由范围和尊重了个体的自然与选择偏好差异。

---

[1] 赵蕾、曹建峰:《从"代码即法律"到"法律即代码"——以区块链作为一种互联网监管技术为切入点》,载《科技与法律》2018年第5期。

[2] Zhihong Tian, Mohan Li, Meikang Qiu et al., *Block-DEF: A Secure Digital Evidence Frame Work Using Blockchain*, Information Sciences, Vol. 491, p. 151–165(2019).

[3] 张浩、朱佩枫:《基于区块链的商业模式创新:价值主张与应用场景》,载《科技进步与对策》2020年第2期。

[4] 王利明:《论个人信息权的法律保护——以个人信息权与隐私权的界分为中心》,载《现代法学》2013年第4期。

因此，在很大程度上，隐私是传统社会自由的重要基石。"①隐私本质上也是一种应当由公民个人掌握的信息，且该隐私信息的权利人一般不希望他人得知并公开该信息。因此，本文以信息权这一概念统摄隐私权等内容。

在世界法律史上，隐私权等个人信息保障制度都具有很长的历史渊源。窥探私宅等行为，历来为道德和法律所不容。19世纪末，英美等国家正式通过立法确立对隐私权等信息权的保护。② 20 世纪 70 年代以来，电子通讯技术逐渐推广普及，美国也开始对电子通讯中的信息权进行立法保护。当前主流的人工智能技术，主要是基于大数据的机器学习，从而在海量数据中发现相关性，并由此建构新的知识模型，从而指导决策。在人工智能发展进程中，公民信息被大量收集成为不可避免的趋势。无论是网页词条浏览、问题搜索还是网络言论发表，都成为历史记录而被纳入网络数据平台的数据库之中，成为其进行智能分析的基础性材料。尽可能全面地收集包括公民个人隐私在内的一切信息，成为数据平台挖掘用户和进行商业推广的必然选择。

作为信息生产者的个人，如果按照洛克《政府论》所提供的所有权的诞生逻辑，理应享有这些信息的所有权，对这些信息拥有完满的占有、使用、收益和处分权能。但实际情况却远非如此，在很多场合，个人不仅在事实上完全丧失了对这些信息的占有、收益权能，也完全丧失了处分权能，仅剩的使用权能也必须与数据平台等进行分享。更为严重的是，个人信息事实上被大量出卖，理论上的信息所有权人实际上成为自己所提供信息的受害者。典型的案例如电商平台通过个人浏览信息来进行大数据分析，并对其投放广告；银行等部门出卖个人银行存款数据等信息。企业可以通过收集个人信息，了解个人的实际收入水平、性格、生活习惯，从而推知该个人的潜在消费能力、消费偏好甚至是生理情况，从而在员工聘用、保险投放等领域实行差别对待，将所谓的低收益员工和高风险投保人排除在外。对此，季卫东教授指出："如果制度层面认可了基于父母遗传信息的差异，那就等同于退回到了封建时代的血统论和身份观。实际上，现代宪法的核心原则在于维护公民的自由与平等，它坚决反对将个人无法

---

① 马特：《无隐私即无自由——现代情景下的个人隐私保护》，载《法学杂志》2007 年第 5 期。
② 倪蕴帷：《隐私权在美国法中的理论演进与概念重构——基于情境脉络完整性理论的分析及其对中国法的启示》，载《政治与法律》2019 年第 10 期。

选择且无法改变的因素作为不平等对待的根据。"①

区块链分布式治理下,数据不再依赖于单一的中央机构进行存储和管理,而是分散在多个节点共同维护的分布式账本上,这种去中心化的存储形式为公民个人信息的保护提供了更为便利和完善的途径,使公民的个人数据真正掌握在自己手中,实现数据的自治。

三、分布式治理的规范构造

哈特在《法律的概念》一书中,将法的要素概括为科以义务的初级规则与承认规则、变更规则、裁判规则三类次级规则的组合,②分布式治理的构造,也可以用这一理论模型来解释。基于区块链技术的分布式治理体系中,通证积分的奖惩规则正好类似于哈特所言的科以义务的初级规则,而由代码构成的智能合约则恰好覆盖了承认规则、变更规则、裁判规则的全部功能。

(一)以通证积分奖惩为基本形式的初级规则

基于区块链技术的分布式治理体系,建立起了一套以通证积分为基本形式的激励规则,实现了以帕累托改进式利益增加,激励社会主体积极行动。帕累托优化(Pareto Improvement),也称为帕累托改善或帕累托改进,是以意大利经济学家帕累托(Vilfredo Pareto)命名的,其含义是指在没有使任何人境况变坏的前提下,基于帕累托最优变化,使至少一个人变得更好。嵌入到现实世界的区块链生态系统,其建设需要不同的参与者共同努力,涉及参与者之间的相互作用、与区块链去中心化应用以及与外部现实世界之间的关系。

日常生活中常见的购物积分、火车里程积分等,都是经营者刺激消费的一种营销策略,通过内在的激励机制促使消费者消费。在特定场景下,经营者通过给予特定行为相应的奖励,以维护消费者的忠诚度,进而确保长期稳定的合同关系得以维系。这种机制能实现经营者盈利,消费者享受实惠的双赢局面。

---

① 季卫东:《数据、隐私以及人工智能时代的宪法创新》,载《南大法学》2020 年第 1 期。
② [英]哈特:《法律的概念》,许家馨、李冠宜译,法律出版社 2018 年版,第 149~157 页。

这正是通证经济的一种具体体现。同理,在推动区块链分布式治理的发展过程中,也可以通证积分的形式激励人们参与到分布式数据库的建设与维护中。

近十几年来,大数据等技术的诞生,则进一步优化了信息收集、存储和处理模式,为人类社会迈向智能化奠定了技术基础。人工智能的深度普及应用,打破了传统的物理空间约束,几乎从根本上重塑了整个物理时空。在互联网诞生之前的时代,人类社会的信息存储、处理和传递不可避免地受到技术条件的制约,个人所能接受到的信息量往往局限在某个特定的物理空间内。而在数字时代,个人通过互联网获取信息的成本极小,网络空间几乎不受任何资源环境制约,突破了加持在信息之上的时空约束,也打破了因自然环境或政治选择所塑造的物理边界限制。在这些新技术的加持之下,传统治理模式的治理效能低下。在智能时代,网络空间永续存在、物理边界模糊、数字信息与现实世界交织成为新的社会常识,前智能时代的碎片化治理思路,已经显得难以应对,迫切需要深化改革和创新手段。区块链技术的分布式治理是可以有效改善传统治理模式的创新手段。分布式治理采用去中心化的决策方式,各节点可以并行处理信息,使决策过程更加迅速。这大大减少了传统治理中层级结构导致的决策延迟,提高了响应速度。在分布式治理模式下,资源可以更加有效地被分配和利用。由于各节点具有相对独立性,它们可以根据实际情况自主调整资源投入,避免了传统治理中可能出现的资源浪费现象。分布式治理由于各节点共同参与治理,可以及时发现并应对潜在风险,降低风险发生的概率。

分布式治理能维系发展的关键是各个节点能够协作一致地发挥作用,但要求全部的节点都能始终如一地积极参与到区块链建设中并非易事,因此需要一定的激励机制作为推动力。除了比特币之外,智能合约、万物账本等重要应用都需要各节点向系统存储信息,这些信息的准确程度决定了区块链系统中原始数据的质量。每个节点都有责任和义务对网络中的交易和信息进行验证和确认,只有通过共同的努力,才可以确保区块链网络免受恶意攻击和篡改,保障数据的完整性和真实性。各节点的积极参与还有助于建立和维护区块链社区的信任和共识。在分布式治理中,信任和共识是维系整个网络稳定运行的基石。各节点通过共同参与网络治理、遵守规则和协议,可以建立起相互信任和合作的良好氛围。这种信任和共识有助于减少网络中的摩擦和冲突,促进网络健康发展。

因此,各节点能否积极主动且认真负责地提供区块链数据及维护对于区块链分布式治理的建设有着至关重要的作用,利用通证积分激励规则能够提高人们参与的积极性。

正如亚当·斯密在《国富论》中所言,每个使用资本和劳动的个人,并没有无私地服务于他人以维护公共利益的追求,也不知道他自己是在什么程度上促进那种利益。他以一只"看不见的手"为指导,去尽力实现一个并非符合他本意的结果,即源于自利的目的,常常于不自知间促进了社会的利益。旨在追求个人私利的人们往往会受市场操控来促进社会利益,区块链提供的可信价值传输方式能够有效遏制市场交易过程中的诈骗等现象,在不损害个人谋利动机的前提下更好地维护交易安全。

同时,区块链提供的可信价值传输渠道有利于增进交易,提升整个社会的资源配置效率。马克思《资本论》提出:"一种物质只有分成的每一份都是均质的,才能成为价值的适当的表现形式……价值量的差别纯粹是量的差别,所以货币商品必须只能有纯粹量的差别,就是说,必须能够随意分割,又能够随意把它的各部分合并起来。"[1]比特币是可以无限分割的价值载体,总数虽然恒定(约)为2100万枚,但是可以根据社会需要而无限细分。与此相似,登记在区块链上的动产、不动产、股权等资产,都能够以更加灵活、更加安全的方式来进行交易。

通证经济是由社会生产力水平所决定的,是科技水平和社会生产力发展到一定阶段的产物。通证经济是数字经济时代的重要经济形态。数字经济时代,数据成为一种生产要素,改变了原有的生产关系,实现了数据共建,价值共享。传统的数据库管理系统往往由单一机构主导,但在多方合作的场景中,由于对数据真实性的疑虑,各方常需自行构建独立的数据库系统来存储业务数据。这种做法不仅造成了资源的浪费,而且多方数据库间的数据不一致往往引发复杂的人工对账和争议,极大地增加了重复劳动和成本。区块链技术的出现,为解

---

[1] [德]卡尔·马克思:《资本论》(第1卷),中共中央马克思恩格斯列宁斯大林编译局译,人民出版社2004年版,第109页。

决这一问题提供了创新的解决方案。通过区块链技术,各方可以共同参与到数据库的维护和更新中,确保数据的真实性和一致性。这不仅降低了数据重复率,减少了不必要的对账和争议,还提高了整体业务效率,为多方合作提供了更加透明和可靠的基础设施。

(二)以智能合约代码为核心的次级规则

人工智能的深度发展离不开智能合约,而智能合约代码则为智能社会的分布式治理奠定了基础。智能社会正在加速来临,并带来整个社会经济体系的结构性改变,例如,汽车生产在过去很长时间内被认为是高度专业化的生产部门,没有长期积累的介入必然失败,而十几年之前毫无经验的特斯拉公司正在重构整个汽车产业。知识的广泛传播淡化了专业分工的界限,而社会价值的广泛传播则使人们不再仅仅基于血缘、地域或族群来聚合,而是更加注重共同的价值观念。同时,人工智能的兴起进一步打破了传统的分工体系,使社会的内部边界变得模糊不清。① 从经济学视角来看,现有的社会分工格局之形成,既源于自然禀赋差异,也源于人类自身对知识的掌握速度较慢,从而需要通过分工来提高效率。在智能时代,人类的学习效率远低于人工智能。无论是最初级的数学计算,还是人类引以为傲的象棋、围棋等智力活动,人工智能都已经实现了对人类的超越,甚至在疾病诊断、车辆驾驶、写作、司法裁判等领域,人工智能也正在形成超越普通个体的优势。在此情形下,不仅社会生产体系的专业分工将被打破,人与人之间的专业分工也将大幅度缩减。作为智能社会基础设施的智能合约,与传统社会规范之间存在较多冲突。

以 The DAO 事件中"代码即法律"与传统财产法之间的冲突为例。The DAO 是一个去中心化自治组织,借助智能合约在区块链平台上运行,无法律实体身份。The DAO 项目成功募集了巨额资金,包括超过 1200 万个以太坊,这一数字在当时以太坊总量中占据了近 14% 的比重,价值超过 1.5 亿美金,吸引了万余名投资者的参与。但好景不长,The DAO 代码中的一个递归漏洞被黑客发现,其不断从资金池中抽离资产,最终盗取了 360 万的以太坊,这一数额超

---

① 何哲:《人工智能技术的社会风险与治理》,载《电子政务》2020 年第 9 期。

过了项目筹集以太坊总数的三分之一。许多人开始质疑区块链技术的安全性和可靠性,同时也显现出了"代码即法律"与传统财产权的冲突问题。

从技术规范的角度来看,The DAO 的智能合约旨在通过代码实现去中心化的资金管理和决策过程。然而,在代码的编写和系统的维护中存在重大的安全漏洞,这些漏洞被攻击者利用,导致了大量资金的损失。"代码即法律"是指在计算机系统和数字世界中,代码就像法律一样,定义了规则、边界和行为准则,属于技术规范的范畴。从 The DAO 事件中可以看出技术规范并非完美无缺,在某项技术兴起发展阶段存在诸多的不确定性与未知的技术风险,技术规范是难以绝对保障系统安全性的。从社会规范的角度来看,基于区块链技术的去中心化和匿名性特点,法律规范难以直接适用。当时对于 The DAO 平台中用户资产的法律属性问题,法律界也缺乏明确的共识和规定。因此,当用户资产被盗走时,难以按照传统财产权遭受侵害的司法途径得到救济,也缺乏明确的法律依据来追究黑客的责任。

技术规范与法律规范的冲突体现在保障系统安全性和维护用户权益方面的不同侧重点和局限性。技术规范追求技术的创新和效率,但往往忽视了安全性问题;而法律规范则注重公平和正义,但在面对新兴技术时往往存在着滞后性。看似高效且符合技术规范的技术解决方案,但可能因违反社会规范(如伦理、文化或传统价值观)而遭到社会抵制。反之,社会规范有时也可能阻碍技术规范的实施,使技术进步受到阻碍。

四、分布式治理与权力约束

(一)分布式治理蕴含的权力约束潜能

规训权力是现代法治的核心使命,区块链分布式治理机制蕴含了丰富的权力规训理念,能够从技术层面更好约束政府权力。

1. 现有治理体系下权力约束的不足

2017 年 10 月,中国共产党第十九次全国代表大会中明确提出要建设中国特色社会主义法治体系。保障公民权利,制约国家公权力是重中之重。习近平总书记揭示了权力运行的规律,权力是一把双刃剑,在法治轨道上行使可以造福人民;在法律之外行使则必然祸害国家和人民。① 显而易见,权力制约是我国现代化法治建设的重要环节。尽管我国一直在努力完善权力制约和监督审查体系,但受限于历史原因和复杂的国情因素,目前仍存在一定的漏洞和不足。②

有权力的人们使用权力一直到遇有界限的地方才休止。③ 首先,传统国家治理依赖于中央集权或少数权威机构来行使权力,这种集中式的管理方式导致权力高度集中,缺乏有效的制衡机制。在边界模糊的权力行使过程中,掌权者为谋取私利而滥用职权,滋生了大量的贪污腐败现象。其次,传统治理方式下权力行使的过程缺乏透明化和公开化,公众最终得到的只是一纸通知,导致权力的行使缺乏有效的社会监督和舆论压力。此外,传统治理方式对基层民众的意见和需求的关注不高。权力往往自上而下单向流动,缺乏与基层公众的互动和反馈,这导致政策制定和执行过程中忽视了民众的实际需求和利益,难以真正反映社会的多元化和复杂性。最后,传统治理方式下对权力的约束缺乏稳定性。由于权力运行受到人为因素的影响较大,政策往往因领导人的更迭或社会关注重心的变动而频繁调整,导致社会治理的不稳定性和不可预测性。

2. 区块链分布式治理约束权力的关键技术支撑

如何解决当前治理体系下权力约束困难的问题,对我们新时代法治建设具有重要意义。在一些像完善违宪审查制度、宪法司法化、完备监督程序等传统的方式外,④区块链技术具有的技术特性使其具备赋能权力监督的潜力和优势,打破了传统权力监督制约的思维框架。雄安新区于2019年2月28日提出应用区块链探索建设全生命周期的权力监督体系。"监督上链"即利用日渐完善的区块链技术,促使权力监督主体快速高效地收集大量数据,同时确保数据

---

① 中共中央文献研究室编:《习近平关于全面依法治国论述摘编》,中央文献出版社2015年版,第37~38页。
② 李振凡、姜欣:《浅谈宪法中的权力制约》,载《黑龙江省政法管理干部学院学报》2016年第1期。
③ [法]孟德斯鸠:《论法的精神:上册》,张雁深译,商务印书馆1982年版,第254页。
④ 李振凡、姜欣:《浅谈宪法中的权力制约》,载《黑龙江省政法管理干部学院学报》2016年第1期。

的真实性、隐私性和安全性,进而通过信息互通或共享机制对碎片化的数据进行溯源追踪,从而复原权力运行整个流程,盯紧权力运行各个环节,拟合法定权力运行路径,追溯权力来源并依法精准问责,实现对权力全生命周期的监督制约,提高党和国家监督体系的针对性与实效性。[1]

区块链的四大核心技术——分布式记账(P2P 网络)技术、共识机制、智能合约与密码学,共同协作,确保了区块链技术长期以来的稳定运行。其中,分布式记账技术是关键,它使区块链中各节点的账本不再受中心化机构的控制,每个节点都能独立进行链上内容的广播与验证,这一过程不仅打破了中心化的垄断格局,还消除了数字阶级差异,突破了"信息茧房"所带来的限制。在区块链中,所有参与者都被平等对待,享有自由出入的权利,构建了一个更加公正、透明的数字世界。这一过程彰显了平等与自由的法理价值,实现了科学交互与共治共赢的治理理想。[2]

分布式治理的去中心化使原本集中的权力分散化,降低了单一权威中心滥用权力的风险。在分布式治理体系中,权力不再集中于某个单一的机构或个体,而是由多个参与者共同分享和行使。这种权力结构使任何单一主体都难以单独掌控全局,从而限制了滥用权力的可能性;智能合约的自动化执行机制确保严格执行预设的规则,摆脱了人为干预,同时还能对贪污腐败或滥用权力行为进行自动化分析,并触发相应监督预警。可以说,智能合约独立成为脱离于权力行使者的监督参与者,构建了一个去人格化的权力监督机制,通过编写代码程序明确监督中各主体的行为边界,这最大限度地压缩了监督与被监督主体之间互动的自由裁量空间,将基层监督置于一种抗拒官僚侵蚀的环境当中,构成了领导干部腐败的因果感知路径。[3] 区块链的可追溯性可以切断权力机关异化信息的物理渠道。依靠区块链的私钥签名、分类推送、过程检查、侵犯警示、结果跟踪等功能,在信息存储、传输过程中任何泄露、丢失、隐匿、销毁、篡改等异化行为,均会被加载时间戳和坐标戳生成新的链节点且无法被删除,即以

---

[1] 段光鹏:《区块链赋能权力监督模式创新》,载《河南社会科学》2023 年第 11 期。
[2] 杨淞麟:《区块链技术应用的法理解构与规范进路》,吉林大学 2023 年博士学位论文,第 1 页。
[3] 杨文迪、吴帅等:《程序性权力:"区块链+基层监督"体系的构建》,载《海南大学学报(人文社会科学版)》2024 年第 2 期。

"有向无环"的方式自动生成异化问题线索,进而构建出一个庞大、精准、可回溯的信息网络,有效遏制信息垄断的企图。① 在协作方存疑、利益冲突或权威中介缺失的情况下,这一网络能有效解决信息垄断的难题。

(二)区块链分布式治理如何能够更好地约束权力

1. 分布式治理下权力配置的优化

在政府权力分配方面,区块链通过分布式治理促使权力不再集中于单一的中心节点,而是分散于多个参与者之间,有效避免集权。不同于传统的中心化的数据传递和存储模式,区块链上所有的节点都可以自由地分布和传递数据信息,每个节点按照区块内各节点达成的共识协议来进行数据和信息的传递和交换,使政府不再是处于中心和绝对支配地位的决策者和指令的下达者,有利于推动政府真正实现从管理向治理的转变,使政府组织结构逐渐从现有的科层制向扁平化结构转变。②

区块链技术的分布式治理对实现政府治理的多中心参与模式有积极推动作用,巩固了各参与主体间的平等地位,并保证各参与主体能够充分行使权力。这一特性打破了传统治理体系中上级领导"一锤定音"的局面,赋予了下级工作人员更大的灵活性和自主权,从而推动政府治理更加民主、高效。③ 这种权力结构有助于维持各方利益的均衡性,防止权力过度集中带来的滥用风险。同时,多个参与者共同行使权力,能够形成相互制约的机制,确保权力的合理使用。

实现区块链分布式治理的前提是共识机制,它将数据的修改权限分散在了各个节点,仅凭一人或者少数人的权限无法作出或者修改最终的决策。具体来说就是在既定的共识机制下,根据多方主体的实际需要和权限形成智能合约,智能合约在区块链上自动运行,单一或少数节点无法终止该智能合约的运行,

---

① 李梦琰、战炤磊:《区块链赋能新时代腐败治理的作用机理与实践路径》,载《江西社会科学》2021年第7期。
② 陈鹏:《区块链嵌入下的政府治理:能力提升与风险防范》,载《广东行政学院学报》2020年第5期。
③ 林群丰:《区块链赋能政府治理的实现机理及其法律规制》,载《河北经贸大学学报》2022年第3期。

当由于实际情况需要对该智能合约进行一定修改时,需要由多个节点共同决定后方可对现有智能合约进行修改。① 每个参与者都需要承担一定的责任和义务,通过明确的权责划分和相互监督机制,可以确保各方在行使权力的同时,也能够履行相应的义务。在多方参与和协作的过程中,决策行为也更加开放和透明,各方能够充分表达意见,形成共识,提高决策的质量和效率。此外,透明度的提升也有助于减少暗箱操作,增强公众对决策过程的信任。区块链数据的难以更改性能有效防止掌权者为一己私欲而更改信息的行为,从而制约了权力的不当行使。

2.分布式治理下全新的权力监督模式

区块链技术能够颠覆性地改变现有党政机关内部的权力监督模式,更有效地约束政府权力,减少不作为现象。运用区块链技术对党政机关内部工作流程加以改造,能够低成本实现工作流程的全过程记录,从而根治"懒政怠政"问题,推动政府治理更加透明化、高效化。② 党和国家的各项战略任务,都需要各相应部门的全力工作方能完成,通过不可篡改的区块链系统,各级工作人员所开展的各项业绩成果、重要政务数据信息都能够被纳入分布式数据库中,各人员学习能力、工作能力高低、工作态度优劣都可以通过区块链上的数据客观真实地反映出来,而不仅仅依靠该员工的直接领导的主观评价,③从而有效减少努力工作的"老实人"所获权力少之又少、溜须拍马之徒手握重权、"潜规则"战胜规章制度诸如此类的现象,使政府权力掌握在能够真正贯彻为人民服务宗旨的人手中,更好督促各方党政机关工作人员正确行使权力,落实工作任务,作出合理合法的决策,维护社会公平正义。

此外,区块链作为一种多主体共同参与的分布式账本数据库,对政府政务信息管理进行了优化,通过构建基于区块链的政府信任网络,实现了自下而上的信息反馈与社会参与机制。这一机制不仅促进了平等、高效、通畅的交互环

---

① 陈菲菲、王学栋:《基于区块链的政府信任构建研究》,载《电子政务》2019年第12期。
② 林群丰:《区块链赋能政府治理的实现机理及其法律规制》,载《河北经贸大学学报》2022年第3期。
③ 林群丰:《区块链赋能政府治理的实现机理及其法律规制》,载《河北经贸大学学报》2022年第3期。

境的形成,还从根本上提升了普通社会公众作为监督者的地位。

3. 分布式治理下提高政府公信力

传统政府部门金字塔式的层级组织结构,使各部门间界限分明,常伴随着高成本、低效率、响应迟缓及信息失真等问题,严重制约了政府行政效果。信息大多数都掌握在中心节点手中,且中心节点享有绝对的话语权,使其成为一个难以透视的黑盒。这种中心节点的可信性只能依赖于外部机制来保障,充满了不确定性。这些问题,都容易对政府信任产生不利影响。[1]

区块链公开透明的优势体现在其数据是分布式存储,没有所谓的中央存储数据库,[2]改变了每个节点只能通过作为中心的第三方才能与其他节点交往的模式,各层级的政府和各个部门在每个节点写入数据的时候,位于其他节点的政府和部门都可以同时记录和存储下来,各节点之间的数据也可以做到实时更新,不再需要自下而上地层层汇总向上级传递数据,上级也不需要自上而下地层层下达指令,不仅大大优化了行政运行流程,而且极大地确保了数据和指令传递的时效性,有利于提升行政运行效率。[3]

分布式治理下,全部信息记录在向全体节点公开的分布式数据库上,也可以在区块链上部署智能合约使信息部分公开或者可授权使用,在保障特定信息不公开的前提下,社会公众可借助区块链判断信息真伪及其权属。[4] 如在行政单位数字货币账户中,公众可通过钱包地址掌握资金流向,也便于监管机构监管财政资金。钱包地址虽然是公开的,但持有人信息私密,需依法定程序获取。基于区块链的政务系统,能够促进政务数据公开透明规范运行,改善政府信任构建的技术环境,提升政务处理效率,增强公民对政府的信任。[5]

---

[1] 陈菲菲、王学栋:《基于区块链的政府信任构建研究》,载《电子政务》2019年第12期。
[2] 陈菲菲、王学栋:《基于区块链的政府信任构建研究》,载《电子政务》2019年第12期。
[3] 陈鹏:《区块链嵌入下的政府治理:能力提升与风险防范》,载《广东行政学院学报》2020年第5期。
[4] 林群丰:《区块链赋能政府治理的实现机理及其法律规制》,载《河北经贸大学学报》2022年第3期。
[5] 张毅、朱艺:《基于区块链技术的系统信任:一种信任决策分析框架》,载《电子政务》2019年第8期。

五、分布式治理与未来法治

(一)分布式治理与法律权威重塑

基于区块链去中心化的特性,如果不假思索地将其机械适用到政府治理领域,就可能与当代中国集中统一领导的政治秩序相悖,威胁法治秩序的稳定。当代中国的法治具有很强的建构主义色彩,中国共产党带领人民通过革命建立崭新的政治秩序,并建立了以人民代表大会为最高权力机构的政治权力配置格局,这是法律运行的基本政治环境。改革开放以来,如何在国家经济整体较为落后的情况下快速建立较为完备的法律体系,成为法治建设中的一个重大难题,"集中力量办大事"的政治智慧在此发挥了重要作用。因此,改革开放以来我国的法治建设仍然具有较强的建构主义色彩,强调依靠集中统一领导来实现法治现代化。而运用区块链分布式治理所推进的权力制约机制,是基于区块链去中心化这一特性,将权力分布到各个节点,即分布到各级别甚至是同级别的多个权力主体手中,这就弱化了某些权力主体之间传统意义上的领导与被领导关系,传统的集中统一领导机制也可能遭遇挑战。尽管传统治理模式存在诸多弊端,但长期以来却始终保持了强大生命力,突如其来的分布式治理必然会对传统政府组织运行的基本伦理价值形成冲击。[1]

去中心化作为区块链技术的核心特性之一,在分布式治理模式中发挥着举足轻重的作用。它不仅能够促进信息的透明与共享,还能在缺乏中心化机构的情况下确保数据的安全与完整。这种特性使区块链技术在多个领域都有着广泛的应用前景,特别是在政府治理和社会管理中,它展现出了巨大的潜力。然而,对区块链去中心化的应用也应当有限度,过度使用会导致权力的高度分散化。在一个去中心化的系统中,权力的分配更加均衡,不再集中在少数人或机构手中。这种权力分散化的趋势虽然有助于防止权力滥用和腐败,但也可能会削弱政府权威。当政府权威受到挑战时,社会的稳定和秩序可能会受到影响。

---

[1] 赵金旭、孟天广:《技术赋能:区块链如何重塑治理结构与模式》,载《当代世界与社会主义》2019年第3期。

随着区块链技术的不断发展,政府治理流程正在逐步被重塑,越来越多的政府事务开始采用区块链技术,以实现更高效、更透明的治理。同时,区块链技术也在其他社会领域得到了推广应用,如金融、医疗、教育等。这些领域的变革,不仅改变了人们的生活方式,也对政府权威形成了新的挑战。

区块链技术的应用会在一定程度上与现行法规存在冲突。以区块链中的智能合约为例,它是一种用计算机语言取代法律语言来记录条款的合约,可以在满足相关限制条件的基础上实现基于计算机的合约自动执行及监督,这将与一些社会性契约、《合同法》等传统合约法规中对合约主体及主体间行为约束关系的相关要求存在冲突,传统合约法规不能完全适用于智能合约的应用。[①]随着区块链技术在金融、产品溯源、电子存证等领域的广泛应用,其去中心化、不可篡改的特性在提高效率和透明度的同时,也对法律规范和监管提出了新的要求。首先,分布式治理强调去中心化、自治和共识机制,这与传统法律权威的中心化、层级化特点存在明显的差异。在分布式治理框架下,没有明确的中央机构或权威来制定和执行规则,各种社会组织和个体均可参与到决策过程中,享有决策权的主体及决策权本身都变得分散,这在一定程度上削弱了法律的权威地位和影响力。其次,分布式治理强调通过协商、谈判和合作来解决问题和实现共同目标,而传统法律权威则更多地依赖于强制力和制裁手段。这种差异使分布式治理在实践中更加灵活,适应性更强,但对于法律条文的解释和适用变得困难。最后,分布式治理通常是依赖于复杂的算法等计算机技术来确保系统的运行和规则的执行。然而,这些技术机制往往超出了大多数法律从业者的专业知识范围,导致法律在对分布式治理模式下所产生的问题进行规制时存在着法律解释和适用上的困境,技术鸿沟导致法律规范在分布式治理体系中的话语权被削弱,影响其权威性。

因此,在分布式治理模式下,应该重新审视和定位法律权威的角色和功能,既要充分发挥分布式治理的优势和灵活性,又要确保法律权威的稳定性和权威性。这需要加强法律制度建设,完善法律体系,提高司法和执法水平,以更好地适应分布式治理的发展需求。"法律制度的意义在于规范技术上可管理的(哪

[①] 张毅、肖聪利、宁晓静:《区块链技术对政府治理创新的影响》,载《电子政务》2016年第12期。

怕是影响范围很小的)风险或灾难的每一个细节。"①在现代法治国家中,法律不仅构成了制度的基石,更是塑造组织成员思想认知的关键性因素。区块链技术既作为确保政务安全运行的新型工具,也可能在缺乏有效审查的情况下,成为犯罪活动的避风港。② 以政务区块链为例,其日常运营依赖于全体网络节点的共同维护,致使宏观层面的组织管理成为监管的聚焦点,而相对忽视了对各个区块节点本身的监督。③ 与此同时,如果缺乏相应的法律规则,区块链的任一节点都不必承担保证数据安全的法律责任。④ 在无技术监管的情况下,通过区块链分布式治理模式下放政府治理权力,实则等同于将腐败或犯罪的权力下放,这不仅会损害政府治理效果,还可能导致权力滥用现象更加猖獗。

区块链技术的去中心化的应用能够推动上下级权力责任配置的明确化,减少不必要的信任成本和优化权力监督。但是,分布式治理并不必然意味着反对集中统一,一定程度的集中统一反而有利于推进区块链赋能政府治理进程。此外,权力的必要集中统一对于维持治理效能至关重要。在区块链赋能政府治理的法律规制过程中,应以提升政府治理效能为核心原则,将民主集中制理念融入区块链的共识层、激励层等治理结构中,不应过度强调去中心化,防止形成破坏集中统一领导的刻板化思维,从而确保政府的权威得以维护。⑤

因此,政府应当积极引导区块链技术和产业发展,将民主集中制的治理逻辑嵌入区块链法律治理体系,防范去中心化对我国集中统一领导治理体制的冲击,维护政府权威。在推进区块链赋能政府治理的进程中,立法者应积极制定引导性规范,保障民主集中制原则与政务区块链系统得到有效融合。具体而言,可以加强对区块链技术创新和产业发展的引领作用。在资金扶持、政府采

---

① [德]乌尔里希·贝克:《从工业社会到风险社会(上篇)——关于人类生存、社会结构和生态启蒙等问题的思考》,王武龙编译,载《马克思主义与现实》2003年第3期。
② 林群丰:《区块链赋能政府治理的实现机理及其法律规制》,载《河北经贸大学学报》2022年第3期。
③ 戚学祥:《区块链技术在政府数据治理中的应用:优势、挑战与对策》,载《北京理工大学学报(社会科学版)》2018年第5期。
④ Wiebe Bijker & Thomas Hughes, *Social Construction of Technological System: New Directions in the Social and History of Technology*, Cambridge: MIT Press, 1989, p. 405.
⑤ 林群丰:《区块链赋能政府治理的实现机理及其法律规制》,载《河北经贸大学学报》2022年第3期。

购等政策支持方面,应注重推动那些既能满足政府权威需求,又能提升治理效能的区块链技术创新和产业发展。除此之外,政府还应发挥其在社会治理中的主导作用,主动介入区块链技术的各类应用场景,保证主要的区块链应用场景都能有民主集中制的融入,如网络言论治理。已有学者提出,可以利用区块链及大数据技术,打造技术驱动与数据驱动相结合的监管智能合约,构建起一个多元共治的网络言论治理体系。[1]

(二)国家认证权力的分布式改造

在区块链分布式治理下,国家认证权力更加分散化,对认证的权威性产生了一定的影响。联系到实际社会生活,可以发现国家认证无处不在,如"出生认证""身份认证""学历认证""婚姻认证""资产认证""质量认证""产品认证""安全认证"等,除此之外,税收、强制、濡化、统领、再分配、规管等国家基本职能领域也存在大量"认证"现象和经验。[2] 国家认证领域中高新技术的应用日益深化,让我们能够更加精准、高效地收集、验证和识别境内个人的身体特征、经济特征以及社会行为特征等,逐步演变为现代国家认证的一种基本方式。

传统的国家认证依赖于中心化的认证机构,基础认证权力仅仅掌握在这些认证机构手中,这些机构负责核实和确认身份、资产等其他关键信息。在这种认证权力的分配模式下,认证过程仅认证机构可见,公民所要处理的某些事项被认证通过的权利得不到保障,甚至可能会被迫陷入"如何证明我是我本人"的证明困境之中。分布式治理所蕴含的理念就是去中心化,将基础认证权力分散到各个个体或组织,在其之间可以直接进行安全、透明的信息交换和验证,提高认证效率的同时,更可以使人们摆脱中心化认证机构的诸多限制和要求。此外,智能合约自动化执行减少了人为干预,区块链技术中的智能合约会在满足特定条件时自动执行合约内容,原本需要认证机构进行的人工验证和授权过程,现在可以通过智能合约自动完成。由此可减少基础认证权力的滥用所引发的贪污腐败现象,同时也使认证过程透明化。区块链技术可以打破不同认证机

---

[1] 张毅、肖聪利、宁晓静:《区块链技术对政府治理创新的影响》,载《电子政务》2016 年第 12 期。
[2] 欧树军:《国家基础能力的基础》,中国社会科学出版社 2013 年版,第 206~235 页。

构之间的信息壁垒,实现跨境认证和互操作性。传统的国家认证体系往往存在地域限制和互操作性问题,跨境交易和合作难以进行,而区块链技术可以创建一个全球性的、互通的认证网络,使不同国家和地区的认证信息可以无缝对接和共享。

认证权力的分布式改造也存在一些风险。例如,将区块链技术应用到身份认证系统中,通过设置智能合约来直接排除身份信息传输过程中的中间方,直接在身份认证者和接受身份信息者之间传递信息,看似减少了个人隐私泄露的风险,但少了中心化的中介监督这一环节,身份信息的传输是否是身份认证者的真实意思表示很难被察觉。同样,将区块链技术应用到资产登记公示上,使各项资产及其交易记录登记在不可更改、可追溯的区块链上,资产登记后难以改变,使变更登记步骤变得烦琐,过于僵化。

(三)世界货币监管的去中心化

截至2021年年底,去中心化金融(DeFi)至少已经为428万真实用户提供了金融服务。[1] 许多国家和地区与货币联盟探索发行法定数字货币成为普遍化的趋势,人民币是世界第三大货币,我国目前也在积极研究和探索法定数字货币发行问题。[2] 在开拓创新的同时也要注意技术赋能的风险,尤其是比特币、以太坊、委内瑞拉石油币(2018年发行)等各种数字货币对现行货币体系的冲击。简单地封禁或片面推广数字货币都将危害本国金融秩序稳定。

传统法定货币是由一国中央银行发行,并以国家信用为担保的货币,它具备强制法偿力,可用于清偿境内一切公共和私人债务,这种货币不仅体现为银行体系内的存款形式,同时也流通于银行体系之外,以现金形态存在。[3] 当前区块链货币中常见的通货紧缩机制,对于主权国家的法定货币来说,非必须也非必要。若实行与比特币类似的通货紧缩策略,从长远发展的角度来看,货币

---

[1] C. Makridis, Michael Fröwis et al., *The Rise of Decentralized Cryptocurrency Exchanges: Evaluating the Role of Airdrops and Governance Tokens*, Journal of Corporate Finance, Vol. 79: C, 1 Feb. 2023.

[2] 张莫:《央行:争取早日推出数字货币》,载人民网,http://money.people.com.cn/bank/n1/2016/0121/c202331-28072033.html。

[3] 章成、张鑫仪:《央行数字货币的网络安全风险及制度应对》,载《学术探索》2022年第8期。

的年新增量将显著滞后于交易和经济总量的增长速率,从而导致经济系统长期陷入严重的通货紧缩困局。①

基于区块链技术的数字货币存在违法交易问题,使原有的金融监管面临着失效的局面。在现有的区块链货币体系中,"公匙"作为货币所有权的代表,并非实名账户,因此很难确定某一笔交易的真实主体与目的。此外,区块链货币的去中心化特性,其运作不依赖于任何中心清算节点,导致从技术层面难以遏制违法交易行为。② 加密数字货币的去中心化特征排除了中心化发行机构参与交易,信用机制完全建立在交易双方之间。由于中心化机构对加密数字货币的发行与流通进行实时监管的缺位,以国家信用的担保来保障其安全稳定性存在空白,市场调节机制无法对加密数字货币的价值稳定性予以有效保障。③ 在币值调控主体缺失的情境下,资本的逐利本性将引发投资者的疯狂投机行为,甚至不惜违法乱纪,这将对社会主义金融市场的稳定与安全造成严重冲击,刑事犯罪风险大大提升。④ 2011年一个"丝绸之路"(Silk Road)暗网被名叫乌布利希的犯罪分子建立,主要从事贩卖毒品、假护照等各种非法物品,其主要的支付工具就是比特币,直到2013年乌布利希才被抓到。还有一些暗网主要从事"雇人行凶"的犯罪活动,在该网站上用户可以雇佣杀手。⑤ 比特币等私人数字货币由于其天然的匿名性,自其问世以来便为不法分子所利用,用于实施非法活动。当前各界重点关注的犯罪风险主要包括洗钱类犯罪、恐怖主义犯罪、利用计算机信息网络犯罪、非法集资类犯罪以及盗窃类、诈骗类财产犯罪,即利用数字货币从事洗钱、行贿受贿、网络赌博、贩卖毒品等犯罪行为,部分不法分子利用ICO实施诈骗和非法集资。

区块链技术的分布式账本将每一笔交易都记录下来,交易记录公开透明,

---

① 王晟:《基于区块链技术的法定货币控制权研究》,载《上海金融》第2017年第1期。
② 王晟:《基于区块链技术的法定货币控制权研究》,载《上海金融》第2017年第1期。
③ 程雪军、李心荷:《论加密数字货币的法律风险与治理路径:从比特币视角切入》,载《电子政务》2022年第11期。
④ 程雪军、李心荷:《论加密数字货币的法律风险与治理路径:从比特币视角切入》,载《电子政务》2022年第11期。
⑤ 程雪军、李心荷:《论加密数字货币的法律风险与治理路径:从比特币视角切入》,载《电子政务》2022年第11期。

有权限的人都可以查看。这种去中心化的特点,让货币发行和流通变得更加公平透明,提高了公民对货币体系的信任度。然而,在传统的货币管理制度中,货币发行权由各国央行独享。在中国,中国人民银行为全国发行货币的机关,货币发行量必须报经国务院批准。

区块链技术的分布式治理会使货币的管理变得分散化和自主化,在"去中心化"的货币发行、流通模式下,通过采用公共区块链技术,个人和单位可以自主发行和流通数字货币,实现单位或个人账户间的直接划转,不需要中间机构。例如,比特币发行主要通过"挖矿"过程实现,搜集交易数据、建立新区块的过程被称为"挖矿",通过"挖矿"产生的比特币按照一定规则,最多可发行无限接近 2100 万个,存在数量上限。货币发行的信任问题则由比特币密码学算法和区块链技术得以化解。这种去中心化的特点在一定程度上摆脱了政府的控制和监管,削弱了中央机构对货币发行与流通的绝对控制力,但是也使原有的货币管理体系难以对其进行规制。

此外,比特币等数字货币的兴起和发展,还会冲击传统货币的地位。相比于传统货币,数字货币具有相对的优势。数字货币去中心化的特点意味着没有任何一家机构控制数字货币的发行和交易,保护了用户的资产安全和隐私。数字货币最突出的特点就是便捷高效的交易流程,比特币更是有独特的全球性货币属性,无国别限制,也无须兑换,在国际贸易与资本流动过程中,大幅降低成本。数字货币交易基于密码学技术进行,使其在安全性方面具有独特的优势,每笔交易都被加密和验证,确保交易的安全性和真实性。

数字货币不仅会对本国货币产生影响,其虚拟性和易于跨越国界的天然属性也会对国际货币体系产生深远影响。尼克·巴蒂亚分析认为,比特币的出现可能会重塑一个新的货币体系。在该货币体系之下,第一层货币是比特币/美元(功能类似于黄金);第二层货币是央行数字货币、比特币存款、稳定币;第三层货币是基于原子交换机制的稳定币。[①] 但也有学者提出与其不同的观点,认为比特币在未来货币体系演变过程中的重要性仍然要弱于央行数字货币和稳

---

① [美]尼克·巴蒂亚:《货币金字塔:从黄金、美元到比特币和央行数字货币》,孟庆江译,社会科学文献出版社 2021 年版,第 15~34 页。

定币。[1]

关于数字货币的法律规制问题,不同国家和地区对数字货币的态度和定性不同,导致了数字货币在法律层面的不确定性。因此解决数字货币法律规制问题,首先要明确数字货币的法律地位,各国政府应尽快制定或修订相关法律法规,明确数字货币的性质、法律地位以及其在经济体系中的角色,为数字货币的合法交易和使用提供明确的法律依据。加强跨境监管合作。由于数字货币具有跨境特性,各国政府需要加强国际合作,共同制定跨境数字货币交易的监管标准和规则,通过加强信息共享、建立联合监管机制等方式,有效打击跨境数字交易中的非法活动。

(四)Web 3 场域个人信息权法律保护模式革新

区块链的加密算法虽然是目前最成熟的密码学技术之一,能够通过对数据进行加密来保障其安全性,但随着技术的迭代更新和算法的不断优化,也存在被破解的风险,从而引发新型数据安全挑战。加密算法本质上是由代码语言编写的程序,由于设计者的有限理性,即便理论上有十分完善的加密算法,在实际应用中也可能出现各种漏洞,使其系统鲁棒性面临严峻考验。例如,当前在理论和实践上相对成熟的隐私计算技术,也面临着转译偏差耗散、数据集偏误和人为"投毒"等安全威胁。[2] 同时,由于区块链具有只能叠加、不可篡改的特征,对于因加密算法漏洞而输出的错误政府数据的修正需要烦琐的过程,或者根本无法完成,也异化了数据安全风险。

区块链分布式治理主要是指建立分布式数据库,分布式意味着诸多主体同时掌握信息。以区块链赋能政府治理为例,政府信息可以通过分布式政务数据库的方式录入公有链,并存储到各个节点当中。由此一来,区块链网络中的每个节点都拥有完整的数据历史记录,可以提供给每个节点用户或治理参与者检验。区块链的去中心化虽然避免了用户信息被集体攻击泄露的危险,但同时也将风险均摊到了每个节点上,但每个小节点不如之前的中心服务器的防护周

---

[1] 张明、王喆、陈胤默:《三大数字货币的比较分析:比特币、天秤币与数字人民币》,载《国际金融》2024 年第 3 期。

[2] 唐林垚:《隐私计算的法律规制》,载《社会科学》2021 年第 12 期。

全,更容易遭到攻破,也就是说薄弱的区块链节点变成不定时炸弹。[1]

从法律规制角度而言,我国对于区块链领域的管控尚未形成成熟的法律规范和技术标准。基于区块链的去中心化特性,也即不依赖于单一的法律实体,传统的法律规则在应用到分布式账本系统时面临着挑战。因此在遭遇黑客攻击的情况下,如何确认法律责任主体较为困难,个人信息权被侵犯时难以得到救济。

(五)传统容错机制嵌入分布式治理

区块链的去中心化和点对点交易技术有助于形成新的分配机制,将不被第三方攫取的价值直接分配给劳动者,从而缓解社会分配的公平和效率问题。[2] 在乡镇拆迁,从村落社会向城市社会的社会结构转型中,失地农民必然会出现大量的社会需求和社会问题,这中间需要政府能够积极地对社会民众的需求作出回应,并采取积极的措施,公正、有效率地实现公众的需求和利益。[3] 区块链可以帮助社会削减平台成本,取代中间机构,促进数据记录、传播和存储管理方式的转型,颠覆原有的社会监管模式,带领人们走向分布式自治。[4] 马克思对未来理想社会的描述,"那时,一方面,社会的个人的需要将成为必要劳动时间的尺度,另一方面,社会生产力的发展将如此迅速,以致尽管生产将以所有的人富裕为目的,所有的人的可以自由支配的时间还是会增加。因为真正的财富就是所有个人的发达的生产力"[5]。

区块链智能合约、数字人民币等社会工程对于权利义务的设计过于精准,破坏了法治社会必备的冗余。区块链智能合约最关键的优势在于不可篡改且能强制自动执行,但这一特性同时也成了变更与终止合约的极大障碍。出于意思自治的理念,各国民法一般均允许合同灵活变动,况且智能合约代码也难免

---

[1] 李乃权:《基于区块链的隐私数据安全综述》,载《网络安全技术与应用》2022年第1期。
[2] 高奇琦:《智能革命与国家治理现代化初探》,载《中国社会科学》2020年第7期。
[3] 孔娜娜:《城市社会资源引入与制度系统兼容:失地农民市民化的基本逻辑——以宁波市江东区失地农民集中安置社区为分析对象》,载《社会主义研究》2010年第1期。
[4] 马昂、潘晓、吴雷等:《区块链技术基础及应用研究综述》,载《信息安全研究》2017年第11期。
[5] 中共中央马克思恩格斯列宁斯大林著作编译局编译:《马克思恩格斯全集》(第31卷),人民出版社1998年版,第104页。

存在错误或漏洞,可能导致智能合约的执行与当事人的初衷发生偏差,上述情形中,均需要更改合同内容或终止合同执行。① 由此可见,智能合约在对合同的权利义务设置上过于僵化,符合条件代码即自动执行的强制性,使当事人丧失了根据实际情况灵活更改合同权利义务的自由性,在权利义务的配置方面不符合《民法典》权利本位、意思自治的基本理念。

另外,由于法治社会必备的冗余,不能要求法律面面俱到,对于任何细枝末节都规定为是违法犯罪。人性本身就是变幻莫测的,法律无法防范不可预知的风险。在1947年的美国政府与卡罗尔拖船公司一案中,法官汉德提出的"汉德公式"指出,只有当预防事故的成本低于预期事故可能性与预期损失之积时,致害者才应承担责任。这一公式虽简洁,但面对复杂情况却显得捉襟见肘。事故预防并非非黑即白的选择,而是关于如何在成本与风险之间找到最佳平衡点的问题。这时,我们需要借助边际分析来寻找这一临界点。理论上,当预防成本达到最优均衡时,就无须进一步追加。因此,在预防事故方面,法律责任的分配应当既防止投入不足,又避免过度投入,以实现最佳的平衡状态。区块链分布式治理模式下,智能合约、数字人民币等社会工程对于权利义务的规定十分细致,滥用权利、不承担义务是违法犯罪的形式之一,对于权利义务过于精准的规定在一定程度上大大降低了违法犯罪的成本,此时,根据"汉德公式"的规则,一方当事人很容易就被认定为有过错,从而需要承担法律责任。如果交易双方签订的合约绝对完美,事无巨细皆有约定,且无任何遗漏、模糊或歧义,那么合同法存在的价值就不大了。②

那么同理,如果区块链智能合约、数字人民币等社会工程所涉及的全部权利义务几乎全都事无巨细地规定下来,也是不能完全规避该领域的犯罪的,反而适得其反,破坏了当今法治社会必备的冗余。在此情形下,应当将传统法律制度中的容错机制融入Web3分布式治理体系之中,使精细化治理也具有较强的容错空间,确保社会的韧性。

---

① 焦经川:《区块链与法律的互动:挑战、规制与融合》,载《云南大学学报(社会科学版)》2020年第3期。

② 桑本谦:《"过错冗余"与"有难同当"——以"江歌案"一审判决为例》,载《探索与争鸣》2022年第4期。

小结

区块链分布式治理下,分布式账本上的多个节点共同参与决策,任何一个节点都无法单独篡改,且链上信息公开,能够大幅推动政府公信力的提高。基于区块链技术的权力约束机制,为从根本上治理权力腐败提供了契机。区块链共识机制要求各个节点共同维护数据的安全,作为区块链节点的各主体的自由度更大,上级领导的权力和下属的权力差别很小甚至是无异。但是各个节点在做决策时,如何产生一致意见是需要解决的问题。此外,区块链分布式治理下的权力约束机制也对现有法治秩序具有一定的冲击,面临着冲击集中统一领导的法律秩序、冲击国家的认证权力、冲击国家统一货币管理秩序、区块链隐私模型被穿透后个人信息更加全面被泄露的社会风险。区块链技术发展完善也是逐步克服自身弱点的过程,因此为了实现区块链分布式治理的权力约束功能,在建立分布式治理的法治秩序中,应当保持适当宽容的态度,在维护社会秩序稳定前提下,为区块链技术赋能政府治理留下合理空间。

第六章　NFT 数字资产的合规治理

NFT 是"Non-Fungible Token"的简称,也被译为非同质化通证,其应用横跨艺术品、音乐、视频等多个场景,包括数字藏品类 NFT、权益类 NFT、IP 卡牌类 NFT、游戏道具类 NFT 等多种类型。NFT 是元宇宙场域建构的基石,是通证经济的重要组成部分。2019 年年底,新冠疫情的暴发加速了虚拟生活工作场景的应用,直到 2021 年,号称"元宇宙第一股"的 Roblox 在 3 月份迎来上市,在 10 月 28 日随着 Facebook 首席执行官马克·扎克伯格将其公司由已经具有相当知名度和商业价值的"Facebook"更名为"Meta"开始,元宇宙便以"迅雷不及掩耳之势"进入大众视野,故此 2021 年也被称为元宇宙元年。NFT 也随着元宇宙产业的迅猛发展而突飞猛进,成为数字经济领域最具影响力的创新场景之一。

NFT 产业发展面临着较大的企业合规风险,包括 NFT 铸造环节的数据合规风险,NFT 流通环节的交易行为合规风险,NFT 技术服务环节的区块链技术服务合规风险。这些企业合规风险既影响了 NFT 技术创新,也抑制了基于 NFT 的通证经济发展。为解决企业合规风险对 NFT 产业发展的影响,需要从立法层面着手,树立适应 NFT 技术创新和产业发展的合规治理理念,建立与 NFT 破坏性创新和通证经济发展趋势相适应的合规义务体系,以当前的企业合规改革为契机建立 NFT 企业合规激励机制;同时,针对 NFT 合规风险关键环节,提供 NFT 数据内容合规、交易行为合规与区块链技术服务合规的指导标准。

一、NFT:元宇宙场域建构的基石

2021 年 3 月至 12 月,NFT 陆续拍出巨额成交价格,最高单件作品价格达到9180万美元,引发了世界广泛关注。① 作为数字经济的重要内容,NFT产业也被多个地区列为战略发展的重要内容。2020年《河北省数字经济发展规划(2020—2025年)》指出:"探索数据资产交易……培育通证经济。"②2022年《上海市数字经济发展"十四五"规划》提出:"支持龙头企业探索NFT(非同质化代币)交易平台建设,研究推动NFT等资产数字化、数字IP全球化流通、数字确权保护等相关业态在上海先行先试。"③同年上海数据交易所设立"数字资产"板块。④ 然而,NFT产业发展中却长期存在巨大的企业合规风险问题,如企业因实控人或高管涉嫌违法被司法机关追诉而被迫停业等,成为困扰NFT科技创新与产业发展的难题,亟待破解。在2023年3月召开的全国人大会议上,也有人大代表提出要推进数字藏品行业合规发展的建议。⑤

一般认为,企业合规起源于美国的公司治理实践,现今已经成为我国经济法、刑事诉讼法和行政法中被广泛运用的学术概念,并由此衍生出了刑事合规、行政合规、数据合规等一系列相关概念。⑥《商业银行合规风险管理指引》、《证券公司合规管理试行规定》(已失效)中的"合规"和"合规总监",以及2020年以来最高人民检察院力推的合规不起诉、合规监督等改革,都属于企业合规范畴。2023年7月中共中央、国务院印发《关于促进民营经济发展壮大的意见》中提出"深化涉案企业合规改革,推动民营企业合规守法经营"。⑦ 纷繁复杂的合规源于多方主体参与的商业与法律实践,涵盖企业的行政监管、刑事追责及社会义务履行等。"合规不仅仅是公司犯罪制度的升级,也是公司治理乃至公司理论在社会实践中演化的结果。两者之间的相互支持形成了今天的制度,但

---

① 成生辉:《NFT新视角:数字时代的权益变革》,人民邮电出版社2024年版,第2页。
② 《河北人民政府关于印发河北省数字经济发展规划(2020—2025年)的通知》,载《河北省人民政府公报》2020年第4号。
③ 《上海市人民政府办公厅关于印发〈上海市数字经济发展"十四五"规划〉的通知》,载《上海市人民政府公报》2022年第13期。
④ 《上海数据交易所数字资产板块管理规范(试行)》,载上海数据交易所官网,https://www.chinadep.com/bulletin/digital/CTC_20220824144754814782。
⑤ 陈梦娜:《全国人大代表、上海鑫瀛投资控股董事长冯琪雅:设立准入机制 建立数字藏品监管体系》,载《上海证券报》2023年3月8日,第15版。
⑥ 李晓明:《合规概念的泛化及新范畴的确立:组织合规》,载《法治研究》2022年第2期。
⑦ 《中共中央国务院关于促进民营经济发展壮大的意见》,载《人民日报》2023年7月20日,第1版。

是这种互动演化仍然在进行之中,存在着诸多不同层面和视角的争议。"[1]

虽然企业合规已经成为社会广泛关注的议题,然而,NFT 产业发展面临的企业合规问题尚未引起充分关注,无论是从基于 NFT 法律规制层面的研究,还是关于企业合规治理的研究,都未从 NFT 产业发展视角思考企业合规治理问题。以 NFT 法规规制为核心的研究,延续了区块链技术应用法律规制的基本脉络,将 NFT 视为继比特币、以太坊(去中心化应用)之后的区块链第三代应用,目前集中探讨 NFT 权利属性[2]、风险监管及知识产权法应对[3]。而在目前如火如荼进行的企业合规研究中,传统行业是其核心内容,尚无学者涉足 NFT 产业领域。因此,要发挥 NFT 产业对元宇宙经济的支撑作用,需要对 NFT 产业发展中的企业合规治理问题展开研究,梳理 NFT 产业发展中企业合规风险的基本类型,并对其形成机理进行分析,从立法层面来疏解这些合规风险。

二、NFT 产业发展面临的企业合规风险

企业合规风险是 NFT 产业发展中面临的重要问题,对这些合规风险进行类型化分析是阐明其内容结构及开展合规治理的前提。"合规管理作为一种新兴的内部治理方式,从金融机构逐渐演化而来,是实现企业合规经营的一种重要手段。"[4]我国虽然也开展过部分接近于当代企业合规的司法实践,但直到近年来才对其进行学理化建构。2017 版《合规管理体系指南》(GB/T 35770 – 2017)国家标准引言指出:"合规意味着组织遵守了适用的法律法规及监管规定,也遵守了相关标准、合同、有效治理原则或道德准则。若不合规,组织可能遭受法律制裁、监管处罚、重大财产损失和声誉损失,由此造成的风险,即为合

---

[1] 邓峰:《公司合规的源流及中国的制度局限》,载《比较法研究》2020 年第 1 期。
[2] 邓建鹏、李嘉宁:《数字艺术品的权利凭证——NFT 的价值来源、权利困境与应对方案》,载《探索与争鸣》2022 年第 6 期;李逸竹:《NFT 数字作品的法律属性与交易关系研究》,载《清华法学》2023 年第 3 期;吴一楷:《我国数字金融治理的行业规制与司法引导探索——基于加密资产司法认定的视角》,载《河北经贸大学学报》2024 年第 2 期。
[3] 宋芳斌、甘锋:《NFT 艺术品的风险与二元保护模式》,载《南京社会科学》2022 年第 8 期;王迁:《论 NFT 数字作品交易的法律定性》,载《东方法学》2023 年第 1 期;刘少军、聂琳峰:《数字藏品版权的功能、困境与治理》,载《北京联合大学学报(人文社会科学版)》2023 年第 1 期。
[4] 黄胜忠、刘清:《企业内部控制与合规管理的整合》,载《财会通讯》2019 年第 17 期。

规风险。"①2022年,新修订的《合规管理体系要求及使用指南》(GB/T 35770 – 2022)正文对合规的概念进行了修正:"合规是履行组织的全部合规义务,这些合规义务(compliance obligations)是组织强制性地必须遵守的要求,以及组织自愿选择遵守的要求。合规风险是因未遵守组织合规义务而发生的未履行合规义务的可能性及其后果。"②学术界一般认为:"合规风险既不同于经营风险,也不同于财务风险,是指企业因为在经营中存在违法违规乃至犯罪行为,而遭受行政监管部门处罚和司法机关刑事追究的风险。"③梳理NFT产业链发现,在NFT铸造(生产)、流通与技术支持等三大环节中,相关企业各自面临着对应的合规风险。

(一)NFT铸造环节的数据合规风险

随着数据的生产要素化,数据合规也成为企业合规的重要内容,而这也成为NFT产业发展中企业合规风险的首要来源。NFT的概念虽然有所争议,但对其核心内涵已经有较强共识,即NFT是基于区块链技术将资产数字化的一种加密数字资产,具有唯一性、稀缺性、可流通、可追溯、不可篡改、不可分割等特性。例如,国际NFT交易平台OpenSea官网解释,NFT是指"具有区块链管理所有权的独特数字物品"。④ 国际拍卖行巨头佳士得认为,加密艺术品(NFT)是指储存于区块链的独特数码证明,提供一项资产的特定拥有权,并以数码资产为主,例如数码艺术品。⑤ 广东省互联网协会区块链专业委员会等单位联合编制的《发行NFT数字藏品合规操作指引(2022年版)》中提出,NFT是指非同质化代币,是用于表示数字资产(包括jpg和视频剪辑形式)的唯一加密货币令牌,可以流转买卖,在我国市场NFT通常被称为数字藏品。概言之,

---

① 国家质量监督检验检疫总局、国家标准化管理委员会主编:《中华人民共和国国家标准合规管理体系:指南(GB/T 35770 – 2017)》,中国标准出版社2017年版,第Ⅱ页。
② 国家市场监督管理局、国家标准化管理委员会主编:《中华人民共和国国家标准合规管理体系 要求及使用指南(GB/T 35770 – 2022)》,中国标准出版社2022年版,第Ⅳ页。
③ 陈瑞华:《企业合规的基本问题》,载《中国法律评论》2020年第1期。
④ OpenSea官方App中"about"部分关于NFT的介绍:"At Open Sea, we're excited about a brand new type of digital good called a non-fungible token, or NFT. NFTs have exciting new properties: They are unique, provably scarce, tradeable, and usable across multiple applications.",2023年3月12日。
⑤ 佳士得:《关于加密艺术(NFT)基础入门的十大问题》,载拍卖行网2021年12月27日,http://www.ikck.com/article-709。

NFT 由文字、图片、音频、视频等数据内容在特定区块链技术服务平台经过铸造而成，是一串指向电子图片等内容的数字令牌。如 *Everydays：The First 5000 Days*（以下简称"Everydays"）这枚当今世界最为知名的 NFT，其底层数据内容就是作者连续 5000 天创作的 5000 幅数字画作。

底层数据内容合规是 NFT 合法铸造与流通的前提。一旦违法违规数据上链铸造成 NFT 之后，其救济将十分困难。[①] 也就是说，NFT 的底层数据内容可能违反国家禁止性规定，也可能侵犯他人知识产权，这是 NFT 企业经营管理过程中面临的第一大合规风险。如果 NFT 企业未能有效应对这些风险，就可能导致企业银行账户被冻结，面临行政处罚、民事起诉追偿等，企业法定代表人甚至可能遭遇刑事处罚。NFT 底层数据内容合规风险主要包括内容违法或者权利瑕疵两个方面。

作为 NFT 底层内容的图片、视频等不得违反法律的强制性规定，不应属于违禁范围，如违禁言论、淫秽性作品等。[②]。在现有的 NFT 中，部分 NFT 以 AV 女优、政治性言论等为底层内容，显然违反了我国法律的强制性规定，属于明显违规产品。现实中虽然暂时未出现此类涉嫌严重违法的 NFT 案例，但是在生成式人工智能作品广泛出现的当今时代，企业面临的此类合规危险不容小觑。

NFT 底层数字内容可能存在侵犯他人著作权的问题，NFT 难以修改等属性则会增加权利救济难度，这也在很大程度上扩大了企业的合规风险。NFT 发行方如未取得底层作品著作权等知识产权许可或超出许可范围发行，就有可能致使 NFT 存在权利瑕疵。同时，部分发行主体严重侵犯他人著作权铸造 NFT 并投入交易，可能会构成犯罪。NFT 交易平台的服务方式、商业模式、技术模式、控制能力及盈利模式差异极大，共同点是都需要提供区块链网络服务。参与

[①] 初萌、易继明：《NFT 版权作品交易：法律风险与"破局"之道》，载《编辑之友》2022 年第 8 期。

[②] 《数字藏品应用参考》将 NFT 网络出版审核的条件归纳为 12 个方面："1. 反对宪法确定的基本原则……12. 涉及国家安全、社会安定等方面重大选题的内容，应当按照重大选题备案管理的规定办理备案手续。未经备案的重大选题内容，不得出版。"国家新闻出版署科技与标准综合重点实验室区块链版权应用中心主编：《数字藏品应用参考》，载搜狐网 2022 年 7 月 8 日，https://www.sohu.com/a/565397486_152615。

NFT铸造和交易过程的企业和个人,都有可能成为共同侵权的责任主体。① 相对于传统商品而言,NFT的生产成本较低,大量铸造同类型NFT的边际成本几乎为零。在现有若干个并存的NFT区块链服务平台中,任何人都有能力铸造NFT。在国内首例NFT侵权案司法裁判中,杭州市中级人民法院和杭州互联网法院认定,未经权利人许可,NFT数字作品铸造过程中对作品的上传行为,使铸造者终端设备中存储的数字作品被同步复制到网络服务器中,此行为就侵犯了权利人的复制权。以互联网方式向社会公众提供作品,可以使公众可以在选定的时间和地点获得NFT数字作品,故NFT数字作品交易符合信息网络传播行为的特征,此行为侵犯了权利人的信息网络传播权。②

(二)NFT流通中的企业合规风险

NFT铸造完成之后就会进入市场流通环节,NFT发行方、NFT交易平台等企业主体都将面临新的合规风险。自2021年10月31日国家版权交易中心等单位联合发布《数字文创行业自律公约》至2023年6月21日中国人民银行上海总部发布《谨防NFT、元宇宙炒作等相关风险》,至少已经出台12部规范性文件用于规范NFT商业活动。这些NFT规范性文件,或由金融监管机构和地方党政机关制定,或由半官方性质的NFT行业组织颁布,核心都在于揭示NFT企业面临的合规风险。这些风险可划分为两类,一是因破坏金融秩序等违法行为遭遇行政处罚或被追究刑事责任的风险,二是因违反合同义务而被要求承担民事责任的风险。

NFT市场流通环节中,NFT发行方与交易平台等类型的企业,其内部员工参与发行NFT、实施NFT交易撮合等行为,可能涉嫌构成非法吸收公众存款、

---

① 高阳:《论NFT交易平台著作权合理注意义务的设定》,载《上海大学学报(社会科学版)》2023年第5期。
② 在杭州原与宙科技有限公司、深圳奇策迭出文化创意有限公司侵害作品信息网络传播权纠纷案,浙江省杭州市中级人民法院(2022)浙01民终5272号民事判决书中,法官表明:"NFT数字作品交易流程涉及三个阶段,其中,在NFT数字作品的'铸造'阶段,涉及复制行为;在NFT数字作品的上架发布阶段,涉及信息网络传播行为;在NFT数字作品的出售转让阶段,不涉及复制行为,也不涉及信息网络传播行为,是否涉及发行行为,本院具体评述如下:……NFT数字作品的出售转让不属于著作权法意义上的发行行为,涉案NFT数字作品交易行为不受发行权规制。……综上,原与宙公司应当知道其网络用户利用其网络服务侵害他人信息网络传播权而未采取必要措施,主观上存在过错,应当承担帮助侵权的民事责任。"

洗钱、破坏外汇管理秩序等犯罪，使相关企业面临行政处罚或者被追究刑事追责的风险。有学者撰文指出，相对于数字资产确权，NFT 实际上更有利于开展交易。① 现实中，部分以 NFT 名义开展的金融理财活动，涉嫌构成非法吸收公众存款罪。NFT 对公众具有强大吸引力，部分犯罪分子利用 NFT 的市场热潮和其广泛存在的信息不对称的弊端，以承诺回购、高价抵押等方式向不特定公众发行 NFT 并利用 NFT 交易平台进行二次交易，涉嫌构成诈骗罪，而交易平台也可能卷入其中构成犯罪。目前市场上流通的 NFT 大多具有较强的跨国流通性，与比特币等类似，能够成为违法犯罪分子用于突破外汇管制的工具，即行为人在境内运用人民币资产购置具有公允价值的 NFT，之后在境外以美元等出售。此类行为严重侵犯了我国外汇管理秩序，危害我国金融安全，这也是我国多部规范性文件②都对 NFT 市场流动性进行严格限制的根本原因。

　　NFT 市场流通环节中的第二类企业合规风险表现为 NFT 发行企业或者交易平台企业因未履行合同约定而造成的违约风险。在商业实践中，NFT 交易平台也会要求各方主体进行实名认证，从而将控制交易账户 NFT 资产的自然人身份信息确定下来。由于企业保管不善或者遭遇黑客攻击，就可能导致这些数据被泄露。另外，也可能出现存储于平台的 NFT 被盗行为。虽然实施这些违法行为的主体是黑客，但 NFT 交易平台等主体也可能会遭遇民事索赔。当然，NFT 交易的网络服务提供者负有数据保护义务，如管理数据信息过程中存在严重违法行为，其在承担民事赔偿责任的同时，依据我国《刑法》第 286 之一条规定，还可能构成拒不履行信息网络安全管理义务罪。

---

　　① Anastasiia Chuvaieva, *Non-Fungible Tokens and Failed Promises of Simple Virtual Ownership*, New York University Journal of Intellectual Property & Entertainment Law (JIPEL), Vol. 12：2, p. 304 - 352 (2023)。

　　② 2022 年 2 月 18 日，原中国银行保险监督管理委员会处置非法集资部际联席会议办公室发布《关于防范以"元宇宙"名义进行非法集资的风险提示》，提醒投资者应注重防范以下四种以"元宇宙"名义进行非法集资的有关手法：一是编造虚假元宇宙投资项目；二是打着元宇宙区块链游戏旗号诈骗；三是恶意炒作元宇宙房地产圈钱；四是变相从事元宇宙虚拟币非法牟利。2023 年 6 月 21 日中国人民银行上海总部发布《谨防 NFT、元宇宙炒作等相关风险》，2023 年 1 月 12 日海南省市场监督管理局、省委宣传部、省网信办等十部门联合发布《关于加强数字藏品风险监管工作的通知》等。

（三）NFT 区块链技术服务中的企业合规风险

企业合规并非仅仅是指不违法,还包括承担必要的社会责任,保障企业客户在内的社会公众利益免受损害。合规体系通常与社会主流价值规范相符合。在某些情况下,NFT 产业链中的区块链技术服务企业也会出现未能保障客户等社会公众利益的问题,这是 NFT 产业发展中面临的第三类企业合规风险。

NFT 是基于区块链技术的非同质化通证,区块链技术服务决定了 NFT 数字资产的稳定性,在 NFT 成功铸造并进入市场流通后,持续的区块链技术服务保障就成为 NFT 经济必不可少的要素。目前,OpenSea 等国外 NFT 平台可以以极低成本在 ETH 公链系统中铸造 NFT,区块链技术服务系统具有很强的稳定性。而国内的绝大部分 NFT 项目则建基于新开发的联盟链。这些开发联盟链的区块链技术服务企业往往不具备强大的技术服务能力,可能难以提供长期稳定的 NFT 存储、转账服务。

因 NFT 区块链技术服务商退出,NFT 购买者权利必然受损,违背了现代企业合规治理中的保护客户利益等道德要求。"一个全面有效的合规管理体系,能证实组织承诺并致力于遵守相关法律、监管要求、行业准则和组织标准,以及良好治理标准、普遍接受的最佳实践、道德规范和社区期望。"[1]为 NFT 铸造和存储提供区块链技术服务的企业,可能因技术条件不足或经营不善而倒闭,导致 NFT 物理意义上的永久灭失。一旦中心化的联盟链后端服务器发生损坏或停用,存于其上的 NFT 数据也会随之消失。同时,基于联盟链的大量 NFT 并不具有跨链流转的功能,从而使国内 NFT 企业的购买客户面临更大的不确定性。这些都是 NFT 企业发展中面临的合规风险问题。

三、企业合规风险对 NFT 产业发展的影响

厘清企业合规风险对 NFT 产业发展的影响,能够更好揭示 NFT 合规治理

---

[1] 国家市场监督管理总局、国家标准化管理委员会主编:《中华人民共和国国家标准合规管理体系 要求及使用指南(GB/T 35770-2022)》,中国标准出版社 2022 年版,第Ⅳ页。

的重要意义,进而从法律作用层面为 NFT 企业合规治理立法提供指引。企业合规风险不仅意味着违法违规行为受到行政监管部门调查、处罚或者被定罪量刑,而且往往伴随经营资格的剥夺、重大财务损失、商誉受损和市场机会丧失等后果。① 在整体法治环境不发生恶化的情况下,传统产业中的企业合规风险虽然存在,但一般并无大碍,更不会从根本上影响产业发展。而对于 NFT 这种未来产业而言,企业合规风险往往至关重要,甚至攸关产业存废。事实上,企业合规风险对 NFT 产业形成了巨大冲击,既影响了 NFT 技术创新,也抑制了基于 NFT 的通证经济发展。

（一）合规风险抑制 NFT 技术创新

庞杂的规范性文件为 NFT 企业构筑了大量合规义务,已经影响了 NFT 企业的技术创新。自 2021 年秋 NFT 市场热度蹿升以来,国家版权交易中心、中国人民银行等多次发布了相关规范性文件,一些 NFT 行业组织也制定了较多具有较强政府指导意义的规范性文件,通过在 NFT 铸造、市场流通和区块链技术服务等多个环节为企业设置合规义务,以期规范 NFT 数字藏品的企业和投资者行为。如国家版权交易中心等机构于 2021 年 10 月 31 日发布的《数字文创行业自律公约》,中国互联网金融协会、中国银行业协会、中国证券业协会等在 2022 年 4 月 13 日发布的《关于防范 NFT 相关金融风险的倡议》,中国人民银行上海总部 2023 年 6 月 21 日发布的《谨防 NFT、元宇宙炒作等相关风险》,等等。这些规范性文件涉及 NFT 铸造、市场流通和区块链技术服务等多个环节,要旨在于强化 NFT 企业的合规监管义务,尤其是版权审查、禁止市场炒作等,严重者甚至完全禁止 NFT 二级市场交易。

NFT 的价值根源在于其所蕴含的想象力、创造力,而非仅仅是市场炒作的稀缺性,这是 NFT 产业存续和发展的基础。"NFT 产业化,将引发一次很大的经济革命。NFT 需要超越仅仅局限于美术、音乐、体育这样的范畴,因为一个思想、一个创意、一个发现,都可能是 NFT 产业的第一动力。"②重大创新在本

---

① 陈瑞华:《企业合规的基本问题》,载《中国法律评论》2020 年第 1 期。
② 朱嘉明:《元宇宙与数字经济》,中译出版社 2022 年版,第 269 页。

质上都是对现有产业结构的颠覆式重组,甚至往往会消灭现有龙头企业,经济学家往往以"破坏性创新"[1]的概念来描述这一现象。基于区块链技术的比特币、去中心化治理平台以及 NFT 都具有"破坏性创新"的性质,必然在变革现有产业结构的过程中冲击社会心理,甚至可能影响社会秩序。例如,比特币的早期应用主要是投机炒作、极客[2]之间交易甚至是灰色产业媒介,曾经被巴菲特讥讽为"老鼠药",甚至一度被人称白送都不要,而今已经得到埃隆·马斯克及大量国际主流投资机构的认可。[3] 与比特币类似,NFT 的诞生并非源于商业化目的,而是纯粹基于各类极客的理念创造。而且当今世界高价值的 NFT 基本上都与天马行空的想象力有关,例如风靡世界的"无聊猿"系列 NFT 等。而过于强大的合规义务加重了 NFT 企业的合规风险,压抑了 NFT 的技术创新。

为了满足 NFT 规范性文件确立的合规义务,国内的 NFT 企业开始大规模削减业务,且 NFT 技术创新也基本上趋于停滞。首先,互联网信息平台大规模限制 NFT 商业流量,甚至对除数字藏品类 NFT 外的其他类 NFT 实施封禁,使游戏类等 NFT 品类走向沉寂。微信平台作为国内 NFT 市场流通的最主要媒介,为落实 NFT 相关规范性文件设置的合规义务,在清退本公司 NFT 项目腾讯"幻核"的同时,也强化了对其他 NFT 项目的流量限制。腾讯公司声称,根据国家相关法规,为防止虚拟货币交易炒作风险,微信公众平台对炒作、二次售卖数字藏品的公众号和小程序进行规范化整治。2022 年 3 月底,微信平台封禁了一批 NFT 公众号,包括 Art Meta 元艺数、一点数藏、元本空间、One Meta、iBox 等。[4] 自微

---

[1] 薛捷:《破坏性创新理论述评及推进策略》,载《管理学报》2013 年第 5 期。
[2] 极客源于美国俚语,后用于称以创新、技术和时尚为生命意义并投身新经济、尖端技术和世界时尚风潮的人,典型人物包括乔布斯、埃隆·马斯克、中本聪和匿名 NFT 艺术家 Pak 等。
[3] 2021 年 3 月至今,马斯克旗下的特斯拉公司已多次购入比特币。2024 年 1 月 11 日,美国证券交易委员会(SEC)批准了贝莱德、富达、景顺等机构的 11 只比特币现货 ETF。具体可见 X(原 Twitter)平台马斯克账户发言,以及美国 SEC 官网报道。亦可参见吴斌:《美批准比特币现货 ETF 加密货币迎"分水岭时刻"?》,载《21 世纪经济报道》2024 年 1 月 12 日,第 6 版。
[4] 此外,关于微信平台打击 NFT 炒作的记录,也有大量媒体报道,如《监管"亮剑"数字藏品炒作 微信惩处一批涉事 NFT 账号》,载《上海证券报》2022 年 4 月 2 日,第 3 版。截至 2024 年 4 月 1 日,《微信公众平台运营规范》第 3.24.3 条依然规定了禁止虚拟货币及数字藏品交易行为的规则:"账号提供与数字藏品二级交易相关的服务或内容的,也按照本条规范进行处理。处罚规则 一经发现此类违规行为,微信公众平台将根据违规严重程度,对违规公众账号予以责令限期整改及限制账号部分功能直至永久封号的处理。"

信平台等加强 NFT 合规监管之后,卡牌类、游戏类等其他类型的 NFT 基本上退出国内市场,国内 NFT 的品类就只剩下了数字藏品类,而且其规模也明显收缩。① 在仅仅剩下数字藏品类 NFT 的背景下,大量的创意设想都难以被铸造成为 NFT,导致国内 NFT 市场走向单一化。其次,NFT 企业完全取消了数字藏品类 NFT 的二次交易业务。微信平台对于仅提供数字藏品展示和一级交易的公众号,要求其提供国家网信办已备案认可的区块链公司的合作证明作为资质证明,不支持提供二级交易。同时,阿里鲸探等国内主流交易平台基本上采取了限制 NFT 交易的态度。例如,阿里鲸探发布《关于违规用户的处罚公告》,根据规定对违规用户作出了限制转赠数字藏品的处罚。② 在严格限制数字藏品类 NFT 交易的情况下,具有较高创造性的 NFT 很难在市场自由流通,抑制了人们参与 NFT 创作的热情。事实上,禁止 NFT 转售已成为 NFT 产业发展进程合规治理的难点,与国外主流 NFT 基本上自由流通形成了鲜明对比,如 OpenSea、Nifty Gateway 等。正是各大平台企业鼓励以极低的铸造费用和交易费用后置等方式激励 NFT 铸造和交易,才使世界上诞生了大量弥足珍贵的 NFT 作品,推动了 NFT 产业发展,也丰富了人们的精神生活。

(二)合规风险限制了基于 NFT 的通证经济

基于 NFT 的通证化是推动数据确权的重要路径,NFT 产业发展的核心动力即源于此。数据作为智能化时代的基础性生产资料,需要在微观层面确权才能发挥其效用。数据种类繁多、内容交叉、用途多元,很难形成关于数据利益配置的共识。"数据确权问题目前仍是数字法理论争论的焦点之一,它面临诸多难以解释的理论困境,如数据确权对象无法被确定、数据确权缺乏普适性和统

---

① 笔者于 2024 年 3 月 12 日通过国内常用商业主体信息调查软件"企查查"平台调查发现,2016~2022 年间国内创设的数字藏品企业达到 300 余家,2023 年一年内新创设数字藏品企业数量不到 10 家。而正是在 2022 年下半年至 2023 年间,政府对于 NFT 的合规监管力度大幅提升。https://pro-plugin.qcc.com/search/?searchkey=%E6%95%B0%E5%AD%97%E8%97%8F%E5%93%81。

② 《蚂蚁链数字藏品平台用户协议》2023816 版本附件一《违规用户处罚规则》规定,经过合理判断如果用户从事了转售数字藏品、在任何平台发布转售信息等行为,平台有权根据具体行为和情节实施处罚。参见鲸探 App《用户服务协议》,2024 年 3 月 31 日。

一性,以及数据确权无法解决数据并行持有问题等。"①而且数据容易篡改和复制,数据劳动者利益易遭损害。基于 NFT 的通证化是解决数据确权难题的重要路径,NFT 产业的发展也与此相关。"NFT 可将大部分数字资产构建成标准化合约,将其映射为区块链上的非同质化通证,并依赖区块链构建信息相对更加透明可追溯的点对点交易市场,以此实现对数据资产的界定。"②个人身份信息、图片、视频等数据都可以铸造成 NFT,其全部流通痕迹都将记录在区块链系统中,形成可追溯、可审核的数据集。理论上任何非法复制 NFT 内容的作品,都能够被迅速识别,并且能够根据区块链证据规则进行证明,③从而保障个人数据权利不受非法侵害。

过高标准的合规义务抑制了 NFT 数据确权功能的发挥,成为遏制 NFT 产业发展的重大阻碍。NFT 要发挥数据确权功能,就必须有规模较大的 NFT 市场作为支撑,且需要拥有高稳定性的区块链技术服务来确保系统安全。如果 NFT 市场流通度差,那么基于 NFT 的数据确权将失去商业价值;缺乏安全稳定的区块链技术服务系统,NFT 赖以存续的网络载体将归于灭失。现实中,大部分 NFT 企业很难完全履行各类规范性文件设置的合规义务,这就使 NFT 企业长期陷入巨大的合规风险之中,NFT 产业的规范化发展也面临着巨大障碍。

NFT 发挥数据确权功能所需的繁荣市场,不能仅依赖于少量拥有 NFT 铸造等资质的企业,还必须由大量自然人、公司和其他组织参与才能形成。如果企业严格履行全面禁止 NFT 二次交易等合规义务,就必然阻碍其他主体的加入,影响国内 NFT 市场发育,大量潜在参与主体会加入国外 NFT 市场,导致国内 NFT 产业走向衰败。"NFT 对买家的吸引力在于,与电子书或受版权保护的电影等数字资产不同,NFT 可以像个人财产一样购买、出售、展示、赠送,甚至

---

① 梅夏英:《数据持有在法律上意味着什么?——一个基于信息流动元规则的分析》,载《比较法研究》2023 年第 6 期。
② 渠慎宁:《NFT 产业:理论解构、市场逻辑与趋势展望》,载《改革》2023 年第 4 期。
③ 最高人民法院《关于互联网法院审理案件若干问题的规定》第 11 条第 2 款首次确认电子签名、可信时间戳、哈希值校验、区块链等可作为验证电子数据真实性的技术手段。

可以销毁。"①此外,在元宇宙系统中,NFT本身就具有强大的市场流通需求,如作为数字分身装饰品的NFT、游戏装备类NFT等,都需要市场交易才能激发产业发展活力。"NFT是游戏金融、分散金融、再生金融发展的关键,也是通过区块链技术和分散式自治组织,建构的互联网3.0运行的枢纽。网游、链游乃至其他竞技(例如足球、篮球、排球、网球等体育项目)产业在嵌入NFT后迅速增加交易金额……加剧了NFT与加密资产、多人在线网络游戏等电子竞技的融合,并互相拓展营利空间。"②随着"Everydays"等NFT作品爆火,大量NFT创新喷涌而出。国内的阿里巴巴等公司及时跟进了NFT的发展潮流,但随后因一系列限制NFT市场流通的规范性文件出台,与之相关的创新也随即偃旗息鼓。2021年年底,为满足合规要求,摆脱"NFT投机炒作"嫌疑,国内主流NFT平台基本上逐渐停止了名为NFT的商业经营。

过高的合规风险也直接影响了NFT的技术路线选择,使现有NFT产品难以选择适应数据确权所需的高稳定性区块链技术服务系统。为满足限制NFT二次交易、易于政府监管等合规要求,国内NFT企业需要排除具有较强去中心化程度的ETH等公链系统。与国外的NFT相比,国内NFT的底层技术主要采用新建立的联盟链,其交易仅限于法定货币支付,且严禁二次流转。由于新建立的联盟链大多算力十分有限,远不能达到比特币、以太坊等公链系统的稳定性,无法满足数据确权所需的高稳定性要求。NFT产业发展中的这些合规风险都需要企业来实际承担,进而大幅提升了企业成本,这些成本在本质上都属于制度性成本的一部分,"是企业因遵循和应用各类公共制度而付出的成本,不属于生产过程本身所产生"③。"对于企业而言,面对制度成本是无能为力的,只有少数微观主体可以通过自身的成本消化能力而可以主动化解。"④作为理性经营的NFT企业,为了规避合规风险、降低成本,就必然会选择战略收缩或者进行产业转移,这无疑也阻碍了NFT产业发展壮大。

---

① Joshua A. T. Fairfield, *Tokenized: The Law of Non-Fungible Tokens and Unique Digital Property*, Indiana Law Journal, Vol. 97:4, p. 1261 – 1313(2022).
② 季卫东:《元宇宙的秩序:虚拟人、加密资产以及法治创新》,上海人民出版社2023年版。
③ 吴子熙:《中国制度性交易成本降低的路径研究》,载《云南社会科学》2019年第3期。
④ 金辉:《刘尚希:通过改革降低制度性成本》,载《经济参考报》2018年7月25日,第5版。

四、NFT 合规风险的立法化解

在 NFT 产业发展中,企业合规风险的形成原因是多元化的,其中立法层面占据了十分重要的地位。"对企业合规现状梳理后发现存在双向合规难的问题。从国内来看,缺乏'良法善治'的法治保障是主要原因。"[①]因此,解决企业合规风险对 NFT 产业发展的影响问题,需要从立法层面着手,建立适应 NFT 技术创新和产业发展的合规治理理念,并针对 NFT 合规风险关键环节提供 NFT 数据内容合规、交易行为合规与技术服务合规的指导标准非常重要。

(一)建立适应 NFT 产业创新发展的企业合规治理理念

法律创设的企业合规义务不能抑制 NFT 的"破坏性创新"。NFT 企业合规义务的设置,不应过于干涉 NFT 技术和产业发展的方向。与互联网发展早期面临着大规模投机等情况相似,当前 NFT 商业实践中也充斥着大量投机活动,甚至在一些场合成为实施违法犯罪活动的工具。无论是早期的互联网还是当前的 NFT,都吸引了大量的社会关注,其危害也往往被夸大,导致人们对互联网和 NFT 都提出了同样过高的合规要求。事实上,大部分人很难发现互联网、NFT 之类的"破坏性创新"所蕴含的力量。例如,早期芯片迭代主要源于沉迷游戏者对高度清晰仿真游戏体验的追求,看似无用的网络游戏,其实是推动芯片技术和产业进步的关键。通过优化 NFT 法律治理体系,能够在维护 NFT 产业健康发展的同时,减少其带来的负面影响,降低其技术推广阻力。未来,NFT 依托的底层技术必然会有进一步创新发展,当前的这些治理难题会因技术发展而迎刃而解,届时又将会出现新的问题。因此,在规范 NFT 交易等新兴事物的过程中,应当适当保持宽容审慎的态度。我国历史上曾经有过此类教训,如 20 世纪初过于严苛的游戏产业禁止政策,[②]导致了国内芯片产业主要应

---

① 许多奇:《论跨境数据流动规制企业双向合规的法治保障》,载《东方法学》2020 年第 2 期。
② 《关于开展电子游戏经营场所专项治理的意见》(国办发〔2000〕44 号)(已失效)第 1 条第 2 款规定"大力压缩经营场所的数量,切实加强监督管理",第 2 条规定"自本意见发布之日起,各地要立即停止审批新的电子游戏经营场所,也不得审批现有的电子游戏经营场所增添或更新任何类型的电子游戏设备"。

用场景萎缩,甚至在一定程度上减缓了芯片迭代更新的速度。法律设定的NFT企业合规要求,应当平衡好激励创新与维护金融秩序等价值目标的关系。"'破坏性创新'要求监管者必须善于识别金融科技创造的新产品或价值的改变……努力实现既推动金融创新,又保持金融稳定的双赢目标。"①

  NFT企业合规治理应顺应通证经济的发展趋势。NFT产业发展面临的合规问题与其他产业中的企业合规问题存在重大差异。传统产业的企业合规风险往往与财务制度不规范等历史遗留问题相关,而NFT产业中的企业合规风险则往往与"破坏性创新"附带的社会风险及其立法相关。在很大程度上,企业合规问题是发展NFT产业和通证经济所必须经历的一个特殊历史阶段。事实上,在比特币作为区块链主要应用场景的时段内,比特币时常也难免成为灰色产业的交易媒介。NFT产业发展本质上源于数字化生存方式的普及,以及与之相伴的资产形态数字化转型。"大众具有同时创造非同质资源、创作和消费非同质化产品的能力,而且随时随地地发生……要有更多和更方便的NFT创作上链和交易的平台,降低NFT的价格和交易成本。"②因此,NFT产业中的企业合规治理,就不能机械地沿用传统企业合规理论,而应将NFT产业创新发展中的企业合规风险适当社会化。

  增强NFT企业的合规激励。"现代企业制度的诞生源于企业对法律法规的自觉遵守。"③公司作为现代企业的基本形态,其健康发展高度依赖于有限责任制度等重要法律规则的良好实施,如果这些规则未能得到广泛遵循,就可能导致公司存续的制度基础受到威胁,故合规是刻入企业基因的特性。法律应当能够激发NFT企业开展合规治理的积极性,引导企业向善。激励企业优化合规管理也是国家深化改革和推进法治建设的重要内容。2021年3月发布的"十四五"规划提出,要引导企业加强合规管理。因此,借助此次改革,有望将加强NFT企业合规激励的设想落实为具体制度。首先,在《公司法》层面鼓励NFT企业制定合规计划。"企业合规的本质在于'全面风控'……更高水平合

---

① 许多奇:《金融科技的"破坏性创新"本质与监管科技新思路》,载《东方法学》2018年第2期。
② 朱嘉明:《元宇宙与数字经济》,中译出版社2022年版。
③ [日]川崎友巳:《合规管理制度的产生和发展》,载李世阳译,李本灿等编译:《合规与刑法:全球视野的考察》,中国政法大学出版社2018年版,第3~21页。

规还在于推动内在的自动化守规。"①企业合规是《公司法》的重要内容,有必要通过《公司法》来助推企业建立系统性合规计划。② 应当从《公司法》基本原则、具体制度设计和法律责任层面来确认和保障合规义务,推动 NFT 企业建立合规理念,尤其是要贯彻落实国家关于企业合规的系列要求。其次,对于合规治理体系较为完善的 NFT 企业在执法、司法层面予以优待。"如果法律和监管机构对企业合规予以激励,企业也会主动重视合规。"③2020 年 3 月,上海(浦东和金山)、江苏(张家港)、山东(郯城)、广东(深圳南山和宝安)等 6 家基层检察院开展企业合规改革试点,对民营企业负责人涉经营类犯罪,依法作出不批准逮捕、不起诉决定或依法提出轻缓量刑建议等,督促涉案企业作出合规承诺并整改落实。2021 年 4 月最高人民检察院将试点扩大至湖北、北京等 10 个省和直辖市。这些合规激励措施能够有力推动 NFT 产业发展中的企业合规治理。当然,合规激励是为了推进合规整改,良好的评估机制能够使检察机关高效实施合规激励,《关于建立涉案企业合规第三方监督评估机制的指导意见(试行)》为此提供了方案,这也是建立 NFT 企业合规激励制度的重要内容。

虽然"企业合规"改革过程中出现了部分问题,但是其中仍然蕴含了一些合理化的内容,尤其是加强对企业合规经营的激励机制,仍然值得其他类似制度的借鉴。对于 NFT 产业发展而言,这种合规激励机制也相当重要。尤其是随着美国特朗普为首的共和党人高度重视 NFT 在内的加密数字资产,可能会引发全球加密数字资产行业的突变式发展,我国也应该建立相应的应对方案。

(二)建立 NFT 产品与技术服务指导标准

企业合规因 20 世纪 90 年代美国刑法对建立合规制度的企业实施量刑优惠而获得快速发展。④ 美国司法界基于对 2002 年安达信事务所案件的反思,得出应改变公司起诉政策的经验。⑤ 改革开放初期,我国法治体系尚不健全,

---

① 杨力:《中国企业合规的风险点、变化曲线与挑战应对》,载《政法论丛》2017 年第 2 期。
② 赵万一:《合规制度的公司法设计及其实现路径》,载《中国法学》2020 年第 2 期。
③ 尹云霞、李晓霞:《中国企业合规的动力及实现路径》,载《中国法律评论》2020 年第 3 期。
④ [日]川崎友巳:《合规管理制度的产生和发展》,载李世阳译,李本灿等编译:《合规与刑法:全球视野的考察》,中国政法大学出版社 2018 年版,第 3~21 页。
⑤ 陈瑞华:《企业合规的基本问题》,载《中国法律评论》2020 年第 1 期。

企业经营活动时常面临着巨大的合规风险,出于保护民营企业发展的需要,国家并未严厉整治,以至于形成了部分企业忽视合规经营的社会风气。在全面依法治国的当今时代,企业忽视合规治理的问题已经严重影响了企业经营管理。受经济下行环境影响,推行企业合规改革、优化营商环境成为国家面临的一项紧迫任务。早在2017年企业合规国家标准建立之前,金融业就已经建立了较为完备的企业合规指导标准。此外,专门针对某类企业或者某类合规风险的规范性文件也得以颁布,如中国证券监督管理委员会《证券公司和证券投资基金管理公司合规管理办法》(2017年6月),国家发展和改革委员会等《企业境外经营合规管理指引》(2018年12月),国家市场监督管理总局《企业境外反垄断合规指引》(2021年11月),国务院国有资产监督管理委员会《中央企业合规管理办法》(2022年8月),浙江省地方标准《互联网平台企业竞争合规管理规范》(DB33/T 2511-2022)等。因此,关于NFT产业发展中的企业合规风险治理问题,也可以参考这一思路,建立NFT产品与技术服务指导标准。具体而言,要针对NFT铸造、市场流通和区块链技术服务制定专门的合规标准,指导NFT数据内容合规、交易行为合规和技术服务合规建设。

  NFT数据内容合规是进行NFT商业活动的前提,相应标准应当对合规的主要内容进行界定,同时明确其合规义务的承担主体。NFT底层数据内容合规重在两个方面:一是不侵犯他人知识产权,二是内容不违反法律和道德。按照《数字藏品应用参考》所梳理的NFT合规标准,国内NFT至少要经历版权审核、网络出版审核、ICP备案、公安部备案、区块链信息服务备案等多项流程,[①]巨大的合规成本必将严重影响整个NFT产业走向,需要加以整合。考虑到NFT作为新兴产业的巨大合规成本问题,欧盟MiCA法案直接将NFT排除在调整范围之外。[②] NFT底层数据内容合规义务应当由何种主体承担?NFT铸造主体是理所当然的合规义务承担者,其原因在于利用NFT相关服务平台铸

[①] 国家新闻出版署科技与标准综合重点实验室区块链版权应用中心主编:《数字藏品应用参考》,载搜狐网2022年7月8日,https://www.sohu.com/a/565397486_152615。

[②] Issam Hallak, *Markets in Crypto-assets(MiCA)*,[2023-09-29][2024-03-12],https://www.europarl.europa.eu/RegData/etudes/BRIE/2022/739221/EPRS_BRI(2022)739221_EN.pdf.

造 NFT 的行为,本质上是行为主体的自由选择,理应对其行为承担后果。当然,智能合约在 NFT 底层内容合规审查中具有重要作用。因此,通过智能合约等关键技术的支持,可以建立良好的 NFT 底层内容权利审查机制,该项内容也可以被 NFT 内容合规标准吸纳。此外,NFT 底层数据内容合规不应局限于国内的 NFT 数字艺术品,而应当将全部类型的 NFT 全部纳入。

NFT 流通环节的合规治理重点在于明确交易平台的监管职责。在 NFT 流通过程中,交易平台为 NFT 买卖双方提供居间服务,享受了 NFT 交易的大量利润,而且有可能利用其信息、资金等优势实施违法违规或其他不道德行为。欧盟 MiCA 法案专门设置了保护加密资产消费者权利条款,以及防止交易平台等机构滥用市场支配地位的措施。相对于强化其他主体的注意义务而言,在法律上强化交易平台的监管义务,成本最低,而且也符合权利义务平衡的理念。交易平台会按照 NFT 预定售价收取一定比例的展示费用,理论上应当对侵权行为承担部分风险,相关司法裁判基本上采纳了此种思路。[①] 因此,未来的 NFT 合规立法应当予以完善。交易平台未尽到及时监管的义务,就应当承担包括连带赔偿等责任。现有规则整体上强调 NFT 交易应当以法定货币支付且以生活消费为目的,以此为基础将其 NFT 购买者纳入消费者权益保护范围。[②] NFT 交易大量采用数字货币形式,其侵权所得很容易被转移。因此,需要适用近年来的敏捷治理理念,[③]在发现 NFT 出现被盗风险时迅速实施冻结等紧急措施,以降低风险。NFT 交易平台企业具有构建侵权预防机制的义务,以形成有效的筛查、甄别体系,从源头上保障 NFT 的交易安全。NFT 交易平台企业应建立侵权审核机制,对上传作品及铸造完成后的 NFT 著作权、权限范围进行初步

[①] 四川省成都市中级人民法院民事判决书,(2021)川 01 民初 10421 号。
2021 年 1 月 11 日,王某在新浪微博发布一条动态视频。海南某科技公司未经王某许可擅自将该作品铸造成 30 个数字藏品(NFT),初始发售价格为 599 元/个且可进行转售,该公司从转售成交金额中收取了综合服务费 4 万余元。成都市中级人民法院经审理认为,该公司铸造数字藏品的行为是侵害了案涉作品信息网络传播权,初始发售收益 1 万余元及综合服务费 4 万余元均属于侵权行为获利。故法院判决该公司赔偿王某经济损失 5 万余元及维权合理开支 5000 元。后四川省高级人民法院维持原判。

[②] 中国商业股份制企业经济联合会:《数字藏品合规评价准则》,T/EJCCCSE 004—2022,2022 年 9 月 19 日,http://www.ejcccse.com/open/217.html。

[③] 赵星、陆绮雯:《元宇宙之治:未来数智世界的敏捷治理前瞻》,载《中国图书馆学报》2022 年第 1 期。

审核,初步审核范围包括申请 NFT 铸造的用户是否提供有关著作权底稿、原件、著作权登记证书、权威机构出具证明等证据材料证明其对作品享有著作权或系著作权相关权益的权利人。NFT 交易平台企业还应具备侵权投诉机制,需要包含侵权通知的发送方式、发送地址等,对于有初步证据材料证明确实存在侵权行为的,及时快速作出响应并通过技术手段采取提示、下架、删除等措施,最大限度地解决好问题。当然,"我国应用软件隐私政策……广泛存在隐私政策出场、数据收集等方面的合规问题"[1],保护用户数据安全也是交易平台合规经营的重要义务之一。

建立 NFT 技术服务合规标准。NFT 是基于区块链技术的重要创新,因存储路径、区块链技术方案差异可能会出现不同类型的问题,进而导致差异多样的合规风险。2019 年国家互联网信息办公室发布的《区块链信息服务管理规定》第 2 条第 3 款规定:"本规定所称区块链信息服务提供者,是指向社会公众提供区块链信息服务的主体或者节点,以及为区块链信息服务的主体提供技术支持的机构或者组织……"建立 NFT 区块链技术服务合规的政府指导标准或者行业标准能够为 NFT 从业者提供更好的合规指引,并有利于其他参与者更好地掌握 NFT 相关信息,从源头上减少 NFT 企业接受区块链技术服务的安全性、稳定性问题。"我国行业协会商会监管的基本思路是建立合规性监管体制。"[2]在商业实践中,第三方专业机构等主体都能够依据现有法律法规为公众参与 NFT 交易市场提供专业视角、价值评估、风险讲解等服务,为 NFT 从业者或消费者提供合规指引。这些第三方专业机构或组织可以是行业协会,也可以是律师事务所以及有资质的评估机构。中国商业股份制企业经济联合会 2022 年 9 月发布的《数字藏品合规评价准则》,是我国目前规范 NFT 铸造和交易的重要团体标准,NFT 交易政府指导标准可以以此为基础进行研制。NFT 合规的政府指导标准应当重点关注安全性、底层技术标准两大问题,为 NFT 存储路径、区块链平台和 NFT 的可拓展性建立可供参考的标准。《数字藏品合规评价

---

[1] 李延舜:《我国移动应用软件隐私政策的合规审查及完善——基于 49 例隐私政策的文本考察》,载《法商研究》2019 年第 5 期。

[2] 郁建兴、沈永东、周俊:《从双重管理到合规性监管——全面深化改革时代行业协会商会监管体制的重构》,载《浙江大学学报(人文社会科学版)》2014 年第 4 期。

准则》专门研发了数字藏品产业示范指标体系,其中"合规稳定运营""区块链技术"等都作为一级指标,占据了高达15%～25%的权重。① 这两大一级指标实际都指向NFT的安全性和底层技术。安全性主要是指要能够指引NFT安全存储的机制,底层技术标准是指要提供区分NFT和FT(同质化通证,如比特币等)的技术依据以及其流通性。前者的主要问题是NFT的存储方式,后者主要是关于NFT所依赖底层技术的可信程度和可拓展性。当然,NFT的区块链技术服务也应当具有一定的可监管性,能为政府监管部门实施"开源监管"提供便利。②

小结

"全球数字大国博弈愈演愈烈,数字服务规则尚未统一,中国应持续加强服务业数字化转型可持续发展,加速构建数字服务业的双循环发展格局。"③基于NFT的通证经济是经济数字化转型的重要内容,有必要尽快完善NFT合规治理体系,推动NFT产业创新发展。本章通过对NFT产业发展中的企业合规风险进行系统梳理,结合司法机关推行的企业合规改革等实践,提供了NFT企业合规治理的立法疏解方案。当然,NFT产业仍处于发展早期,与基于区块链技术的其他产业应用一样都可能对现有治理秩序形成挑战,④其形态亦有赖于技术发展和商业实践展开才能彻底形成,因此对NFT产业发展中的合规风险应保持更加宽容的态度。NFT等虚拟世界为人类提供了生存繁衍的新系统,比传统的现实世界更具创造性,拥有更为丰富的人格,将展现新文明的无限可能性,可能重新奠定整个文明的根基,而且将允许人类参与整个文明的终极再

---

① 中国商业股份制企业经济联合会:《数字藏品合规评价准则》,T/EJCCCSE 004-2022,2022年9月19日,http://www.ejcccse.com/open/217.html。
② 李晶:《"区块链+通证经济"的风险管控与对策建议》,载《电子政务》2019年第11期。
③ 曹小勇、李思儒:《数字经济推动服务业转型的机遇、挑战与路径研究——基于国内国际双循环新发展格局视角》,载《河北经贸大学学报》2021年第5期。
④ 林群丰:《区块链赋能政府治理的实现机理及其法律规制》,载《河北经贸大学学报》2022年第3期。

造过程。① 国家目前推动的数字文化发展战略,为更好发掘 NFT 等虚拟世界的发展潜能提供了有利条件,如"十四五"规划指出的推动智能合约、加密技术等区块链技术创新应用,中共中央办公厅、国务院办公厅《关于推进实施国家文化数字化战略的意见》提出到"十四五"时期末基本建成文化数字化基础设施和服务平台。NFT 不仅能够作为艺术欣赏、社交展示等内在价值,而且也能够作为数据确权和价值传输的重要工具,在经济社会的数字化转型过程中发挥着十分重要的作用。作为元宇宙的重要基础设施,基于 NFT 的通证化是各行业实现数字化转型的关键,如果不能抑制 NFT 交易中风险的扩大化,则会严重拖累这些行业的发展。与互联网诞生之初的 2000 年左右相似,NFT 交易实践中也充斥着大量投机活动,甚至夹杂着部分违法犯罪行为,这些都招致了人们对早期互联网与 NFT 的大量误解。通过优化 NFT 法律治理体系,能够在维护 NFT 产业健康发展的同时,减少其带来的负面影响,降低其技术推广阻力。未来,NFT 依托的底层技术必然会有进一步创新发展,当前的这些治理难题也许会因技术发展而迎刃而解,届时又将会出现新的问题。因此,在规范 NFT 交易等新兴事物的过程中,应当适当保持宽容审慎的态度。类似的反例,20 世纪初过于严苛的游戏产业禁止政策,②导致了国内芯片产业主要应用场景的消失。NFT 作为一种重要的区块链技术创新场景,如果采取过于严苛的规制方案,可能也会出现游戏产业发展中的类似问题,形成对技术创新的阻碍。因此,有必要逐步推动 NFT 产业的合规发展。当然,具体的路径选择,既需要根植于我国自身实践,也需要借鉴其他国家和地区的相关立法经验。

---

① 朱嘉明:《元宇宙与数字经济》,中译出版社 2022 年版,第 124~125 页。
② 《关于开展电子游戏经营场所专项治理的意见》(已失效)第 1 条第 2 款规定"大力压缩经营场所的数量,切实加强监督管理",第 2 条规定"自本意见发布之日起,各地要立即停止审批新的电子游戏经营场所,也不得审批现有的电子游戏经营场所增添或更新任何类型的电子游戏设备"。

第七章　元宇宙法庭的功能及其制度设计

元宇宙是一套虚实相生的互联网系统,在基础设施搭建层面较多运用了区块链作为底层技术,在治理机制上也会大量参考区块链的分布式治理规则,在价值传输上也往往以前几章介绍的加密货币和 NFT 为核心载体,在参与人群上也与爱好加密数字资产的群体具有较多重叠。2022 年开展的元宇宙法庭试验,显示了其重塑司法体系和提升智能化治理水平的巨大潜能,需要重新认识元宇宙法庭的功能并提供制度设计思路。元宇宙法庭实现了对在线诉讼的功能升级,在当事人身份核验、举证质证流程优化、诉讼成本压缩、裁判文书制作、法律文书送达、裁判执行等方面均具有重要作用。随着元宇宙产业推广和元宇宙法庭应用场景拓展,元宇宙法庭的功能将逐渐从纠纷裁处转向智能化社会治理,此过程中元宇宙法庭的现有技术支撑和制度供给将难符需求。因此,元宇宙法庭的制度设计需要从两个方面开展:一是完善元宇宙法庭运行的配套制度,包括完善元宇宙法庭身份核验制度、元宇宙法庭证据呈现方式的类型化、建构基于区块链技术的元宇宙法律文书送达规则和强化元宇宙庭审秩序监督。二是逐步建立适应智能化社会的元宇宙司法体系,包括完善元宇宙数字资产的民事执行制度、建立元宇宙法庭和解协议效力的分级确认规则和从特定类案入手推动元宇宙庭审方式普及。

一、元宇宙法庭的实践

2022 年 9 月 23 日,福建省厦门市思明区人民法院打造全国首创"元宇宙庭审"。[①] 2022 年 11 月 18 日,安徽省马鞍山市花山区人民法院与同济大学联

[①] 陈志霞、任兵:《面向元宇宙:政府数智领导力的特征、价值及提升》,载《理论探索》2022 年第 6 期。

合主办元宇宙模拟庭审,探索数字时代审判工作新途径。此次模拟庭审叠加了双重"元宇宙"色彩,即在"元宇宙法庭"中审理发生在"元宇宙"空间的纠纷。不同于当前法院审判中的在线诉讼程序,此次庭审充分运用了"元宇宙"的虚拟实境构建三维虚拟法庭空间,在虚拟与现实交汇的空间中,参与者可以获得"沉浸式"的庭审体验。[①] 元宇宙法庭是自 2020 年以来元宇宙技术与产业迅猛发展过程中出现的一种新型智慧司法形态,不仅具有重塑现有法院庭审结构的潜力,也有望为智能化时代的社会治理提供方案。司法信息化、智慧法庭、在线诉讼等司法领域的制度创新,为元宇宙法庭建设奠定了坚实基础。1996 年最高人民法院下发《全国法院计算机信息网络建设规划》后,法院信息化建设就开始稳步进行。截至 2013 年年底,全国建成科技法庭 9000 余个,司法审判和司法管理的信息化水平得到大幅提升。[②] 2015 年 7 月,最高人民法院首次提出"智慧法院"的概念,提出充分运用司法大数据、云计算、人工智能等现代先进技术,支持透明便民的司法服务、公正高效的审判与执行、全面科学的司法管理。[③] 在已有司法信息化建设、互联网法院、三大在线诉讼规则基础上,各地法院开始尝试利用数字技术赋能司法改革,元宇宙法庭就是其中的重要成果。元宇宙是基于区块链、人工智能、数字孪生等现代科技的集成创新,以数字化生存、高沉浸感社交体验和通证经济为基本元素,也是重塑人与人连接关系和人类生命体验的社会试验。[④] 元宇宙法庭作为其重要组成部分,能够大幅增强在线庭审过程的"沉浸感",解决传统在线法庭面临的局限性。然而,与其他制度创新一样,元宇宙法庭也可能会出现隐私安全性、数据稳定性、大众接受度、配套设施建设、底层技术储备等方面的一系列问题。

目前已经有部分学者展开了对元宇宙法庭的研究,其重点在于三个方面。一是元宇宙在司法中的作用。如元宇宙时代对审判制度运作提出了更高要求,

---

① 《为民履职守初心 携手并进新征程》,载《马鞍山日报》2022 年 12 月 2 日,第 8 版。

② 孙航:《智慧法院:司法服务插上信息化翅膀》,载中国法院网 2018 年 12 月 8 日,https://www.chinacourt.org/article/detail/2018/12/id/3602090.shtml。

③ 邓恒:《司法改革专家系列评论 34——如何理解智慧法院与互联网法院》,载《人民法院报》2017 年 7 月 25 日,第 2 版。

④ 季卫东:《元宇宙的秩序:虚拟人、加密资产以及法治创新》,上海人民出版社 2023 年版,第 12~13、24~25 页。

能够在科技加持下推动实现类案同判的目标。① 元宇宙法律世界可以作为智慧法院的组成部分，倒逼现实法律世界的发展，对现实纠纷解决发挥教化作用，元宇宙虚拟空间的和解协议也可转化为具有法律约束力的真实协议。② 二是元宇宙司法的过程。"元宇宙有望克服程序权利的保障局限、诉讼场景的真实局限、在线诉讼的时空局限，实现主体在诉讼中的沉浸式交互、证据以虚拟形态的存证与质证、多元化纠纷解决的智能决策。"③ 三是如何对元宇宙法庭开展法律规制。应明确元宇宙法庭适用要件，建立元宇宙空间在线法庭证据规则，严格监管元宇宙法庭环境与数字人秩序，明确元宇宙法庭审理效力，确立元宇宙法庭的法律制度。④ 现有研究展示了元宇宙司法的重大作用，但是未能系统厘清元宇宙法庭建构的基本问题。本章在描述元宇宙法庭对现有在线诉讼功能升级的基础上，揭示了随着应用场景拓展而发生的元宇宙法庭的功能转型，以及该过程中元宇宙法庭建设面临的内生困境，最后探讨了元宇宙法庭的制度设计方案。

二、元宇宙法庭对在线诉讼的升级改造

2021年最高人民法院出台《人民法院在线诉讼规则》《人民法院在线调解规则》，2022年出台《人民法院在线运行规则》，将在线诉讼列为与线下诉讼具有同等法律效力的诉讼形式，民事案件的立案等全部诉讼环节都可以在电子诉讼平台开展。⑤ 2022年9月23日上午，庭审法官在"元宇宙"中主持审理了两起交通事故保险代位求偿案件，并进行当庭宣判。据此，可以将元宇宙法庭定义为，设置于元宇宙空间内，以元宇宙技术为支撑构建的由人民法院代表国家

---

① 季卫东：《元宇宙的秩序：虚拟人、加密资产以及法治创新》，上海人民出版社2023年版，第156页。
② 张卫平：《元宇宙与纠纷解决：应用图景及规制想象》，载《政法论丛》2022年第2期。
③ 曹建军：《"元宇宙"司法与纠纷解决的智能化》，载《政法论丛》2022年第2期。
④ 齐爱民、倪达：《元宇宙虚拟法庭的提出及其法律机制》，载《上海政法学院学报（法治论丛）》2023年第2期。
⑤ 《人民法院在线诉讼规则》第1条规定："人民法院、当事人及其他诉讼参与人等可以依托电子诉讼平台（以下简称'诉讼平台'），通过互联网或者专用网络在线完成立案、调解、证据交换、询问、庭审、送达等全部或者部分诉讼环节。在线诉讼活动与线下诉讼活动具有同等法律效力。"

依法审判各类案件的法庭。通过移动互联网技术开展庭审活动的法庭,两种庭审类型选择均需经过当事人同意,不得强制适用。① 现有的元宇宙法庭本质上是在线诉讼的升级版,从元宇宙法庭对在线诉讼的升级改造中,可以观察到元宇宙法庭建设对于保障司法公正和提升司法效率的重大意义。

(一)对当事人身份识别机制的扩展

元宇宙法庭对于案件当事人身份核验具有重要价值,能够优化现有当事人身份识别机制。核验当事人身份是司法程序的重要内容,身份核验错误轻则损害公民财产权益,重则引发冤假错案。在已经爆出的"孙小果案"等极端案例中,身份核验失真导致"替罪羊"代人受刑,真正的犯罪分子却逍遥法外。在传统的线下庭审程序中,往往由书记员在开庭阶段对双方当事人及其代理人身份进行核验,采用的方式是身份证、律师证(所函)与真人进行比对。此种身份核验方式在大多数情况下都是有效的,但也是主审法官必须承担的事务性工作。

元宇宙法庭提供了新的身份核验方式。在元宇宙法庭中,双方当事人是以自身的可视化数字分身的形式出现在元宇宙法庭中。元宇宙中的数字分身通常是指利用数字技术对现实生活中真人的信息和意识进行数字化塑造,构建存在于元宇宙中的数字人格体。② 目前学术界对数字人、虚拟人、数字分身、数字孪生有不同的分类方式,数字人包括虚拟人和数字孪生,而数字分身则属于虚拟人的一种;③还有的学者认为数字分身和虚拟人均属于数字人,但两者并不是包含的关系,而是并列的关系。④ 虽然分类方法不同,但在元宇宙法庭中诉讼主体以数字分身的形式进入并无争议,庭审中的身份核验也可以据此展开。元宇宙庭审系统能够有效保障数字分身的真实性,不需要对此进行核验,而需要核验的是操作数字分身开展诉讼活动的线下主体。自然人需要通过密码或

---

① 齐爱民、倪达:《元宇宙虚拟法庭的提出及其法律机制》,载《上海政法学院学报(法治论丛)》2023 年第 2 期。

② 林奕:《数字分身与元宇宙法庭,未来司法的场景我们能看到什么?》,载微信公众号"庭前独角兽"2023 年 7 月 10 日,https://mp.weixin.qq.com/s/BeJSEDS4Dqf6qz4oeuLPgA。

③ 吴烨:《元宇宙:法律图谱与规范逻辑》,中国人民大学出版社 2023 年版,第 12~13 页。

④ 林奕:《数字分身与元宇宙法庭,未来司法的场景我们能看到什么?》,载微信公众号"庭前独角兽"2023 年 7 月 10 日,https://mp.weixin.qq.com/s/BeJSEDS4Dqf6qz4oeuLPgA。

刷脸等形式登录元宇宙庭审平台,从而排除了几乎所有的身份伪造等行为,从而将诉讼参与人身份核验这些事务性工作剥离出审判业务。当然,要真正实现这一功能,需要从立法上确认自然人以数字分身形式参与案件审理的合法性,并且赋予数字分身与自然人同等的法律地位。

(二)简化举证质证流程

证据是人民法院查明事实和适用法律的基础,全部诉讼活动实际上都是围绕证据的搜集和运用进行。随着网络购物、商业磋商等活动的增加,大量案件需要微信聊天记录、电子银行转账等复杂的电子证据作为事实查明依据,此外,部分案件也需要大量书证。在传统线下法庭的审理中,此类案件案情复杂、证据繁多,这不仅为运输带来麻烦,也加重了法官阅卷困难。案件审结后,需对卷宗进行封存,若证据数量过大,则储存的时间和空间也将会是一大难题。对物证而言,当事人带着又大又笨重的证据来法庭参加庭审,这也给当事人带来极大的诉累,并且物证的储存也是令各个法庭头疼不已。倘若将证据拍成照片,也是二维化的呈现,这将无法展示诸多细节,影响法官裁判。

相比于线下法庭,元宇宙法庭中的证据可以借助数字孪生、全息投影和3D重建技术,将书证和物证三维化呈现。[1] 目前数字孪生虽然也未形成绝对权威的标准定义,但核心含义大致被界定为:数字孪生是充分利用物理模型、传感器更新、运行历史等数据,集成多学科、多物理量、多尺度、多概率的仿真过程,在虚拟空间中完成映射,从而反映相对应的实体装备的全生命周期过程。[2] 在元宇宙法庭中,不仅法官们可以直接看到以三维化方式呈现的物证,加之全息投影技术,当事人亦可以摆脱VR眼镜等多种设备的束缚,通过肉眼便可直接观看物证。同时,基于区块链存证技术的发展,[3]证据也可以更好地嵌入元宇宙

---

[1] 齐爱民、倪达:《元宇宙虚拟法庭的提出及其法律机制》,载《上海政法学院学报(法治论丛)》2023年第2期。
[2] 纪德勇:《数字孪生的特征及其与元宇宙的关系》,载《机器人技术与应用》2023年第2期。
[3] 林群丰:《区块链赋能政府治理的实现机理及其法律规制》,载《河北经贸大学学报》2022年第3期。

法庭之中。实际上,在一个理想的司法区块链和数字正义生态系统里,各种审判活动和管理都是代码化、程序化、自动化的。① 这些都为简化举证、质证流程提供了坚实的物质基础。

(三)减轻当事人诉讼成本

诉讼成本是指诉讼主体在实施诉讼行为的过程中所消耗的人力、物力、财力。决定诉讼成本的因素包括三方面:诉讼周期的长短、诉讼程序的繁简以及诉讼费用的高低。随着我国经济发展水平逐渐向好,诉讼成本也在逐年攀升。② 目前来看,法院案多人少的问题依然没有得到很好的解决,大量案情简单、诉讼标的小、同系列案件不仅占据了法官大量的时间精力造成司法资源的浪费,也会给诉讼主体造成诉累。实践中,存在大量案情简单的同系列案件,却当事人众多,法官们仍然需要耐心解答各个当事人的疑问,占据了法官大量的时间和精力。

在元宇宙法庭中,其自身便可以减少诉讼成本、防止司法资源的浪费。虽然出台了三大在线诉讼规则,且在线调解数量也在逐年攀升,但是,民事纠纷解决仍然面临效率不足与公正弱化的双重危机与严峻形势。传统的在线纠纷解决方式无法为诉讼主体提供沉浸式体验,进而导致在线诉讼形式出现后,公民们参与度不高、场景真实性不足、司法权威性不强等问题。这样一来,当事人便不再认可在线诉讼程序,转而适用传统开庭审理的方式解决纠纷。而元宇宙法庭最大的优势便是完成对真实工作场景的复刻,为当事人提供在视觉、听觉、感觉上无限接近现实甚至超越现实的体验。基于此,案件的当事人便会更多地选择元宇宙法庭,诉讼成本便会大大减轻。

(四)辅助法官法律文书写作

党的十八届四中全会审议通过的《中共中央关于全面推进依法治国若干重大问题的决定》明确指出,要推进法治专门队伍建设,完善法律职业准入制

---

① 季卫东:《元宇宙的秩序:虚拟人、加密资产以及法治创新》,上海人民出版社2023年版,第187页。
② 赵钢、占善刚:《诉讼成本控制论》,载《法学评论》1997年第1期。

度。推进法官员额制度对我国推进法官职业化建设具有重要作用,也是落实司法责任制的重要一环。① 法官员额制改革后,审判案件的法官数量受到了极大的影响,虽然确保了法官队伍的正规化、专业化、职业化,且提高了法官的薪金待遇,但是这对于解决目前我国案多人少的问题当属螳臂当车。② 2015 年最高人民法院《关于完善人民法院司法责任制的若干意见》提出完善司法责任制,要求进一步优化审判资源配置,明确审判组织权限,严格审判责任制,增强法官审理案件的亲历性,以审判责任制为中心,"让审理者裁判、由裁判者负责"。推进法官员额制,优化法官队伍,监督审判权的依法行使,正是落实审判责任制的必经之路。③ 这使法官判案压力倍增,使其成为"戴着脚镣的舞者",头上时时刻刻悬着"达摩克利斯之剑",法官对案件质量终身负责制必须在相关配套制度改革完成后才可实施,否则只会让法官判案更加束手束脚,造成当事人的诉累。若把元宇宙法庭引入案件的审理过程中,则会使此症结得到很好的解决。

在传统线下法庭中,法官们对判决书、裁定书等法律文书的制作,仍然采用最为原始的打字模式,法官们除了需要对案件事实进行认定外,还需要耗费大部分的时间精力撰写法律文书。此模式不仅耗费法官的时间,也为后续的文书校对工作带来了很大的负担。现实中,大量法律文书出现低级错误,引发了社会广泛关注。④ 其错误类型包括:民商事案件中案由的确定不准确、不规范,查明与认定事实部分存在事实表述不规范、事实认定错误或不清、证据不足,说理欠缺或说理不充分,法律适用不准确、不规范。⑤ 而司法大数据虽可以帮助法官们进行类案推送,法条快速检索等,然而调研结果发现,多数法官均不认可此

---

① 李姗姗、赵雨等:《"以案定员"模型决策分析》,载《重庆理工大学学报(社会科学)》2022 年第 2 期。
② 陈瑞华:《法官员额制改革的理论反思》,载《法学家》2018 年第 3 期。
③ 李姗姗、赵雨等:《"以案定员"模型决策分析》,载《重庆理工大学学报(社会科学)》2022 年第 2 期。
④ 丁亚鹏:《舆情聚焦|"2000"变"20000",谁该为谬误的法律文书脸红》,载微信公众号"江苏舆情观察"2020 年 5 月 20 日,https://mp.weixin.qq.com/s/6viIH1UHcTIwXNAhVEZoYw;瓦阁小姐:《盱眙县人民法院频出笑话:判决书中出现 4 处笔误》,载微信公众号"盱眙啄木鸟网络信息中心"2016 年 10 月 17 日,https://mp.weixin.qq.com/s/7aa-AdJUbnhLJoCoHP0_JQ;乔虹:《法律文书"错别字"退!退!退!》,载微信公众号"金融与法"2022 年 8 月 25 日,https://mp.weixin.qq.com/s/vIJexHt0mQ__3WE-7EiRQA。
⑤ 雷鑫、黄文德:《当前法院裁判文书存在的问题及原因分析》,载《法律适用》2010 年第 1 期。

类功能,称其操作过于复杂且结果往往不够理想。

若法院通过区块链事先进行跨链信息共享和验证,通过 NFT 发送司法文书,就可以采取更加可信、便捷、高效的方式来确保司法程序的公开透明,保障当事人的程序性权利。①

而元宇宙技术另一个重要优势便是可以吸收大量的智能化解决方案和司法大数据,对事实清楚、法律关系明确、标的额较小、涉案人数较少的案件作出批量处理。面对复杂疑难案件时,元宇宙技术可以利用自身吸收的大量智能化解决方案和背后庞大的数据量,为法官们预测纠纷可能走向、不同判决可能导致的结果、通过比对大数据来衡量当事人利益得失,等等;并且能够为达成合作的当事人预测是否会有争议发生、又该如何避免,在双方当事人人均利益最大化时达成合作共赢的目的。

元宇宙中的 AI 法官主要存在情感缺失、无法进行价值判断等技术性障碍,其在行使裁判权的同时却无法承担裁判后果。但若不赋予 AI 法官所做裁判法律效力,AI 法官便形同虚设,人类便无法突破和实现跨越式发展。因此可在 AI 法官裁判之后,新增法官后续审查制度和当事人异议制度。② 面对重大疑难案件,法官可以进行主动审查。若当事人发现 AI 法官所做裁判超越人类普遍情感、价值观念和伦理道德便可向法官提出异议,进行被动审查。如此一来,不仅可以保障 AI 法官裁判案件的法律效力和案件处理效率,并且可以维持案件的公平正义,真正实现数字公平,使人类行动与人工智能实现均衡。

(五)提高法律文书的送达效率和精确度

在公检法司系统中,法律文书的送达占据极其重要的位置,送达包括了庭前送达和庭后送达两类。庭前的证据交换、法院受理应诉通知书、传票、协助调查令,庭后的判决书、裁定书、调解书等无一不需要送达技术的加持。在传统线下法庭中,送达大多数采用普通邮寄的方式,需要当事人和书记员签收,《人民法院在线诉讼规则》规定在当事人同意的前提下,可以采用电子送达的方式,

---

① 季卫东:《元宇宙的秩序:虚拟人、加密资产以及法治创新》,上海人民出版社 2023 年版,第 187 页。
② 曹建军:《"元宇宙"司法与纠纷解决的智能化》,载《政法论丛》2022 年第 2 期。

自此相比于邮寄、传真等,电子送达开辟了线上送达新趋势。① 但一旦当事人将信息输入错误,将会直接导致无法送达的情况发生。在涉外案件中,"送达难"也是长期困扰实务界的难题。

而在元宇宙法庭中,送达不仅可依赖"区块链＋电子送达"的方式,还可以借助当事人的元宇宙地址进而锁定当事人的位置所在。② 元宇宙地址是指元宇宙中以发送或接收文件或数据的目的而使用的,具有唯一性、排他性和可识别性特征的任何地址或字符。此地址具有不可篡改、不可伪造等特性,并与当事人身份信息绑定,不仅可以防止当事人输错信息,也可以保证法院送达法律文书的精准性。此外,不论是元宇宙还是区块链,均体现出鲜明的"去中心化"色彩,究其本质是"去信任化",能够使世界各地既不认识也不信任的人们同时进入元宇宙空间,故,元宇宙法庭能够很好地解决境外送达难题。

(六)拓展财产执行与保全方式

自三大在线诉讼规则出台后,法院的在线立案系统运作更加规范化,但值得关注的是目前在线财产保全和执行系统尚不够完善。2023年6月份,上海国际仲裁中心通过上海法院诉讼服务网的仲裁保全网上立案端口,在线转递申请人的财产保全申请,上海市徐汇区人民法院经审查,第一时间冻结了被申请人的银行存款,高效在线办结了这起仲裁财产保全案件。③ 最高人民法院于2020年年末建设了人民法院网上保全系统,该系统能够对保全案件的实际业务进行分析,通过智能化手段、辅助类应用解决保全法官的工作难点,既服务于人民大众,又服务于保全法官。④ 在执行方面,相比传统封条,电子封条具有加装牢固、实时监控与自动报警等智能化优点。近年来,法院充分借助智慧法院

---

① 《人民法院在线诉讼规则》第29条第1款规定,经受送达人同意,人民法院可以通过送达平台,向受送达人的电子邮箱、即时通讯账号、诉讼平台专用账号等电子地址,按照法律和司法解释的相关规定送达诉讼文书和证据材料。
② 齐爱民、倪达:《元宇宙虚拟法庭的提出及其法律机制》,载《上海政法学院学报(法治论丛)》2023年第2期。
③ 陈凤:《上海法院探索在线办理仲裁财产保全机制》,载《人民法院报》2023年6月14日,第2版。
④ 《"人民法院网上保全系统",让你足不出户,网上保全!》,载微信公众号"金昌市中级人民法院"2021年7月7日,https://mp.weixin.qq.com/s/GlQaar7QAzrlTWMQtb2E4Q。

建设,不断加大执行工作创新力度,全力压缩失信被执行人的活动空间,切实维护胜诉当事人的合法权益。① 目前电子查封在实务界应用广泛,但在基层法院依然普遍采用普通执行方式。

对于法院工作者来说,当事人虽可以在线上申请财产保全,但依然需要法院与银行等金融机构紧密配合,方能完成整个财产保全工作,而这将会大大增加法院的工作量,更无暇顾及其余案件正常的审理工作。若法院、银行、公安机关、税务机关等与财产保全相关联的部门入驻元宇宙空间,法院可以一键受理财产保全申请,线上对财产保全事宜进行多部门沟通、协作,由执行机关进行线下查封、扣押、冻结。随着元宇宙技术的不断发展,倘若作为价值交换手段的数字货币以及作为价值储存手段的非同质化代币(NFT)或者数字藏品②在我国境内可以得到支持,将会使财产保全和庭后执行更加便利,对财产的查封不需要线下进行,只需在元宇宙空间中发布公告,随即一键查封其虚拟财产(虚拟房地产、车辆,等等)。例如在中国,2022 年 10 月 28 日,由天下秀开发的虹宇宙 Honnverse 开始内测,用户预约后可以抢购虚拟房产,在闲鱼上,虹宇宙的虚拟房产被标价公开交易,从普通楼房到稀缺的极地木屋和环海岛屿,目前的价格在 200 元至 1 万元不等。③ 其中的赋税和监管问题在此不再赘述。在美国,林登币、沙币,以及 Roblox 发行的 Robux 币可以与现实中的美币兑换。④ 在中国,虹宇宙中的虚拟房产是否具有法偿性?林登币、沙币等虚拟货币在中国是否可以兑换成人民币进而偿还债务?

目前我国尚处于前元宇宙时期,若发展新型货币,将会对目前的法律体系造成严重的冲击和挑战。现如今,网络游戏中的一般等价物可用于满足人们在网络游戏中的娱乐需求,可以通过现实货币加以衡量,具备财产的属性和特征,

---

① 李兵:《法院查封房产用上了电子封条》,载《燕赵都市报》2022 年第 5 期。
② 季卫东:《元宇宙的秩序:虚拟人、加密资产以及法治创新》,上海人民出版社 2023 年版,第 24 页。
③ 刘晓洁:《疯狂的"元宇宙"炒房:有玩家囤了 100 套房,不到半年翻 6 倍》,载今日头条"第一财经官方账号"2021 年 12 月 12 日,https://www.toutiao.com/article/7040775469423297054/? upstream_biz = doubao&source = m_redirect。
④ 季卫东:《元宇宙的秩序:虚拟人、加密资产以及法治创新》,上海人民出版社 2023 年版,第 71 页。

具有使用价值和交换价值,属于商品范畴,可作为买卖合同中的标的物。[1] 但在2021年9月15日,中国人民银行、中央网信办、最高人民法院等10部门共同发布了《关于进一步防范和处置虚拟货币交易炒作风险的通知》,其中规定,虚拟货币不具有与法定货币等同的法律地位,比特币、以太币等虚拟货币具有非货币当局发行等主要特点,不具有法偿性,不应且不能作为货币在市场上流通使用。[2]

三、从元宇宙纠纷裁处到数智社会治理的基础设施

(一)元宇宙纠纷裁处:元宇宙法庭应用的基础场景

随着元宇宙诸多底层技术的发展,元宇宙不仅在艺术、文旅、图书馆等领域大展身手,其在军事学、建筑学、医学、心理学、经济学、商业等方面的应用也是大势所趋。比如被视为元宇宙终极形态之一的脑机接口,就是其当今的重要应用:2023年4月份,上海瑞金医院发布临床报告,通过脑机接口[3]技术对重度抑郁症患者进行治疗,患者术后抑郁症状的平均改善率超60%。[4] 未来元宇宙中脑机接口可能会大幅改变现有的元宇宙技术路线,直接干预大脑决策。脑机接口为人类提供视、听、触等多方面的体验,让用户能达到身临其境的现实感,实现物理世界与元宇宙场域的自由切换。[5] 在此背景下,与脑机接口相关的民商事纠纷自然更应该通过元宇宙法庭进行处理,常规线下庭审审理此类案件面临

---

[1] 漳平市人民法院:《【以案释法】网游"金锭"受法律保护吗?保护,但是有前提》,载网易"福建·龙岩中院官方网易号"2022年9月20日,https://m.163.com/dy/article/HHO2LTV00514K073.html?referFrom=。

[2] 《关于进一步防范和处置虚拟货币交易炒作风险的通知》(银发[2021]237号)。

[3] 目前脑机接口主要由三种,分别是侵入式脑机接口、非侵入式脑机接口及介入式脑机接口。侵入式脑机接口式以开颅等方式,将电极植入电脑皮层功能区。非侵入式脑机接口则通过头皮采集脑电信号。介入式脑机接口则通过微创手术,将血管刺穿小口实现脑机连接。

[4] 《世界首例!中国90后在脑中植入机器,一打开就变快乐了》,载今日头条"上观新闻官方账号"2023年8月31日,https://www.toutiao.com/article/7273347151311225378/?upstream_biz=doubao&source=m_redirect。

[5] 陈威良、周小琳等:《植入式脑机接口技术向医疗器械转化的问题与挑战》,载《集成技术》2023年第5期。

的高昂时间成本和经济成本都将助推这一选择的实现。

同时,以非同质化代币(NFT)方式构建的元宇宙是以区块链驱动的虚拟游戏,在游戏中,玩家实现了"边玩边赚 – P2E 商业模式"。① 在世界各国和地区,此种游戏模式较为盛行,带来了商机、流量和显著的广告效应。随着元宇宙和 NFT 的不断普及、交易额和交易频率不断增长,其背后的安全性以及如何处理纠纷也成为社会各界关注的话题。此前,周杰伦 300 多万元的 NFT 被黑客盗走。据报道,这枚 NFT 还多次转手,分别以 111ETH、130ETH、155ETH 的价格交易。② 元宇宙法庭的建设为解决此类案件提供了很好的场域,即可以通过虚拟现实技术对与案件有关的场景进行真实的模拟还原,为法官审理此类案件起到了很大的助益。虽然元宇宙的概念和发展方向尚未达成共识,技术领域也有诸多不确定性,所涉及的税收和政府监管问题也不明晰,③但元宇宙目前在经济、文化、旅游等方面应用广泛,且其所呈现出来的发展理念和未来前景正是我国目前现代化法治建设中缺少的部分。在未来,数字经济、在线诉讼、互联网法院必会成为司法建设中的主流。因此利用"元宇宙"与在线诉讼模式结合,也将会突破我国智慧法院建设的瓶颈,为智慧法院带来新的发展契机。

(二)从元宇宙纠纷解决到智能化治理:元宇宙法庭的扩展应用

随着世界百年未有之大变局加速演进,第四次工业革命以指数级速度展开,人类正迈入数字文明新时代,将政府数字化转型与国家发展战略融为一体,通过数字政府建设推动实现经济社会"数字蝶变",已经成为世界各国的普遍共识。我国相继出台《"十四五"国家信息化规划》《国务院关于加强数字政府建设的指导意见》等文件,对数字中国建设进行了系统性谋划和体系化布局,绘就了数字政府建设的中国方案,描绘了中国特色的政府数字化转型道路。

随着数字政府的建设,各个部门在元宇宙中可以实现超越时间空间的办公

---

① 卖方花费时间、金钱在游戏中积蓄装备,买家用法定货币购买代币,而后在游戏中购买装备,卖家通过买卖积蓄代币,并把代币兑换为现实世界的法定货币。
② 《周杰伦价值 300 万元 NFT 被盗引关注 数字藏品市场火爆背后暗藏风险》,载今日头条"央广网文化传媒有限公司官方账号" 2022 年 4 月 2 日,https://baijiahao.baidu.com/s? id = 1728988111742150281&wfr = spider&for = pc。
③ 潘宁:《NFT 税收治理:意义、挑战与应对》,载《地方财政研究》2023 年第 3 期。

协作,涉及的行政诉讼、行政复议、国家赔偿案件以及为人民群众开放(便民)服务窗口,均可以在元宇宙空间实现,节省办事时间,提升人民群众幸福感。元宇宙法庭的建设不仅适用于发生在元宇宙虚拟空间中的案件,现实生活中的民事、刑事案件依然可以适用,但需考虑当事人意愿、案涉人数、社会影响力以及案件类型。从互联网法院到目前的在线诉讼,我国人民法院在线审理案件类型逐渐呈现扩大趋势。元宇宙法庭适合审理发生在元宇宙虚拟空间中的纠纷,同时亦可以利用数字孪生技术做到对案件情节的演绎复刻,此种方式不仅可以让合议庭更加直观地了解案件事实,也有利于检察机关、公安机关对案件证据的采集和对案情的分析,防止冤假错案的发生,让人民群众在每个司法案件中感受到公平正义。诸如在交通肇事、劳动安全事故、安全事故等案件类型中,基于数字孪生技术的当庭数字化呈现,能够更加直观地展示争议各方的责任,解决以往高度依赖书面论证的窘境。[①] 随着元宇宙技术不断普及和成熟,可以扩大元宇宙法庭的适用范围,将适宜元宇宙法庭审理的案件类型纳入元宇宙法庭主管和管辖范围,打破元宇宙法庭案件审理类型的局限性。

(三)元宇宙法庭建设的局限性

元宇宙法庭对于改造现有线上诉讼体系和提升社会智能化治理水平都具有积极作用,但元宇宙技术的内生困境和外部阻碍也是极为明显。在内部技术架构方面,元宇宙本身可能引发的系列纠纷或成为未来民事纠纷的导火索。例如,在 NFT 技术中,侵犯著作权的行为如何处理、区块链技术中代币交易出现违约问题如何定分止争、数字人虚拟身份侵权问题如何解决,等等。

[①] 诸如吕某洲交通肇事罪案件,江苏省徐州市中级人民法院(2017)苏03刑终354号刑事判决书载:一审判决吕某洲有期徒刑1年10个月。二审法院认为,吕某洲在本起事故中虽然存在行驶速度不到每小时60公里、车身后部反光标识及防撞护栏不符合标准等多项违章,但都不是造成事故的主要原因,本起追尾事故的主要原因应当是后车疏于观察、操作不当所致,故吕某洲应负事故次要责任。一审认定吕某洲犯交通肇事罪不当,应当宣告无罪。黄某2男的损伤构成重伤二级,一审认定为轻伤二级错误,依法予以纠正。检察机关建议维持原判的意见不成立,二审不予采纳。如果该案审理过程能够运用元宇宙法庭3D建模,依据监控录像等证据材料复现事故发生当初的真实场景,就能很容易从直观层面了解事故双方责任。此外,周某平重大责任事故罪,言某刚重大劳动安全事故罪、重大劳动安全事故罪,也都是如此。参见江苏省无锡市锡山区人民法院刑事判决书,(2021)苏0205刑初771号;江苏省常熟市人民法院刑事判决书,(2021)苏0581刑初1211号。

在利用元宇宙法庭建构虚拟沉浸式纠纷解决机制过程中,存在人们对于新型技术的接受度和普及度问题。目前学界虽主要针对元宇宙内部架构问题和法律监管问题进行研究,但不应一味抨击其存在的缺陷,应更全面地看待这一问题。

1. 元宇宙现有技术水平难以支撑庭审秩序的需求

在元宇宙发展过程中,技术的成熟度仍然是一个核心问题,元宇宙产业发展方向和深度融入现实的时间节点仍然具有较大的不确定性。

元宇宙自身的开放性和极强的包容性与司法审判的封闭性存在一定抵牾之处。元宇宙是一个面向大众的虚实交互的平台,若司法机关、调解组织、公证部门入驻元宇宙,其案件卷宗、证据材料、当事人基本信息等如何保证不泄露?① NFT 技术只能对证据进行确权,保证此证据不是复制品,可是无法保证证据不受不法分子的攻击。目前元宇宙的仿真技术并未达到完全的复刻,视觉和听觉未满足完全的"沉浸式"体验,与现实生活区分较大。② 前文所述两种脑机接口,其安全性和稳定性至今仍未突破,并且元宇宙法庭仅仅是场景的变动,并未改变审判秩序和审判规则。直到现在,全球还未研发出完全爆火的 C 端产品,目前的产品成本过高,完全不适合量产,只能集中在企业端运用,很难在全民中得到普及。在元宇宙领域发展最快的是游戏元宇宙,大量的资本也是最先投入游戏元宇宙中。我们在建设元宇宙法庭时,也可参考游戏元宇宙的运行模式,但两者又不完全相同,不能只是像游戏一样给人们带来快感,更多的是要具有实操性。

元宇宙空间具有完全的开放性,任何人、任何平台均可以进入元宇宙世界。且前文所述,不同的部门和组织可以在元宇宙空间实现跨时空交互。在游戏元宇宙中,大部分均是对所有人开放,并研发有安全模式,一小部分的游戏元宇宙对玩家的年龄有所限制。③ 参照游戏元宇宙,我们可以建设以法院为主导的元宇宙法庭,其更多的是作为智慧司法的子系统,与智慧法院有细微的差异。智

---

① 曹建军:《"元宇宙"司法与纠纷解决的智能化》,载《政法论丛》2022 年第 2 期。
② 张卫平:《元宇宙与纠纷解决:应用图景及规制想象》,载《政法论丛》2022 年第 2 期。
③ 季卫东:《元宇宙的秩序:虚拟人、加密资产以及法治创新》,上海人民出版社 2023 年版,第 9 页。

慧法院主要是帮助、缓解现实法院的办案压力,为民事纠纷的解决提供助力。而元宇宙法庭的建立,则是单独处理纠纷的路径。引入元宇宙技术可以将其运用到诉讼的"前置"阶段,作为纠纷解决的辅助手段。①

我们可以单独设置元宇宙法庭端口(独立的法院接口),并且只对与案件有利害关系的当事人开放,以防造成网络卡顿和庭审秩序混乱。随着技术的不断完善,也可为纠纷调解设置单独接口,公安机关和检察机关也可在元宇宙法律空间中办公。这样一来不仅可利用元宇宙技术的便捷性,也可避免审判资料的泄露。

元宇宙的底层技术并不是处于初级阶段,而是已经经历相当长时间的积累,目前已处于技术整合阶段。从1.0至5.0五个发展演化阶段,即从狩猎社会、农业社会、工业社会、信息社会至未来的超智能社会,元宇宙为社会5.0超智能社会提供了坚实的基础。② 任何一种技术的发展均不是一蹴而就的,从沟通起源的1G到物联网时代的5G经历了数十年之久。元宇宙可能因科技迭代速度加快而适当缩短普及的时间,但是元宇宙领域权威专家估计需要5~10年才有可能产生。

2. 元宇宙相关制度不完善难以满足庭审的现实需求

在元宇宙发展过程中,不可避免的便是制度层面的阻碍。

第一,元宇宙数据保护机制不健全。元宇宙法庭建设过程中,传统智能化司法面临的障碍依然会成为元宇宙法庭建设的绊脚石。例如监管不到位,元宇宙自身的开放性、包容性、去中心化等特征给法律监管造成了极大的阻碍。并且其中存在大量主体进行大规模的数字金融交易,将会产生庞大的数据,这给法律监管造成极大困难;③立法不到位,我国立法领域并未出台相关法律法规对元宇宙领域涉及的法律问题进行有效规制;④个人信息保护不到位,每个数字虚拟人背后是自然人本我,不法分子可能通过搜集特定数字分身的活动和交易轨迹,从而打破基于区块链技术的隐私模型。当此之时,数字分身的密钥可

---

① 曹建军:《"元宇宙"司法与纠纷解决的智能化》,载《政法论丛》2022年第2期。
② 周利敏、钟海欣:《社会5.0、超智能社会及未来图景》,载《社会科学研究》2019年第6期。
③ 曹建军:《"元宇宙"司法与纠纷解决的智能化》,载《政法论丛》2022年第2期。
④ 汪世荣、陈思思:《"元宇宙"时代:科技革命与未来法治》,载《河北法学》2023年第1期。

能会被不法分子识别,并对应到现实中的自然人。①

第二,元宇宙数字分身的法律属性不明。在元宇宙空间中,每一位现实人均以数字分身形式进入。在此空间和时间下,数字分身对现实人起到了很好的保护作用。但又因有数字分身的存在,给我国目前现有法律制度带来了很大的冲击和挑战。我们是否应当赋予虚拟人法律地位是问题的基础所在。虚拟人的形象、年龄、职业、国籍等是由现实人根据自由意志随意设置,它与现实生活中每个公民具有唯一性是完全不同的,由此便带来民事权利能力和民事行为能力不对等的问题。但是,虚拟人在本质上仍然是自然人的自我表现形态,尽管可以展现完全不同的性别、外貌、声音,但仍然不能获得独立的人格。② 人格不独立,责任不独立,经济不独立,当纠纷发生时,其背后依然是由自然人承担责任,但具体承担责任的方式,仍需相应制度跟进。

3. 元宇宙法庭的社会推广面临传统司法观念的约束

每一个新兴科技的发展,总是在质疑声中艰难前行。例如在推广电子卷宗的过程中,不少法官表示存在看不清,不方便,不会用等问题;且最高人民法院推广司法文书在裁判文书网公布后,也出现了一些争议,而且最终也走向了缩减公开数量和优化质量的发展方向。2020—2023年间,裁判文书整体上网数量逐步缩减,从2020年的1920万件、2021年的1490万件降至2022年的1040万件,2023年1月12月中旬上网文书数量为511万件。最高人民法院相关负责人员表示,随着个人信息保护法律制度的完善和数据安全要求的提升,司法公开必须谨慎,在"充分满足当事人的参与权、知情权"和"防止公民的正当权益、企业的生产经营以及公共利益因不当公开受到不利影响"保持平衡。③

但对于有些人而言,现实世界仅仅成为生命维持的装置,解决进食、排泄、洗澡、治病、睡眠等问题,其他大部分时间都在元宇宙空间中度过,特别是高龄

---

① 杨东:《"以链治链":面向元宇宙的区块链司法科技范式革命》,载《中国应用法学》2022年第6期。

② 季卫东:《元宇宙的秩序:虚拟人、加密资产以及法治创新》,上海人民出版社2023年版,第87页。

③ 《裁判文书上网数量大幅下降?以后不公开了?最高法今天回应了》,载光明网,https://m.gmw.cn/2023-12/22/content_1303609584.htm。

者以及残障人士或许更需要在元宇宙空间度过时间享受生活的乐趣。①

现实中,普通民众目前依然习惯于传统的面对面式开庭审理,公民对以线下诉讼形式解决纠纷产生了惯性心理和较强的依赖性,对于元宇宙法庭存在排斥心理。老百姓内心依然存在遇到官司便要"对簿公堂"的观念,此时将老百姓心中的公堂搬到一块电脑屏幕或者一副 VR 眼镜的世界中,这将给百姓心中的传统认知带来巨大的冲击和挑战。但若当事人路途较远,或不方便出庭审理的案件,依然会选择线上开庭的方式,但也实属无奈之举。元宇宙法庭的建设是全新的领域,不管是发展中国家抑或是发达国家,对其依然停留在初步探索阶段,近几年,我国虽大幅度提高了对其的认可度,但相当多的人对其依然处于不了解、不明白的状态。

四、元宇宙法庭的制度设计

虽然元宇宙法庭的建设大多是模仿现实,但其运行规则和逻辑架构不应超脱现实,更应以现实为载体,建构虚拟与现实更好的连接点。与此同时,元宇宙法庭的制度设计不应局限于解决前文所列举的实务问题,还应一定程度上着眼于数字智能化时代的社会治理需求。"防治人工智能风险,在防治策略上要坚持法律规制与保障并重,在出台规制措施时必须考虑人工智能技术创新发展的要求。"②而元宇宙法庭的制度设计,也应当保持这种规制与保障并重的思路。

(一)建立元宇宙法庭运行的配套制度

1.元宇宙法庭身份核验制度

所有案件的立案、审理、送达、执行均需核验双方当事人身份,而元宇宙法庭身份识别机制是指允许当事人以自身数字分身形象进入法庭,并且数字分身

---

① 季卫东:《元宇宙的秩序:虚拟人、加密资产以及法治创新》,上海人民出版社 2023 年版,第 90 页。
② 杨福忠、姚凤梅:《人工智能赋能社会治理之维度及风险法律防治》,载《河北法学》2022 年第 11 期。

与自然人参与庭审法律效力相同。究其原因在现实生活中，自然人以本我形象进入传统线下法庭，而在虚拟世界中，自然人以其数字分身形象进入，其背后仍然是自然人本我在享受权利、承担义务，与传统线下法庭无实质性的差别，不应区别对待。

Meta 公司旗下的 VR 社交媒体 Horizon Worlds 在数字分身上曾经采取了集中化、统一化的治理模式，所有的数字分身均身穿统一的服饰，且只有上半身，但在 2021 年开始直到 2022 年 10 月上旬所有的数字分身可根据自然人主体自主设置年龄、肤色、种族、职业，等等。① 而这给元宇宙法庭庭审造成严重阻碍，但若抛开现象看本质，不难发现，不论诉讼主体数字分身形象如何改变，其元宇宙地址不会发生变化。根据《网络安全法》的相关规定，②网络运营商提供网络服务时，应当要求用户提供真实信息。在元宇宙世界中，诉讼主体要通过唯一的身份识别机制才可进入元宇宙世界，这不仅可以保证稳定性也可确保秘密性。目前存在体感分离型与体感合一型两种方案，③配以区块链技术，可以提供更加高效、便捷、稳定、透明的身份识别机制。用户在元宇宙世界中的身份信息、行为信息、一举一动均会记录在链上，若接入的身份信息、行为信息与链上身份识别系统识别到的身份不一致，则会发出警告，用户不可再进入诉讼过程，这样一来便可以规避主体身份冒用、盗用风险。

数字分身利用虚拟成像、动作捕捉、合成语音等高科技技术捕捉现实人的行为举止、动作表情，具有与现实人相同的外貌特征，且现实人在庭审过程中的微动作、表情、心理、情绪的变化均可以通过数字分身显现，使数字分身也同样具有情绪表达能力。④ 如此一来，在元宇宙大背景下，主体的庭审参与感将会极大增强，并且允许数字分身进入法庭也为审判公开打下了坚实的基础。2020

---

① 季卫东：《元宇宙的秩序：虚拟人、加密资产以及法治创新》，上海人民出版社 2023 年版。
② 该法第 24 条规定："网络运营者为用户办理网络接入、域名注册服务，办理固定电话、移动电话等入网手续，或者为用户提供信息发布、即时通讯等服务，在与用户签订协议或者确认提供服务时，应当要求用户提供真实身份信息。用户不提供真实身份信息的，网络运营者不得为其提供相关服务。国家实施网络可信身份战略，支持研究开发安全、方便的电子身份认证技术，推动不同电子身份认证之间的互认。"
③ 体感分离型主要借助 VR 眼镜、手柄、头盔、座椅等配套设备来传输数据；体感合一型则是利用脑机接口直接建立与虚拟世界的连接。
④ 程金华：《元宇宙治理的法治原则》，载《东方法学》2022 年第 2 期。

年3月,北京互联网法院上线虚拟法庭系统,可将法官身处的任意背景一键替换成法庭背景,保证疫情期间居家庭审的严肃性,5月份搭载该系统的虚拟法庭舱落地。但目前技术成本较高,若司法收益完全可以负担成本,则此虚拟法庭系统可大范围推广。但在元宇宙空间中,数字分身的人格权如何得到保障则是未来立法领域所要着重探讨的话题。[1]

2. 元宇宙法庭证据呈现方式的类型化

依托元宇宙的技术路线,实物证据要以数字化方式呈现,方便当事人举证质证、法官即时进行证据审查。数字孪生技术在此将发挥很大的作用,充分利用物理模型、传感器更新、运行历史等数据,将实物证据在虚拟空间中完成映射。[2] 同时利用全息投影和3D建模对实物证据进行三维重建,这样一来用户可以摆脱VR眼镜等多种设备的束缚,通过肉眼便可直接观看。例如,2020年10月浙江省嘉兴市中级人民法院创新运用"3D + AI + 区块链"技术,将传统物证进行数字化扫描,结合人工智能技术进行建模成像,对模型数据运用区块链技术实时存证,建立集数据采集、数据上链、数据管理为一体的"云上物证室",实现实物证据数字化管理、数字化送达、数字化移送和数字化存储,有效减轻当事人举证成本,提升法官物证查看便利度,进一步破解法院物证管理难、查找难、存储难问题,为法院从无纸化办案改革向数字化转型进行了新的探索。[3]

但是,我们又如何判断实物证据的真实性?基于此,我们可以利用价值储存手段——非同质化代币(NFT),当实物证据上传到NFT平台时,基于区块链存证技术便生成区块链地址,因区块链地址具有唯一性,因此此实物证据便自动被验证。NFT技术自身便可以验证事物的归属,是具有数字形态的权益证明机制。与此同时,利用数字孪生技术把实物证据复刻到元宇宙空间中也可以形成专门的验证机制,两者遥相呼应便可大大规避实物证据被复制、盗用、冒用的风险。

---

[1] 杨学科:《元宇宙的法律挑战与法律对策》,载《北京航空航天大学学报(社会科学版)》2023年第4期。
[2] 于勇、范胜廷等:《数字孪生模型在产品构型管理中应用探讨》,载《航空制造技术》2017年第7期。
[3] 余建华:《浙江法院推广应用"云上物证室"》,载《人民法院报》2021年第1期。

3. 建构基于区块链技术的元宇宙法律文书送达规则

上文提及可在当事人同意的情况下,利用元宇宙地址完成法律文书的送达工作。在虚拟世界中,办案法官也可利用自身数字分身形象,将法律文书送达到当事人的元宇宙地址中,①操纵数字分身的依然是背后的自然人主体,故,法官在元宇宙世界中完成送达工作便可视为当事人已经收到该法律文书,产生与现实法庭相同的权利义务。配以目前的司法区块链技术,对送达时间进行哈希计算,并产生存证哈希值,则此送达事实便无法篡改,具有唯一性。因元宇宙具有"去中心化"特点,全球的用户均可以共同进入元宇宙虚拟空间,其实现了真正意义上的全球互联互通的状态,此方式不仅能够节省域外送达时间,更能提高域外送达的准确率。故,元宇宙地址作为送达地址理应与传统线下送达具有相同的法律效力。

4. 加强元宇宙法庭庭审秩序的监督

《人民法院在线诉讼规则》第 24 条第 1 款规定了传统在线法庭应当具备国徽、规定审判席位置等环境要素,第 25 条第 1 款规定出庭人员在参加在线庭审时应遵守法庭纪律,通过对在线法庭环境与法庭秩序的严格要求以维护法庭的庄严性、秩序性。② 2022 年 11 月 18 日,马鞍山市花山区人民法院在元宇宙世界中举行了一场模拟庭审,此次模拟庭审是全球第一场在元宇宙中开展的关于元宇宙纠纷案件的模拟庭审,在庭审过程中,多次出现网络卡顿、听众席秩序紊乱等多次打断庭审的意外状况,这与法庭的庄严肃穆格格不入。现实世界中,审判长可以进行人力的劝阻,在元宇宙空间中我们又该如何规制数字分身在不同场合的行为自由。笔者认为可将线下审判秩序应用在元宇宙世界中,利用技术对庭审出席人员的行为方式进行强制性规制,对于反复警告不听劝阻的听众席成员可以限制进入,等等。

(二)建立适应智能化社会的元宇宙司法体系

智能化时代的社会结构将会发生巨大变革,应当"通过技术—社会互动的

---

① 齐爱民、倪达:《元宇宙虚拟法庭的提出及其法律机制》,载《上海政法学院学报(法治论丛)》2023 年第 2 期。

② 齐爱民、倪达:《元宇宙虚拟法庭的提出及其法律机制》,载《上海政法学院学报(法治论丛)》2023 年第 2 期。

重构实现人工智能介入后的融合正义司法模式"①。就目前的智能化发展趋势而言,至少有以下几个方向需要元宇宙法庭的嵌入。

1. 完善元宇宙数字资产的民事执行制度

随着区块链技术的深度发展,作为第三代技术应用的非同质化代币(NFT)在2020年出现了爆发式增长,中国于2021年4月举办了全球首个区块链及加密艺术主题展览,随后中国的加密艺术平台也纷纷涌现。② 但元宇宙法庭的执行需要建立在数字货币或者NFT被承认合法化的基础上,将其嵌入元宇宙平台,使其与现实资产具有同等的法律地位。并且在元宇宙空间中的虚拟财产在法院执行时,可否直接将其查封、扣押、冻结,甚至拍卖仍存在争议。目前对于虚拟空间中的资产与现实资产是否具有同等法律效力和经济效力仍处于观望阶段,能否在元宇宙空间中直接执行还需结合我国经济发展水平和科学技术水平综合看待。

若虚拟资产得到法律承认,执行法官将判决书导入智能合约平台,一旦符合条件,智能合约便立即执行,无须线下形式的介入,也几乎不存在执行错误的概率。虽然智能合约的应用存在一定局限,并不适合全部用户,但毕竟是一个未来发展趋势。③ 因此,元宇宙法庭建设需要考虑这一点,建构更具包容性的元宇宙数字资产民事执行制度。

2. 建立元宇宙法庭和解协议效力的分级确认规则

《民事诉讼法》并没有规定双方当事人和解协议可以作为强制执行的根据,仅承认法院根据当事人双方达成的调解协议制作的调解书④或通过人民调解组织参与,并经人民法院认可的调解协议⑤具有强制执行的法律效力。对于在元宇宙空间中形成的当事人和解协议、调解书、判决书是否具有执行力也是

---

① 毛高杰:《以融合正义重构人工智能司法的逻辑》,载《河北法学》2020年第5期。
② 林群丰:《通证经济发展中的企业合规困境及其立法疏解》,载《河北经贸大学学报》2024年第6期。
③ 莫然、张东妮:《元宇宙纠纷解决机制的构建与发展》,载《学术探索》2023年第4期。
④ 《民事诉讼法》第247条第2款规定:"调解书和其他应当由人民法院执行的法律文书,当事人必须履行。一方拒绝履行的,对方当事人可以向人民法院申请执行。"
⑤ 《民事诉讼法》第206条规定:"人民法院受理申请后,经审查,符合法律规定的,裁定调解协议有效,一方当事人拒绝履行或者未全部履行的,对方当事人可以向人民法院申请执行……"

法学学者热议的焦点。笔者认为,当事人和解协议是双方当事人对私权利的处分,基于其意思表示做出,法律不应对其多加干预。即使在现实法院,当事人和解协议也不具有强制执行力,在元宇宙法律空间便更难认定。

在元宇宙空间中所形成的调解、判决、裁定不能用来作为现实中向法院上诉、抗诉的理由,但可继续在元宇宙法院中进行后续的审理。若是将两者进行混同,便会给目前的司法权威带来极大挑战,且一旦上诉、抗诉,法官们不仅需要考虑法律适用问题也需要考虑情理问题,而这将会给法官们带来极大的工作难度和压力。① 要更好发挥元宇宙审理案件的优势,也必须解决这些问题。在制度安排上,我们应尽可能使元宇宙法院与现实法院保持一致,这样一来,便不会对现实法律世界产生冲击。若两者发生对抗,应明确只有实体法院的法官们作出的判决才有强制执行力,若引入异议案件审查程序,则可对元宇宙法院的判决进行确认。若"一棒子打死",则不利于我国智慧司法的建设,也不利于我国司法系统的创新和发展。

3. 从特定类案入手推动元宇宙庭审方式普及

智慧法院主要是帮助、缓解现实法院的办案压力,为民事纠纷的解决提供助力。而若元宇宙法庭建立,则会是一种新型纠纷处理路径。然而,就目前元宇宙技术在国内的发展状况和大众接受度而言,元宇宙法庭适用案件类型总体上较为有限,需要逐步推广。一是要考虑当事人参与元宇宙法庭的基础条件,当事人对元宇宙法庭的接受能力,以及虚拟现实设备、年龄、身体情况、网络情况等条件也是考虑的范围。② 二是在元宇宙法庭建设初期,由于大众的接受度不高、相应的配套制度不完善,应优先审理案情简单、标的额较小、当事人数量较少的案件,逐步扩大元宇宙法庭的受案范围,不应急于求成,而应以小见大,由点到面逐步推进。

首先,在公检法系统中,可选取几个试点单位布局元宇宙法庭审理所需场地,并对当事人参与情况、社会接受度、证据留存、举证质证便捷性等进行统计和预估。其次,元宇宙这一新兴技术可首先应用到非诉业务、立案登记、案件分

---

① 张卫平:《元宇宙与纠纷解决:应用图景及规制想象》,载《政法论丛》2022年第2期。
② 谢登科:《论在线诉讼中的当事人程序选择权》,载《南开学报(哲学社会科学版)》2022年第1期。

流、为当事人提供法律咨询等审判所需的辅助业务,而后推展到审判流程中去,使人们可以慢慢适应和接受。最后,应主动征求当事人意见,对坚持采用传统审判模式的当事人,应尽快安排开庭审理;对愿意尝试在元宇宙空间中审理的当事人,应派专员辅助当事人进行诉讼活动,不可强制当事人选择元宇宙方式开庭。[1] 尊重当事人意愿,维护当事人合法权益,坚守司法公平正义是人民法院审判活动的底线和原则所在。

小结

随着元宇宙技术和产业发展,我国在智慧法庭等现有基础上建立元宇宙法庭可能是大势所趋,这既有利于解决"案多人少""同案不同判"等传统痼疾,也能够为建构智能化时代的治理体系提供经验。"当前应从元宇宙的法治基础、法治挑战与法治模式三个层面出发,从整体上把握元宇宙时代的未来法治场景。"[2]建设元宇宙法庭是将技术与制度融合在一起的产物,技术的进步需要制度保驾护航,而制度则需要新兴技术为之赋能。元宇宙是经济社会数字化、智能化转型的基础设施,而元宇宙法庭则是其重要应用场景之一,兼具产业引领与制度塑造功能,是我国加强新兴领域立法的重要内容,为我国元宇宙技术和产业发展提供了坚实制度基础。基于此,本章绘制了元宇宙法庭的基本功能,提供了元宇宙法庭建设的基本思路,力图为助推这一历史进程提供智力支持。

---

[1] 《人民法院在线诉讼规则》第4条规定:"人民法院开展在线诉讼,应当征得当事人同意,并告知适用在线诉讼的具体环节、主要形式、权利义务、法律后果和操作方法等。人民法院应当根据当事人对在线诉讼的相应意思表示,作出以下处理:(一)当事人主动选择适用在线诉讼的,人民法院可以不再另行征得其同意,相应诉讼环节可以直接在线进行;(二)各方当事人均同意适用在线诉讼的,相应诉讼环节可以在线进行;(三)部分当事人同意适用在线诉讼,部分当事人不同意的,相应诉讼环节可以采取同意方当事人线上、不同意方当事人线下的方式进行;(四)当事人仅主动选择或者同意对部分诉讼环节适用在线诉讼的,人民法院不得推定其对其他诉讼环节均同意适用在线诉讼。对人民检察院参与的案件适用在线诉讼的,应当征得人民检察院同意。"

[2] 汪世荣、陈思思:《"元宇宙"时代:科技革命与未来法治》,载《河北法学》2023年第1期。

第八章　区块链存证及其司法赋能效应

区块链存证对于电子数据的存证、取证、认证都有巨大赋能作用,解决了以往电子数据固证难、易篡改、司法机关认证难等问题。司法实践中,区块链存证的法律认定也面临着两个难题:一是区块链存证的内生性问题,即高度依赖上链前电子数据的真实性;二是区块链存证推广适用中存在较高知识壁垒,影响了社会公众的使用。需要从三个方面来完善区块链存证的司法认定规则:通过完善电子数据上链前的真实性审查规范,从源头上保障区块链存证的真实性;以智慧法院建设为契机强化对区块链存证的知识普及,消除区块链存证推广中的壁垒;同时,完善区块链存证平台技术规范标准,在保障区块链存证平台自身安全性的同时提升终端用户体验,为保障区块链存证的真实性和优化推广提供便利。

一、区块链存证理论争议

近年来,大量互联网应用平台已经逐渐成为人们生产生活的重要基础设施,电子数据成为记录社会主体交往的重要载体,引发了法律实践的诸多变革。司法实务中,电子数据作为一种新型证据形式,具有极为广阔的应用前景,但是也面临着易篡改、安全性差、成本高昂等诸多困境。因此,积极开展电子数据司法存证方面的创新成为一项急迫的法学课题,区块链存证就是解决这些问题的关键思路之一。2018年9月,最高人民法院公布《关于互联网法院审理案件若干问题的规定》,正式确认了区块链证据的法律效力。[①] 2019年,最高人民法

[①] 最高人民法院《关于互联网法院审理案件若干问题的规定》第11条第2款首次确认电子签名、可信时间戳、哈希值校验、区块链等可作为验证电子数据真实性的技术手段。

院发布的《中国法院的互联网司法》白皮书中介绍了各地法院广泛运用区块链等前沿科技,全面推进信息技术在司法实践中的应用现状。同年12月份,《最高人民法院关于修改〈关于民事诉讼证据的若干规定〉的决定》公布,新规定重点完善了电子数据证据规则体系,最高人民法院对于电子数据的关注,对采用区块链等新技术对电子数据的调查、认定和采信都产生了深远的影响。[①] 2021年8月,《人民法院在线诉讼规则》开始施行,第一次明确规定了区块链司法存证的效力范围和审查规则。2022年5月,最高人民法院发布了《关于加强区块链司法应用的意见》(以下简称《区域链应用意见》),明确了人民法院加强区块链司法应用的总体要求及区块链平台的建设要求、保障措施,提出建设具有中国特色、世界领先的区块链司法领域应用模式。北京、杭州、广州三家互联网法院创设了区块链系统,并运用这些系统陆续开展了大批司法审判活动。

区块链在司法存证中的应用,也逐渐成为法学界重点关注的学术焦点,除了关于区块链存证的内涵[②]等研究之外,相关研究重点集中于三个方面。一是对区块链存证的作用存在争议,或赞赏其积极作用,或认为基本无用。持积极态度者如区块链存证使电子数据的收集从根本上脱离了形式束缚和依赖于第三方中介的困境,为重构数字经济时代的信任模式打下了基础。[③] 持无作用观点者如区块链存证可以缓解电子证据原件困局,但是促进区块链司法存证在司法实践中广泛应用,不仅需要规则的更新,更重要的是人们司法理念的转变。[④] 二是如何对区块链存证进行良好的法律规制,包括如何防范其不利影响及遵循何种价值导向。有论者提出,区块链司法存证给最佳证据规则、传闻证据规则等传统证据规则都带来一定的挑战和冲击,因此法律规制的重点应当避免区块链特性可能带来的不利影响。[⑤] 还有研究者认为,只有坚持去中心、开放式的

---

① 华为区块链技术开发团队编著:《区块链技术及应用》,清华大学出版社2019年版,第192页。
② 谢登科:《电子数据区块链存证的法律本质与适用边界》,载《兰州学刊》2021年第12期。
③ 杨东、徐信予:《区块链与法院工作创新——构建数据共享的司法信用体系》,载《法律适用》2020年第1期。
④ 张宇:《技术保障与规则建构:区块链视域下的电子证据适用》,载《南京社会科学》2021年第10期。
⑤ 胡铭:《区块链司法存证的应用及其规制》,载《现代法学》2022年第4期。

架构设计模式,并在应用区块链存证技术时,以人权保护为中心,才能实现司法区块链的价值目标。[①] 三是区块链证据的司法认定规则的建构。"区块链证据认证存在严重的形式化倾向,缺乏对取证程序合法性的审查,未区分数据层面的真实与内容层面的真实,对真实性的认证高度依赖第三方意见,有必要严格适用非法证据的排除规则与瑕疵证据的补正规则。"[②]有学者在反思区块链证据相关法律规范后提出"构建对区块链证据真实性予以推定、司法认知的规则"[③]。"应当确立分类分级的区块链证据审查规则,统一区块链司法信任基准,并革新公检法三机关的数据协同和信息共享方式,设置公检法司法联盟链避免程序流转减损电子数据真实性"。[④]

总体上看,学者们关于区块链存证的研究重点在于其证据效力、认证标准及其对司法理念冲击等方面,学科视角主要以刑事诉讼法中的刑事证据研究者为主。下文在现有研究的基础上,对实践中区块链存证的司法认定方式进行介绍,继而对区块链司法存证的适用价值及实践中的应用困境进行分析,针对区块链司法存证技术适用所存在的问题提出解决的新思路和建议。

二、区块链存证的方式、类型与司法认定

法律实务中,电子数据的数量巨大,且可能出现大量重复,具有实时性强、与设备难分离、数据量大、易被篡改或丢失等特征。司法机关在审理案件时,电子数据类证据的取证、认证以及审查等环节都存在难以避免的一系列问题。针对电子数据收集存在的易被篡改、数据保存不完整、取证技术要求高等难题,最高人民法院开展了区块链存证试点。司法机关推出区块链司法存证平台以后,很大程度上解决了这些难题。

---

① 韩旭至:《司法区块链的价值目标及其实现路径》,载《上海大学学报(社会科学版)》2022年第2期。
② 陈永生、苏泽琳:《区块链证据认证形式化问题及克服》,载《浙江工商大学学报》2024年第5期。
③ 刘品新:《论区块链证据》,载《法学研究》2021年第6期。
④ 刘玲胜军:《区块链时代的刑事证据规则与技术自证限度》,载《法律适用》2024年第2期。

(一)区块链存证的基本方式

北京、杭州、广州三家互联网法院在司法审判中率先运用区块链存证技术，北京互联网法院成立了"天平链"平台，杭州互联网法院成立"司法链"平台，广州互联网法院成立了"网通法链"平台，三家互联网法院区块链存证平台的构建略有不同，但核心功能都承载电子数据流转验证和审判业务存证的功能，且区块链存证在法院体系内外部业务中也被广泛应用。

区块链存证技术为电子数据产生、储存、传输和验证等流程提供保障，而三大互联网法院在网络架构上基本上都采用了相似模式。第一层结构为区块链存证在程序上的应用，使用者可通过该程序直接在区块链上完整地记录操作行为。比如，提交区块链平台上的部分维权过程、服务明细及其他电子证书等证据。第二层结构为区块链全链路能力层，该层以实名认证、电子签名、可信时间戳和数据存证服务为主。第三层结构为司法联盟层，利用区块链技术连接公证处、CA/RA机构、司法鉴定中心以及法院，使司法认证中的每个单位都是区块链中的重要节点。

首先，在区块链存证平台对上传的电子数据进行加密运算。区块链技术综合应用了密码学、分布式账本、智能合约、共识机制等多项技术，[1]当事人进入第三方存证系统输入网页链接后，该第三方存证平台即可进入相应的网页进行数据抓取并储存，通过以上技术和手段对电子数据的原文进行固化。电子数据都是由二进制数据组合而成，因此在对电子数据进行区块链存证时，将这些电子数据进行转换，形成固定且唯一的哈希值，生成的哈希值与电子数据具有相对性，是辨认电子数据真实性的唯一手段。

其次，将已经转化为哈希值的电子数据进行上链，将该哈希值发送到数据平台进行储存，各个节点服务器的区块链连接成"链"，通过共识机制对哈希值的一致性进行验证，[2]实现各个链条节点之间的数据共享，各个链条都对该数

---

[1] 伊然：《区块链技术在司法领域的应用探索与实践——基于北京互联网法院天平链的实证分析》，载《中国应用法学》2021年第3期。

[2] 陈蓦、张名扬：《区块链在互联网司法中的应用与发展——基于杭州互联网法院司法区块链平台的实证分析》，载《人民司法》2020年第31期。

据内容进行备份,之后即使对某个节点的数据内容进行更改,也不会导致其他链条上的数据遭到破坏。区块链的加密系统使各个节点之间采用安全传输层协议进行认证并建立了可信度极高的通道,当外界想要对区块链节点中储存的数据进行修改时,被修改的数据将会被其他节点发现,其他节点拒绝通过数据共识。

美国作为区块链技术创新的策源地,区块链存证也是其重要应用场景,各州也陆续出台相关法律,承认区块链证据的法律效力。美国佛蒙特州在区块链存证方面的立法主要体现在《区块链启用法案》(Blockchain Enabling Act),该法案于2016年6月通过,为区块链记录的合法性提供了法律框架。佛蒙特州将"一致性"确定为区块链存证的首要属性,并在此基础上建立了包括鉴真规则在内的多项重要证据规则。法案规定,"电子注册在区块链中的数字记录……应被视为根据佛蒙特证据规则803(6)定期进行的商业活动记录,除非信息来源或准备方法或情况表明缺乏可信度。"[①]如果数字记录在区块链中进行电子注册,并附有合格人员的书面声明,则该记录根据佛蒙特证据规则902自我认证,声明中需包含对该人员资格的说明以及记录进入区块链的时间等信息。2017年3月,亚利桑那州通过《HB2417法案》,该法案确认了智能合约和区块链署名的法律效力,任何保存在区块链中的记录或合约都将被视作以电子形式存储的内容或电子记录。通过区块链进行的签署行为被视为满足形式要求的、合格的电子签名,通过区块链获得的记录、合同被视为满足形式要求的、合格的记录。[②]特拉华州在2018年通过了《SB182法案》、《SB183法案》和《SB194法案》三个与区块链相关的重要法案,确定了区块链可以作为法律依据。《SB182法案》和《SB183法案》法案分别修改了特拉华州的有限合伙公司和有限责任公司(LLC)的条款,允许使用区块链技术来创建和维护记录和某些"电子传输",明确了区块链记录可以作为法律文书来使用,规定了区块链记录的法律约束力。《SB194法案》则更新了特拉华州的法定信托法律,明确了信托的所有权可以通过电子手段来证明,并且受托人的投票可通过分布式电子

---

① 12 V. S. A. § 1913. Sea https://law.justia.com/codes/vermont/2016/title-12/chapter-81/section-1913.

② 刘品新:《论区块链证据》,载《法学研究》2021年第6期。

网络传输。俄亥俄州2018年8月签批的《统一电子交易法》规定基于区块链技术的电子签名也具有与其他电子签名形式相同的法律效力。2019年华盛顿州同样立法认可了分布式记账技术的有效性。2020年1月生效的伊利诺伊州区块链技术法规定,记录于区块链的签名数据与其他形式签名具有同等效力。实践中,旨在提供区块链证据存储与智能化追踪的区块链证据系统(BoE),亦得到政府部门的大力推广。[1]

除美国外,区块链存证也在世界多个地区和国家得到了广泛推广应用。欧洲的"LOCARD"计划,以搭建"通过区块链技术处理电子化证据的下一代欧洲平台","为执法机构、司法当局和私营技术公司提供轻松管理电子证据的工具"。[2] 印度尼西亚提出的"区块链电子证据袋"(B-DEC),以基于以太坊的智能合约方案解决电子证据处理与保存过程的数据完整性管理问题。[3]

(二)区块链存证的类型

区块链存证主要有三种类型。一是数字货币链上交易记录,即用数字货币交易时,在区块链上保留的数据痕迹。数字货币进行交易所依赖的底层技术正是区块链技术,区块链的各区块之间利用哈希加密算法的"指针"链接彼此,这个"指针"就是后一区块中包含的前一区块的头哈希值,依据合适的顺序对不同的区块进行链接,形成的一个完整结构,即为区块链。区块链在结构上分为两部分:第一部分是区块头,主要依据与各个区块之间的关联性进行确定,存储有关区块的基本信息,例如版本号、时间戳以及难度目标等;第二部分是区块体,主要是对交易信息进行具体的存储,具体为序列信息,以 Merkle Tree 的形式进行存储。在区块链架构上进行交易的各种数字货币,交易痕迹全部被记录于此。

二是 NFT 资产交易记录。在艺术品上链前,艺术家和作品拥有者先行上

---

[1] 刘品新:《论区块链证据》,载《法学研究》2021年第6期。
[2] Beltrán P. L. A. LOCARD, *Lawful Evidence Collecting and Continuity Platform Development*, Official Website of the European Union(2020), https://cordis.europa.eu/project/id/832735.
[3] Eko Yunianto, Yudi Prayudi & Bambang Sugiantoro, *B-DEC: Digital Evidence Cabinet Based on Blockchain for Evidence Management*, International Journal of Computer Applications, Vol. 181:45, p. 22-29(2019).

链获取证书及私钥,通过公私钥建立一个艺术品档案,并在区块链中进行存证。若想将艺术品进行数字化上链,则需将艺术品 NFT 化,以保证数字化通证。①艺术品 NFT 化上链后便会在平台进行展示,交易产生会自动触发智能合约以完成交易的确权及账户转账,并将艺术品信息及新的所有权人信息在区块链上进行存证,保障每一笔交易涉及的流通和转账信息都形成明确且无法篡改的记录。由于区块链具有分布式记账的特点,能够使交易信息备份到每一节点上,防止交易信息遭受恶意篡改,保证交易安全。

三是其他经由区块链平台上链处理的电子数据。有学者将该类证据分为两种类型:一种是基于区块链技术存储的网络数据,即通过区块链存证平台进行保存或管理而形成的派生型证据,多为当事人自行利用区块链存证平台上传的电子数据,通过录音、录屏、录像、拍照等取证功能,可实时将电子数据进行上链存储,实时固化电子数据内容和形成时间。另一种是基于区块链技术核验的网络数据,即当事人先将证据上传至某一区块链存证平台,该区块链存证平台将该证据生成的哈希值上传至辅助系统,在法庭质证阶段只需要将该电子数据生成的哈希值与辅助系统中存放的哈希值进行对比即可。其入链的电子数据仅为哈希值,入链后形成的记录属于一种衍生型证据。②

(三)区块链存证的司法认定

在审判中,对当事人提交的电子数据而言,法院仅需对电子数据采用同一算法计算其哈希值并与区块链存证平台上产生的哈希值编号相比较,即可证明电子数据是否存在篡改可能性。若计算得到的哈希值与之前数据平台中存储的哈希值一致,则可以证明电子数据未被篡改;若计算出来的数值编号和存储的不符,则可以证明电子数据被篡改。哈希值的算法非常特殊,即使是修改电子数据中的某个字节,也会导致计算出的哈希值结果与所储存的哈希值不一致。因此,通过这种方式,可以高效便捷地帮助司法工作人员确认电子数据的真实性。

---

① 秦蕊、李娟娟、王晓等:《NFT:基于区块链的非同质化通证及其应用》,载《智能科学与技术学报》2021 年第 2 期。

② 刘品新:《论区块链证据》,载《法学研究》2021 年第 6 期。

在最高人民法院颁布了《关于互联网法院审理案件若干问题的规定》以后,互联网法院的审查重点主要集中在四个方面:数据来源真实性;存储可靠性;内容完整性;电子证据与其他证据之间的关联性。根据最高人民法院发布的《人民法院在线诉讼规则》第16条至第19条的规定,如果当事人提交的数据是经过区块链技术存证的,只要经过技术核验,即可认定电子数据的真实性,但有相反证据足以推翻的除外。当事人可以申请具有专门知识的人就相关技术问题提出意见或申请进行司法鉴定。对于当事人有异议的情形,人民法院的审查重点主要为:存证平台的资质;当事人与存证平台是否存在利害关系;存证平台的信息系统是否符合国家或行业标准;存证技术和过程是否符合国家标准或者行业标准的运行环境、加密方式等方面的要求。该规则明确了区块链司法存证推定有效规则。但是推定真实有效规则仅限于"上链后"的真实性,"上链前"电子数据的真实性是无法保证的。这说明区块链司法存证在保障证据真实性、不被篡改方面是具有优势的;但是也注重了规范区块链司法存证的限度,能够较为客观地推动区块链司法存证的有效运用。①

三、区块链存证司法适用的价值与实践难题

区块链司法存证能够辅助互联网法院的建设,对于电子数据的取证、认证方面都存在很明显的优势,但是司法实践中也存在一些应用难题。这些问题主要集中在由于区块链司法存证内生性的问题导致实务中高度依赖上链前电子数据的真实性,以及在对区块链司法存证的推广普及中存在知识壁垒问题等方面。

(一)区块链存证司法适用的应用价值

区块链存证司法适用的第一个价值在于解决电子数据存证难的问题。电子数据普遍存在于虚拟数字系统之中,在取证过程中面临三个难题。一是存储成本较高。电子数据大多存储于电子平台上,为确保存储安全,一般采用多备

---

① 胡铭:《区块链司法存证的应用及其规制》,载《现代法学》2022年第4期。

份方式，导致存储成本较高。二是证据原件和设备无法分离。受技术所限，电子数据取证时原件仅能保留在电子数据生成的设备上，造成原件与设备不可分。电子数据在发送、取证过程中对设备平台具有依赖性，被分离出来的电子数据就会成为复制件，有关其法律效力的认定将产生一定难度。三是单方存证行为容易造成存证数据遗失或者被篡改。传统存证方式有本地存证、第三方存证、公正存证等，以上方法本质上都是由一方控制存证内容，属于一种中心化存证方式，当中心遭受外界攻击时会有数据丢失风险。区块链电子存证技术在经最高人民法院司法解释确认后，被迅速运用于司法实践——北京互联网法院首案原告利用第三方平台进行区块链取证、存证方式进行了举证。[①]当事人在收集电子数据时，只需要进入区块链司法存证平台，通过实名认证等条件的审核，即可启动区块链程序记录模式，在这个过程中当事人输入需要固定的证据的网址，即可实现对电子数据的固定，整个过程都将通过哈希值算法进行完整的储存。通过上传的方式将证据传送至区块链进行储存，这样的方式让电子数据固证更加容易。专门的区块链司法存证平台推出后，电子数据的存储方式更加统一，不需要进行不必要的备份，在一定程度上减少了固证成本。取证的过程突破了时间和空间的限制，取证变得更加灵活，在有网络的地方都可以完成取证工作。区块链司法存证平台的出现可以从源头上固定证据出现时间、空间、内容，解决电子数据易被篡改的问题。通过区块链技术中存在的一项核心技术——可信时间戳，即对记载交易的内容只能按照时间的先后顺序依次增加，区块链中每个区块的形成，都会在区块上添加时间戳，数据一旦生成就无法进行修改，它保证数据在特定时刻点已经客观存在，以进行数据时间方面的验真。同时，由于区块链采用的是多方分布式存储，使存储的内容具有一致性和可追溯性。区块链技术和其他存证技术的不同之处在于其拥有去中心化的特质，去中心化的特质很大程度上避免了中心受到外界攻击的问题，对于电子数据的保存更加安全。

区块链存证司法适用的第二个功能在于解决电子数据认证难的问题。电

---

① 北京微播视界科技有限公司与百度在线网络技术（北京）有限公司著作权权属、侵权纠纷案，北京互联网法院（2018）京0491民初1号民事判决书。

子数据的固定和认证是使用电子数据最重要的环节。电子数据大多是存储在电子硬盘中的电子信息,因此在法庭的质证过程中,出示或读取电子数据主要存在三方面的问题:一是并非所有的电子数据的内容都可以通过书面的形式加以固定;二是因为电子数据在展示方面的困难性,很多时候电子数据只有经过公证后才被法院认可,增加了当事人的诉讼成本,导致司法资源浪费;三是司法机关在核实社交类电子数据双方当事人身份上的困难。社交软件作为大众在日常交往中的通讯工具,人们的行为通常是通过虚拟账号或 IP 进行对话或交易的,社交软件生成的聊天记录一旦发生争议便被转化为电子数据,但在当前司法实践中,由于当事人在聊天过程中使用化名或者虚拟账号等方式,给当事人身份验证带来较大难度。在区块链司法存证系统中,监管方可以在分布式的联盟网络中获取真实可信的数据,展现证明区块链存证相比于传统方式具有很大的变化。首先,联盟链可以通过活体认证、网络身份认证、IP 认证等实现"身份信息 + 网络信息"的双重确认。通过这样一种形式,可以将平台用户的网络身份和现实身份相对应。传统司法实践中对于电子数据真实性的审查往往依赖于司法公证,多为形式审查,程序较为复杂。互联网法院在线审理案件在客观上要求突破公证手段作为审查电子数据真实性单一途径的困境,通过技术手段和配套机制丰富对电子数据真实性审查认定的途径。其次,区块链司法存证平台打造了多方接入的方式,包括公证处、司法鉴定中心以及第三方存证机构等,采用分层分级的方式,分为核心节点、一级节点、二级节点、应用单位四个层级。[①] 当事人将证据上传至区块链司法存证平台后无须再进行公证,因公证机构属于区块链司法存证平台的参与节点,经过区块链存证平台存证的证据已经具备了更强的效力。最后,对于经过区块链存证后的电子数据,法院在审查时只需要比对哈希值是否一致即可,无须将电子数据转化为其他形式加以固定,区块链司法存证在很大程度上节省了当事人的司法成本。

(二)高度依赖上链前电子数据的真实性:区块链存证的内生性问题

电子数据的真实性不仅体现在上链后,更关键的是对上链前电子数据真实

---

① 伊然:《区块链技术在司法领域的应用探索与实践——基于北京互联网法院天平链的实证分析》,载《中国应用法学》2021 年第 3 期。

性的保障。实践中控辩双方关于电子数据真实性的辩论焦点多集中在电子数据提取之后的保管阶段。"区块链证据真实性保障全流程困境的系统性原因主要是区块链证据的技术局限、诉讼参与主体对区块链证据的能力匮乏以及区块链证据真实性规则的实效不足。"[1]区块链司法存证中电子数据真实性的保证对象仅为入链后的数据,电子数据在入链前不会和区块链技术产生交集。因此,对于电子数据进入区块链前的真伪认定标准,和未使用区块链存证技术的电子数据是一样的。因为电子数据的产生和固定是两个过程,这两个过程之间的连接存在时间差。在这个时间差中,当事人可能出于维护自身利益的考虑对没有上传的电子数据进行修改,而是将修改后的电子数据上链固定。在这样的情形下,如果法院没有进行严格的审查,很难发现电子数据已经经过了人为的修改,而区块链司法存证技术无法对这些数据进行有效的辨别。但是目前区块链司法存证系统还无法确保上传的数据都是真实和客观的初始数据,无法从源头避免电子数据被操纵和篡改的可能性,这也就导致在司法实务中对运用区块链存证技术进行取证的证据真实性存在疑问,也使区块链技术的优势只能得到有限的发挥,因此对于上链之前就已经产生的电子数据,应当采取必要的审查和控制措施。

操作人员的故意行为或者技术性错误等原因也会导致上链后的电子数据的真实性受到破坏。法务人员未能充分发挥区块链存证技术的优势。与其他证据相比,涉及区块链证据的审查对象更为多元化,不仅需要关注电子数据本身、数据载体、证明内容,更要关注存储主体的合法合规性、应用方式是否合理以及技术操作的可信程度。作为一项新兴技术,技术证据认定不仅需要法务人员具备法律知识,还需要具备计算机软件方面的相关知识,但是由于法务人员工作繁忙,对于技术证据认定缺乏必要的洞察能力。大多数的工作人员都对该项技术充满热情,但真正充分了解该技术的人员相对较少。当裁判者、法务人员都对该项技术缺乏认知,甚至一窍不通时,其对于电子数据证据"三性"的疑问会径直带入对区块链存证技术的怀疑中,[2]由此便会导致裁判者在审判中不

---

[1] 张洪亮、许世强:《区块链证据真实性保障的全流程困境与破解路径》,载《四川师范大学学报(社会科学版)》2024年第1期。

[2] 田颖:《区块链技术在电子数据存证中的困境及完善路径》,载《河南科技》2022年第9期。

能做到对区块链存证的电子数据进行充分的审查,甚至带有偏见。此外,区块链不能自动防止不准确的电子数据进入系统之内,系统会自动接受符合技术要求的电子数据。区块链的技术性错误是难以完全避免的,因此需要一些外部辅助机制来保障电子数据的真实性。

(三)区块链存证推广适用中的知识壁垒

以中国裁判文书网中为检索范围,以"电子数据""区块链"为关键词进行检索,可以发现在2018年全国相关案件数量仅为34件;在2019年相关案件已经达到了127件,较2018年上涨约273.53%;2020年相关案件的数量为197件,较2019年上涨约55.12%;2021年相关案件数量为389件,较2020年上涨约97.46%;截至2022年11月初在中国裁判文书网上检索到的相关案件已经达到了1001件,较之2021年上涨约157.33%。可见,司法区块链技术的使用频率不断加强,人们对于电子数据的区块链司法存证方式的认可程度也不断提高。目前看来,区块链司法存证技术正在朝着好的方向发展,但是进一步对区块链存证技术的使用主体进行研究,可以发现相较于公司,个人用户的使用比率占比很小。有学者以北京市对2019—2021年三年间的相关民事案件进行统计,发现在民事案件中公司起诉公司的案件数量占相关民事案件总数的58.1%,个人起诉公司的案件数量占总数的41.9%。其中公司起诉公司案件的电子数据采信率占比约为88.9%,但是个人起诉公司案件中电子数据的采信率仅为45.8%。[①] 相较于公司为主体的诉讼主体,个人在诉讼中提交的电子数据大多未经过区块链存证技术或者是未被认可的第三方存证方式,在收集证据时多采用录屏、截屏等方式进行保留。因此从诉讼主体方面,可以看到个人作为诉讼主体,对于该项技术了解并不充分,因此适用比例低。在进行诉讼时对于电子数据的收集方式未被认可,因此法院的认可率低。

结合三大互联网法院区块链存证平台的上链数据公示,及中国裁判文书网中查阅到的涉及区块链存证案件的数量,可以发现电子数据的区块链存证量与实际使用量产生断层,究其根本不乏有当事人在采集证据时进行了多种形式的

---

① 邹龙妹、宿云达:《民事案件区块链存证的逻辑、困境与进路》,载《北方法学》2022年第4期。

证据留存的原因,更有大多数当事人在使用区块链技术进行证据收集时存在失误的情形,这导致当事人在收集一份证据时采用多个版本。区块链存证数量多但是应用少一方面可以说明有越来越多的人将司法区块链作为电子数据的存证方式,另一方面说明区块链存证技术在实践中认可程度不高,在电子数据上链后缺乏审查,区块链存证技术在实务应用中仍然存在一定的困境。

四、区块链存证对司法的赋能效应

区块链存证是区块链技术在司法场域的应用,属于区块链技术的典型应用场景之一。更为重要的是,区块链等数字技术不仅自身就是创新,而且还能作为数字智能社会的重要基础设施,为传统经济社会赋能。区块链存证不仅带来了证据法的变革,在保障电子数据取证真实性、完整性方面发挥了重要作用,而且能够赋能现有司法体系。

(一)以穿透式取证助力司法公正

近年来,涉众型经济犯罪呈高发态势。[1] 相较于其他类型的犯罪,这些案件往往涉案人数众多、金额分散,证据往往是电子数据。值此之故,涉众型经济犯罪的治理已经成为威胁刑事司法公正的一个顽疾。涉众型经济犯罪案件往往以团伙作案形式出现,首要分子往往藏匿在不显眼的位置,无论是犯罪嫌疑人的犯罪故意,还是案件所涉及的具体犯罪金额,其认定都存在很大困难,采用传统刑事诉讼取证机制很难达到精准打击效果,严重影响了司法公正的实现。穿透式监管是解决涉众型经济犯罪案件取证难问题的重要方法,即通过穿透海量电子数据进行取证的方法。[2] 具体而言,其具体方式包括资金穿透、股权穿透、物流穿透、位置穿透等。资金穿透和股权穿透是其最为常用的方式。前者是指追溯受害人资金的最终流向,对于资金流动链条上的所有账户进行冻结核查,以还原案件事实。其传统模式是公安机关向金融机构发函,然后由后者进

---

[1] 刘品新、唐超琰:《穿透式取证:涉众型经济犯罪的法律应对》,载《法律适用》2022年第1期。
[2] 刘品新、唐超琰:《穿透式取证:涉众型经济犯罪的法律应对》,载《法律适用》2022年第1期。

行人工核查,现有模式是公安机关利用资金分析系统,对一定范围内的交易账户在一定范围内进行资金穿透。后者是指穿透隐名股东和股权代持人找到实际控制人,以锁定犯罪主体。

穿透式取证虽然有助于打击涉众类经济犯罪,但是其运作过程往往较为复杂,需要精细化的手段以保障其安全可靠,尤其是要确保电子数据证据的安全可靠。运用区块链技术进行穿透式取证,能够很好地实现这一目标。2020年,公安部联合原银行保险监督管理委员会在部分省份试点"资金查控电子证据化系统",每一条资金查控信息被收集后及时上链存储,确保其不被篡改并可溯源,在庭审中能够直接被用于举证质证。在此背景下,即便案件涉及人数广、电子数据证据庞杂,也能够被轻松调取核对,大大降低工作负担。当然,随着区块链对实体经济赋能的深化和通证经济的深度发展,推动资产上链将是一个更好的选择,这将从根本上改变现有的诉讼证明体系。2017年7月,美国特拉华州通过了《区块链法案》,明确在该州注册的公司需在区块链上发行和交易股票,区块链技术不仅被用于股票发行、证券管理等活动,还被应用于选举投票、文件管理、数据管理、资产管理等活动中。

在电子数据被上传至区块链系统时,对每一条电子数据都会利用时间戳服务器技术打上时刻标签,而且这些新生成的区块链证据经过加密之后能够在各个节点存储,防止被篡改。除了区块链存证之外,在诉前财产保全、生效裁判强制执行等司法工作中,区块链技术也能够提供优化机制。比特币等数字货币、数字人民币等资产,都拥有透明化的公示机制,而基于区块链技术的财产登记系统能够将资产信息透明化。通过将涉案财产登记到区块链系统中,同时对开展财产保全的信息进行全流程记录,不仅避免了被执行人债务清偿顺序的争议,也大大提高了执行效率。总而言之,区块链技术的司法应用提升了司法公开性和透明度,能够增强司法公信力。

(二)以全流程可追溯赋能司法监督

区块链存证提升了司法监督效能。数智社会的一个附带后果就是数字化犯罪手段和网络犯罪的大幅增加,电子数据成为犯罪事实认定的核心证据材料。而电子数据本身具有易删除、易篡改、数量大、结构复杂等特征,网络犯罪案件的司法证据的搜集、存储和认定面临着诸多困难。基于分布式数据库技术的区块链存证机制，能够高效锁定证据，助力刑事侦查，并运用特有的加密算法保障电子数据证据的真实性、完整性，降低取证、存证成本。在传统电子数据证据模式下，刑事案件证据大多以光盘等形式作为介质存储于特定机构，若管理不当或遭遇攻击就可能遭受永久性损坏。存储于分布式数据库各个节点的电子数据证据，理论上会通过加密技术存储于各个节点上，某些节点的数据毁损并不影响整个系统的安全性。经过区块链存证，电子数据证据可以在整个刑事案件的司法审理过程中有序呈现，包括案件侦查、审查起诉、律师阅卷、法庭审判、案件复核等几乎全部环节。在传统刑事案件司法过程中，公安机关侦查完成后将证据材料等组成卷宗移送检察机关，检察机关审查证据等卷宗通过后向法院起诉，法院组织原被告开庭审理案件。此过程中，电子数据证据往往以光盘等形式在各个机关人员之间传递，而且如关键微信聊天记录等证据材料可能要进行打印。在某些特殊案件中，纸质案卷证据多达上百卷，不仅检察官、律师阅卷负担沉重，庭审质证工作也极为复杂，证据保存亦困难重重。对于认罪认罚案件等简易刑事案件，虽然刑事审判工作较为简便，但后续上传卷宗等程序性工作可能会耗费大部分时间。①

经过区块链存证的电子数据，在司法审理各流程中会以经过哈希运算后的哈希值出现。在区块链存证系统的各个节点上，如检察院、法院等，被呈现的就是代表电子数据证据的哈希值，从而保障原始证据的安全性。侦查阶段将搜集到的原始证据录入区块链系统中，通过加密算法进行保存，能够有效避免电子数据遭受污染。检察机关则可以重点根据证据的哈希值首先进行初步审查，排除重复无效的证据，同时根据证据对应的哈希值生成时间判断证据的可信度。辩护律师介入案件之后，辩护律师可以与检察官就证据进行核对，确定可信证据的哈希值。庭审质证过程中，法官也可以对数据库中的证据作出初步判断。通过区块链存证系统，各诉讼参与主体都能够实际追踪案件进程。区块链存证系统的出现，为人大等开展司法监督提供了可靠路径，保留在区块链存证系统中的全部痕迹是还原案件流程的直接佐证。

---

① 刘沛宏：《区块链存证技术的刑事证据适用范式研究》，载《湖南社会科学》2023年第1期。

五、区块链存证法律规范的完善

《区域链应用意见》提出到2025年,建成人民法院与社会各行各业互通共享的区块链联盟,数据核验、可信操作、智能合约、跨链协同等基础支持能力大幅提升,司法区块链跨链联盟融入经济社会运行体系。在进行区块链司法存证时,因电子数据本身所具有的易被篡改性、高技术要求性及民事案件存证过程的多主体协作性的特性,区块链司法存证技术在存证、取证的过程中出现的因宣传普及不到位、上链前电子数据真实性审查不充分、区块链存证行业标准不规范导致个人用户使用率低、电子数据审查成本高、审查标准不统一等问题。为了更好地使区块链技术与司法实践得到融合,真正做到维护大众的合法权益、降低司法成本,需要对区块链司法存证技术的进程进行制度优化。

(一)完善电子数据上链前的真实性审查规范

前端控制以及司法推定都是可以降低入链前电子证据证明难度的方式。前端控制需要保证电子数据上链前的完整性和真实性。当事人应当在电子数据产生时就利用区块链存证技术进行取证,而非等到自己的合法权益受到侵害以后再采取行动。当事人应当增强法治意识和责任意识,规范地使用区块链存证技术进行存证。因为电子数据自身易篡改的特性,当事人在存证时不能故意修改电子数据或者只上传部分电子数据,更不应该上传伪造的电子数据,故意上传不真实、不完整电子数据的当事人,应当对自己的行为承担相应的不利后果。当事人应当铭记网络空间并非法外之地,应当遵循诚实信用原则,对于弄虚作假的数据资料也需要承担法律责任。此外,取证过程也应当遵循合法性原则,在取证之前就应当完成取证人员的身份认证、取证时间等内容的记录与审查,在上传时就保证电子数据的真实性,可以从源头上保证电子数据的真实性。

司法推定即当证据满足特定条件后即可确认证据的真实性,依据《人民法院在线诉讼规则》第18条的规定,当事人主张电子数据在上链前已不具有真实性、并提供证据证明或解释原因的,人民法院应进行审查。法院可要求当事人提供相关证据以证明电子数据的真实性,人民法院应当结合数据来源、存储过程以及公证机构提供的意见等进行综合分析,当事人不能作出相应解释说明时,人民法院应不予认定电子数据的真实性。显然,为规范上链前电子数据的真实性的证明标准问题,最高人民法院已颁布相关条款。人民法院对于上链前就已产生的电子数据的审查,应秉持公平公正、严谨态度,但也不能因认定其真实性问题的难度大而敷衍了事或者不作认定。尽管如此,实践中当事人生成电子数据并将其备份至区块链存证平台时,往往难以拿出相关证据来佐证电子数据的真实性。因此,当事人在运用区块链司法存证技术进行取证时不仅需要将相关电子材料上传到区块链,还应记录取证过程并进行完整性校验,校验方式、操作日志以及环境参数等都需要做记录。① 同时,最高人民法院应当出台对于《人民法院在线诉讼规则》适用的司法解释,在对入链前电子数据的真实性进行审查时应当考虑这三方面的因素:一是入链数据同原始数据是否统一;二是入链时间同数据生成时间的间隔;三是入链次数的多寡。② 对影响因素进行综合考虑。

(二)发挥智慧法院建设对区块链存证的知识普及作用

首先,对于区块链司法存证技术进行普及宣传,提高当事人适用区块链司法存证的概率。宣传时应当着重介绍区块链存证技术的优势,让人们明白区块链司法存证技术作为一种新型的电子数据存证技术因其去中心化、不可篡改、透明性高、安全性高的特性发挥出的巨大价值,引导人们在对电子数据进行取证时,首先考虑采用的不是传统的截图、录屏等方式,而是运用区块链司法存证平台进行取证,防止因证据证明力不足而导致无法被法院采信的情形。

其次,大部分的自然人因为不懂区块链存证技术的操作过程而放弃该取证方法,现如今大部分的司法区块链存证平台在用户完成注册和实名认证后,就可以按照指示找到证据存储的入口。为了让用户有更方便的体验,很多区块链司法存证平台设置了视频指引,自然人只需要在进入系统后观看视频指引就可

---

① 胡铭:《区块链司法存证的应用及其规制》,载《现代法学》2022 年第 4 期。
② 刘品新:《论区块链证据》,载《法学研究》2021 年第 6 期。

以轻松地完成取证及后续的工作。

最后,区块链存证技术虽然存储成本相对较高,但是对于电子数据的真实性保障程度还是很高的。当事人在事前采用区块链存证方式保存电子数据,可以在一定程度上节省后续的鉴定和公证费用,区块链司法存证的成本在很大程度上远远小于鉴定、公证成本。当事人在上链前可以进行多平台比价,选择价格较低的区块链存证服务平台进行存证,大多数的区块链存证平台都与司法部门相对接,获得了司法认可,因此个人用户在使用区块链司法存证技术时更加放心,减少诉讼担忧。

此外,由于区块链技术一开始被作为虚拟货币系统的底层技术支撑,是互联网发展过程中形成的一项新兴技术,部分相关法务人员对于区块链存证技术在司法中的应用原理未能形成清晰的认知,大部分的裁判者对于该项技术仍存在一定的疑问。根据《区域链应用意见》第31条,各级人民法院要健全事前审核和测试评估机制,确保上链数据的真实性、准确性、合规性以及链上链下数据的一致性。可见,裁判者对于区块链知识的掌握是相当重要的。裁判者不仅仅需要精通法律知识,也需要对区块链知识有所了解,因此,培养复合型人才是相当重要的。公检法等部门可以联合高校、互联网企业技术专家,通过举办学术论坛、专业讲座等形式对相关法务人员进行区块链司法应用的知识普及。此外,还应当对涉及区块链司法存证的案件进行公开,形成良好的示范作用。

(三)完善区块链存证平台技术规范标准

尽管有国家战略作为支撑,但区块链存证行业目前还缺乏完备的法律法规。现在有相当一部分区块链产业从属于商业公司的直接管理,极有可能出现为维护自己的利益弄虚作假,造成司法不公的情形。相比较而言,目前我国司法领域对区块链技术的操作比较规范,这和最高人民法院发布的一系列文件有着千丝万缕的联系,如颁布了《司法区块链管理规范》《司法区块链技术要求》《司法区块链接口要求》《司法区块链跨链协同管理规范》《司法区块链智能合约管理规范》《司法区块链跨链协同技术规范》等。这些规定从宏观层面上规范了司法区块链运行的要求,但是在微观层面仍存在亟待完善的空间。①

对司法区块链存证平台资质审查部分的规定还不明确。尽管目前存在联盟链和私有链这两种大类,但由于技术的限制,仍然需要依赖第三方机构进行展开。市场中不乏存证平台如"易保全""蚂蚁链""IP360"等机构,凭借自己特有的技术优势在相关领域内开展存证服务,这些机构因为技术不同,收集证据的水平也不尽相同,即使具备专业技术能力,但其取证过程是否合法有效地运用特定技术也缺少标准。在目前的司法实务中,人民法院对于第三方存证平台取证、上传的电子数据,认可程度并不相同。不同的法院在对区块链存证平台的资质进行审查时,缺乏统一的标准,这就会造成不同的法院在审理时会增加诉讼审查成本,还可能会出现影响司法公正的情形。不仅如此,区块链存证行业没有一个统一完备的行业准入标准,在对该行业进行监管时可能会出现困难。

在区块链存证平台体系的建设中,第三方存证平台机构位于前端,大部分的电子数据存储于第三方存证机构,但是现在没有统一的标准,导致法院在审理由第三方存证平台取证的案件时,可能会作出不同的认定结果。在区块链司法存证平台中,出台完善的第三方数据平台接入规范,可以减轻证据认证的困难。如北京互联网法院发布的《天平链应用接入管理规范》对于第三方存证平台的接入资格、接入流程的审核进行了规范。该规范对于第三方存证机构的接入要求进行了规范,在法院审理过程中,可以减少相应的验证过程。笔者认为,可以成立全国性的区块链存证行业协会,规定区块链存证行业的技术标准。区块链存证行业协会应当由专家组成,编写统一的准入和经营许可标准。通过立法乃至司法的明确规定,赋予区块链证据存证平台的证据存证资质和牌照,实现区块链存证平台和传统公证机制的公平对待,在进行司法审查时按照统一的标准进行验证核实。

区块链司法存证平台的定期检验和测评机制同样非常有必要。如广州互联网法院会定期邀请相关技术人员对平台系统进行检查、测评和更新升级,针对加密算法、数据共识和其他技术提供相关的服务,保证系统可以正常稳定地运行。还应由行业协会进行教育、督促区块链存证平台遵守行业技术标准,不

---

① 马明亮:《区块链司法的生发逻辑与中国前景》,载《比较法研究》2022年第2期。

断提升区块链存证平台的公信力。此外,没有统一的价格标准,一些区块链存证平台存在乱收费的情形,导致当事人的维权成本增加。国家应当出台相应的规定及价格参照标准,对于一些乱收费的平台及时责令整改,要从认证程序和监管保障上防止区块链存证平台进行洗钱活动或黑色交易等违法行为,打造一个合法合规的存证系统。

小结

在未来司法中,区块链证据会随着区块链技术对社会生活的渗透进一步在司法活动中占据重要地位。本章通过对区块链证据在司法实践中的应用现状进行分析,分别对区块链证据的使用情况、存证来源情况、法院采信情况、裁判说理情况进行分析,总结出目前区块链证据在司法实践中存在的问题。为完善区块链证据的司法适用,需要在司法工作人员的司法认知方面、真实性审查模式方面、审查认定规则方面、存证系统优化方面进行完善。区块链证据不仅仅在证据收集方面为司法带来便利,而且应当进一步关注区块链证据在刑事诉讼方面、信用治理方面、穿透式取证方面的作用,其本质都是区块链证据的转化适用。现阶段区块链技术对于现实生活的影响还在不断加深,对于区块链证据的适用研究应当被进一步加强。区块链技术作为近年来的重要科技创新,蕴含了重塑司法体系的巨大动能,是推动国家治理体系和治理能力现代化的重要力量。以事实为依据、以法律为准绳,是我国司法长期坚持的重要指导思想。在电子数据大量出现的数字经济时代,区块链存证的运用大幅提升了电子数据类证据的司法认定效率,对于司法过程中案件事实的认定起到了巨大推动作用。同时,区块链智能合约也能够对债务履行等重要法律实施环节形成强大影响。因此,区块链技术与产业发展不仅可能带来证据法的重构,也可能带来整个司法体系的变革。科创产业投资领域常言,人们往往低估了某项技术在两三年内的影响,而低估了某项技术在十年以上的影响。最高人民法院在2018年已经开始部署司法区块链,并取得了较好成效。这些为适应科技发展而进行的改革,需要法学理论领域更加深入的研究作为支撑。

参 考 文 献

[1][英]亚当·斯密:《国民财富的性质和原因的研究》(下卷),郭大力、王亚南译,商务印书馆1972年版。

[2][美]熊彼特:《资本主义、社会主义和民主主义》,绛枫译,商务印书馆1979年版。

[3][德]马克斯·维贝尔:《世界经济通史》,姚曾廙译,上海译文出版社1981年版。

[4][法]孟德斯鸠《论法的精神:上册》,张雁深译,商务印书馆1982年版。

[5]中共中央马克思恩格斯列宁斯大林著作编译局编译:《马克思恩格斯全集》(第31卷),人民出版社1998年版。

[6][法]西蒙·诺拉、阿兰·孟克:《社会的信息化》,施以方、迟路译,商务印书馆1985年版。

[7][美]阿尔温·托夫勒:《权力的转移》,周敦仁等译,四川人民出版社1992年版。

[8]费孝通:《乡土中国生育制度》,北京大学出版社1998年版。

[9][英]安东尼·吉登斯:《现代性的后果》,田禾译,译林出版社2000年版。

[10][美]奥利弗·E.威廉姆森:《资本主义的经济制度——论企业签约与市场签约》,段毅才等译,商务印书馆2002年版。

[11][德]卡尔·马克思:《资本论》,人民出版社2004年版。

[12][德]尼克拉斯·卢曼:《信任:一个社会复杂性的简化机制》,瞿铁鹏、李强译,上海人民出版社2005年版。

[13][法]阿兰·佩雷菲特:《信任社会:论发展之缘起》,邱海婴译,商务印

书馆2005年版。

[14][德]马克斯·韦伯:《新教伦理与资本主义精神》,康乐、简惠美译,广西师范大学出版社2010年版。

[15][美]罗伯特·K.默顿:《社会理论和社会结构》,唐少杰、齐心等译,译林出版社2008年版。

[16][美]珍妮特·V.登哈特、罗伯特·B.登哈特:《新公共服务:服务,而不是掌舵》,丁煌译,中国人民大学出版社2010年版。

[17][美]托马斯·库恩:《科学革命的结构》,金吾伦、胡新和译,北京大学出版社2012年版。

[18]徐恪、徐明伟等编著:《高级计算机网络》,清华大学出版社2012年版。

[19][美]大卫·格雷伯:《债:第一个5000年》,孙碳、董子云译,中信出版社2012年版。

[20]欧树军:《国家基础能力的基础》,中国社会科学出版社2013年版。

[21]中共中央马克思恩格斯列宁斯大林著作编译局编译:《马克思恩格斯选集》(第4卷),人民出版社2012年版。

[22]中共中央文献研究室编:《习近平关于全面依法治国论述摘编》,中央文献出版社2015年版。

[23][美]尼古拉·尼葛洛庞帝:《数字化生存:20周年纪念版》,胡泳、范海燕译,电子工业出版社2017年版。

[24][德]格奥尔格·西梅尔:《货币哲学》,于沛沛、林毅等译,中国社会科学出版社2017年版。

[25][美]E.博登海默:《法理学:法律哲学与法律方法》,邓正来译,中国政法大学出版社2017年版。

[26]张文显主编:《法理学》(第5版),高等教育出版社2018年版。

[27][英]哈特:《法律的概念》,许家馨、李冠宜译,法律出版社2018年版。

[28][美]菲尔·尚帕涅:《区块链启示录:中本聪文集》,陈斌、胡繁译,机械工业出版社2018年版。

[29][美]保罗·维格纳、迈克尔·凯西:《区块链:赋能万物的事实机器》,

凯尔译,中信出版集团2018年版。

[30]宝山、文武:《法定数字货币》,中国金融出版社2018年版。

[31]姚前、陈华:《数字货币经济分析》,中国金融出版社2018年版。

[32]杨昂然、黄乐军:《区块链与通证:重新定义未来商业生态》,机械工业出版社2018年版。

[33][美]亚当·罗思坦:《货币的终结:比特币、加密货币和区块链革命》,尚跃星译,机械工业出版社2019年版。

[34]陈源等:《通证学》,机械工业出版社2019年版。

[35]徐明星、李霁月、王沫凝:《通证经济》,中信出版社2019年版。

[36]徐刚、余辉:《通证经济改造:全球经济的下一场风暴》,中国商业出版社2020年版。

[37]马智涛、姚辉亚、李斌、徐磊、魏思远:《分布式商业》,中信出版社2020年版。

[38]朱嘉明:《未来决定现在:区块链·数字货币·数字经济》,山西人民出版社2020年版。

[39]王焕然、常晓磊、魏凯:《区块链社会:区块链助力国家治理能力现代化》,机械工业出版社2020年版。

[40]杨嘎:《加密艺术:区块链技术赋能艺术创新》,光明日报出版社2021年版。

[41]姚前主编:《中国区块链发展报告(2021)》,社会科学文献出版社2021年版。

[42]郑润祥主编:《数字货币与人民币国际化》,电子工业出版社2021年版。

[43]白津夫、葛红玲:《央行数字货币:理论、实践与影响》,中信出版社2021年版。

[44]金钊、曾燕等:《法定数字货币:研发趋势与应用实践》,中国社会科学出版社2021年版。

[45]尹可挺:《区块链+社会治理》,电子工业出版社2022年版。

[46]朱嘉明:《元宇宙与数字经济》,中译出版社2022年版。

[47][美]威廉·马格努森:《区块链与大众之治》,高奇琦、陈志豪等译,上海人民出版社2021年版。

[48]郭凡:《区块链从0到1:拥抱通证时代》,中国纺织出版社有限公司2022年版。

[49]吴洪、谢纬、王超编著:《从政务区块链到政务元宇宙》,中南大学出版社2022年版。

[50][日]川崎友巳:《合规管理制度的产生和发展》,载李世阳译,李本灿等编译:《合规与刑法:全球视野的考察》,中国政法大学出版社2018年版。

[51][美]赫伯特·西蒙:《认知:人行为背后的思维与智能》,荆其诚、张厚粲译,中国人民大学出版社2020年版。

[52]石琦:《NFT浪潮:从创造、交易到构建元宇宙》,机械工业出版社2022年版。

[53]季卫东:《元宇宙的秩序:虚拟人、加密资产以及法治创新》,上海人民出版社2023年版。

[54][美]尼克·巴蒂亚:《货币金字塔:从黄金、美元到比特币和央行数字货币》,孟庆江译,社会科学文献出版社2021年版。

[55][加]亚历克斯·塔普斯科特等:《区块链革命:比特币底层技术如何改变货币、商业和世界》,凯尔、孙铭、周沁园译,中信出版社2016年版。

[56]吴烨:《元宇宙:法律图谱与规范逻辑》,中国人民大学出版社2023年版。

[57]成生辉:《NFT新视角:数字时代的权益变革》,人民邮电出版社2024年版。

[58]华为区块链技术开发团队编著:《区块链技术及应用》,清华大学出版社2019年版。

[59]中国区块链技术和产业发展论坛:《中国区块链技术和应用发展白皮书(2016)》。

[60]赵钢、占善刚:《诉讼成本控制论》,载《法学评论》1997年第1期。

[61]张建新、张妙清、梁觉:《殊化信任与泛化信任在人际信任行为路径模型中的作用》,载《心理学报》2000年第3期。

[62][德]乌尔里希·贝克:《从工业社会到风险社会(上篇)——关于人类生存、社会结构和生态启蒙等问题的思考》,王武龙编译,载《马克思主义与现实》2003年第3期。

[63]杨立新、王中合:《论网络虚拟财产的物权属性及其基本规则》,载《国家检察官学院学报》2004年第6期。

[64]陈旭琴、戈壁泉:《论网络虚拟财产的法律属性》,载《浙江学刊》2004年第5期。

[65]林旭霞:《虚拟财产权性质论》,载《中国法学》2009年第1期。

[66]孔凡义:《信任、政治信任与政府治理:全球视野下的比较分析》,载《中国行政管理》2009年第10期。

[67]雷鑫、黄文德:《当前法院裁判文书存在的问题及原因分析》,载《法律适用》2010年第1期。

[68]柯达:《货币法偿性的法理逻辑与制度反思——兼论我国法定数字货币的法偿性认定》,载《上海财经大学学报》2020年第6期。

[69]白永秀:《后改革时代中国践行包容性增长的政策取向》,载《西南大学学报(哲学社会科学版)》2011年第2期。

[70]娄耀雄、武君:《比特币法律问题分析》,载《北京邮电大学学报(社会科学版)》2013年第4期。

[71]盛松成、张璇:《虚拟货币本质上不是货币——以比特币为例》,载《中国金融》2014年第1期。

[72]谢杰、张建:《"去中心化"数字支付时代经济刑法的选择——基于比特币的法律与经济分析》,载《法学》2014年第8期。

[73]吴礼宁:《货币财产权、立法与自由》,载《北方法学》2014年第6期。

[74]林群丰、梁岩妍:《排污权市场的制度缺陷与完善——以交易成本为分析框架》,载《华南理工大学学报(社会科学版)》2015年第6期。

[75]张正鑫、赵岳:《央行探索法定数字货币的国际经验》,载《中国金融》2016年第17期。

[76]师秀霞:《虚拟货币洗钱风险的法律规制》,载《南方金融》2016年第6期。

[77]袁勇、王飞跃:《区块链技术发展现状与展望》,载《自动化学报》2016年第4期。

[78]张毅、肖聪利、宁晓静:《区块链技术对政府治理创新的影响》,载《电子政务》2016年第12期。

[79]俞学劢:《区块链的4大核心技术》,载《金卡工程》2016年第10期。

[80]王晟:《基于区块链技术的法定货币控制权研究》,载《上海金融》2017年第1期。

[81]王鹏、丁艺:《应用区块链技术促进政府治理模式创新》,载《电子政务》2017年第4期。

[82]周瑞珏:《区块链技术的法律监管探究》,载《北京邮电大学学报(社会科学版)》2017年第3期。

[83]王德政:《数字人民币视域下的货币犯罪》,载《重庆大学学报(社会科学版)》2023年第5期。

[84]谢登科:《电子数据区块链存证的法律本质与适用边界》,载《兰州学刊》2021年第12期。

[85]徐冬根:《论法偿货币——兼论电子货币非法律意义上的货币》,载《江西社会科学》2013年第6期。

[86]陈子凡:《金融危机研究:基于复杂性理论的新视角》,载《新金融》2016年第11期。

[87]卿苏德、姜莹、王秋野:《区块链的技术原理和意义》,载《电信网技术》2016年第12期。

[88]姚前、汤莹玮:《关于央行法定数字货币的若干思考》,载《金融研究》2017年第7期。

[89]于勇、范胜廷、彭关伟等:《数字孪生模型在产品构型管理中应用探讨》,载《航空制造技术》2017年第7期。

[90]周梅丽、顾陈杰、黎敏:《区块链金融法律问题研究》,载《金融纵横》2017年第8期。

[91]倪清、梅建清:《当前数字货币管理存在的问题》,载《上海金融》2017年第11期。

[92]刘蔚:《基于国际经验的数字货币发行机制探索与风险防范》,载《西南金融》2017年第11期。

[93]蔡维德、郁莲、王荣等:《基于区块链的应用系统开发方法研究》,载《软件学报》2017年第6期。

[94]宫晓林、杨望、曲双石:《区块链的技术原理及其在金融领域的应用》,载《国际金融》2017年第2期。

[95]陈海波、聂舒:《央行数字货币的本质与趋势》,载《中国金融》2018年第24期。

[96]尹浩:《区块链技术的发展机遇与治理思路》,载《人民论坛·学术前沿》2018年第12期。

[97]邓建鹏、孙朋磊:《通证分类与瑞士ICO监管启示》,载《中国金融》2018年第22期。

[98]刘少军:《法定数字货币的法理与权义分配研究》,载《中国政法大学学报》2018年第3期。

[99]姚前:《法定数字货币对现行货币体制的优化及其发行设计》,载《国际金融研究》2018年第4期。

[100]李小武:《"数字资产"的法律监管》,载《中国信息安全》2018年第1期。

[101][英]Mark Carney:《数字货币的未来》,何乐、厉鹏译,载《中国金融》2018年第9期。

[102]陈瑞华:《法官员额制改革的理论反思》,载《法学家》2018年第3期。

[103]王毛路、陆静怡:《区块链技术及其在政府治理中的应用研究》,载《电子政务》2018年第2期。

[104]乔海曙、王鹏、谢姗姗:《法定数字货币:发行逻辑与替代效应》,载《南方金融》2018年第3期。

[105]侯衡:《区块链技术在电子政务中的应用:优势、制约与发展》,载《电子政务》2018年第6期。

[106]肖炯恩、吴应良:《基于区块链的政务系统协同创新应用研究》,载

《管理现代化》2018年第5期。

[107]韩海庭、孙圣力、傅文仁:《区块链时代的社会管理危机与对策建议》,载《电子政务》2018年第9期。

[108]戚学祥:《区块链技术在政府数据治理中的应用:优势、挑战与对策》,载《北京理工大学学报(社会科学版)》2018年第5期。

[109]巢乃鹏:《国外区块链技术的政府实践与治理》,载《人民论坛·学术前沿》2018年第12期。

[110]管志贵、田学斌、孔佑花:《基于区块链技术的雄安新区生态价值实现路径研究》,载《河北经贸大学学报》2019年第3期。

[111]林群丰:《党内规范性文件审查问题及其解决思路》,载《理论探索》2018年第1期。

[112]邵奇峰、金澈清、张召等:《区块链技术:架构及进展》,载《计算机学报》2018年第5期。

[113]熊昊:《从争夺公众注意力到提升用户认同感的嬗变——2017年互联网内容付费趋势研究》,载《传媒》2018年第6期。

[114]徐恪、姚文兵:《赛博智能经济与区块链》,载《广东工业大学学报》2018年第3期。

[115]周利敏、钟海欣:《社会5.0、超智能社会及未来图景》,载《社会科学研究》2019年第6期。

[116]张毅、朱艺:《基于区块链技术的系统信任:一种信任决策分析框架》,载《电子政务》2019年第8期。

[117]吴子熙:《中国制度性交易成本降低的路径研究》,载《云南社会科学》2019年第3期。

[118]陈菲菲、王学栋:《基于区块链的政府信任构建研究》,载《电子政务》2019年第12期。

[119]赵金旭、孟天广:《技术赋能:区块链如何重塑治理结构与模式》,载《当代世界与社会主义》2019年第3期。

[120]柯达:《数字货币监管路径的反思与重构——从"货币的法律"到"作为法律的货币"》,载《商业研究》2019年第7期。

[121]余益民等:《基于区块链的政务信息资源共享模型研究》,载《电子政务》2019年第4期。

[122]聂云霞等:《基于区块链的政务档案信息共享策略》,载《浙江档案》2019年第6期。

[123]杨延超:《论数字货币的法律属性》,载《中国社会科学》2020年第1期。

[124]刘昌用、胡怀亓、胡森森:《"密码货币、通证与无币区块链"学术研讨会综述》,载《西部论坛》2019年第1期。

[125]皮勇、葛金芬:《网络游戏虚拟物数据本质之回归——兼论非法获取网络游戏虚拟物的行为认定》,载《科技与法律》2019年第2期。

[126]李晶:《"区块链+通证经济"的风险管控与对策建议》,载《电子政务》2019年第11期。

[127]王沫凝、李平:《新制度经济学视域下通证经济发展探索》,载《社会科学家》2020年第9期。

[128]刘晓洁:《央行数字货币面临的风险挑战及应对策略》,载《人民论坛》2020年第23期。

[129]章玉贵:《全球数字货币竞争生态与我国数字货币发展前瞻》,载《人民论坛·学术前沿》2020年第11期。

[130]吴婷婷、王俊鹏:《我国央行发行数字货币:影响、问题及对策》,载《西南金融》2020年第7期。

[131]周铭川:《盗窃比特币行为的定性分析》,载《南通大学学报(社会科学版)》2020年第3期。

[132]陈卫东、赵雪情:《人民币国际化发展路径研究——基于十年发展的思考》,载《国际经济评论》2020年第4期。

[133]于品显:《中央银行数字货币法律问题探析》,载《上海对外经贸大学学报》2020年第2期。

[134]张明德、储志强:《基于区块链技术的比特币体系原理研究》,载《信息网络安全》2020年S2期。

[135]王群、李馥娟、王振力等:《区块链原理及关键技术》,载《计算机科学

与探索》2020年第10期。

[136]聂静:《通证经济视角下学术出版知识服务绩效提升研究》,载《科技与出版》2020年第7期。

[137]许健:《区块链与分布式技术的关联性分析》,载《银行家》2020年第3期。

[138]杨杨、于水、胡卫卫:《区块链赋能重塑社会治理结构:场景、风险与治理之道》,载《电子政务》2020年第3期。

[139]裴庆祺、马得林、张乐平:《区块链与社会治理的数字化重构》,载《新疆师范大学学报(哲学社会科学版)》2020年第5期。

[140]曹海军、侯甜甜:《区块链技术驱动社会治理创新:价值审视、可能挑战与路径展望》,载《东南学术》2020年第4期。

[141]张楠迪杨:《区块链政务服务:技术赋能与行政权力重构》,载《中国行政管理》2020年第1期。

[142]程啸:《区块链技术视野下的数据权属问题》,载《现代法学》2020年第2期。

[143]郭俊华:《区块链技术如何赋能"互联网+政务服务"》,载《人民论坛·学术前沿》2020年第21期。

[144]石亚军、程广鑫:《区块链+政务服务:以数据共享优化政务服务的技术赋能》,载《北京行政学院学报》2020年第6期。

[145]戚学祥:《超越风险:区块链技术的应用风险及其治理》,载《南京社会科学》2020年第1期。

[146]谢治菊等:《区块链扶贫监管:优势、风险和路径展望》,载《电子政务》2020年第10期。

[147]朱婉菁:《区块链技术驱动社会治理创新的理论考察》,载《电子政务》2020年第3期。

[148]丁春燕:《区块链上网络言论治理的技术驱动模式》,载《法学杂志》2020年第7期。

[149]杨柠聪、白平浩:《区块链技术的政府治理实践:应用、挑战及对策》,载《党政研究》2020年第2期。

[150]毛高杰:《以融合正义重构人工智能司法的逻辑》,载《河北法学》2020年第5期。

[151]陈蕾、张名扬:《区块链在互联网司法中的应用与发展——基于杭州互联网法院司法区块链平台的实证分析》,载《人民司法》2020年第31期。

[152]李阳、于滨铜:《"区块链+农村金融"何以赋能精准扶贫与乡村振兴:功能、机制与效应》,载《社会科学》2020年第7期。

[153]赵炳昊:《加密数字货币监管的美国经验与中国路径的审视》,载《福建师范大学学报(哲学社会科学版)》2020年第3期。

[154]赵磊:《数字货币的私法意义——从东京地方裁判所2014年(ワ)第33320号判决谈起》,载《北京理工大学学报(社会科学版)》2020年第6期。

[155]张莉莉、徐冰雪:《法定数字货币应用的法律风险及制度完善》,载《行政与法》2021年第3期。

[156]杨东、徐信予:《区块链与法院工作创新——构建数据共享的司法信用体系》,载《法律适用》2020年第1期。

[157]石建勋、刘宇:《法定数字人民币对人民币国际化战略的意义及对策》,载《新疆师范大学学报(哲学社会科学版)》2021年第4期。

[158]袁曾:《法定数字货币的法律地位、作用与监管》,载《东方法学》2021年第3期。

[159]向坤、王公博:《央行法定数字货币发行的驱动力、影响推演及政策建议》,载《财经问题研究》2021年第1期。

[160]封思贤、杨靖:《数字人民币防范互联网平台数据垄断风险的作用机理》,载《改革》2021年第12期。

[161]星焱:《农村数字普惠金融的"红利"与"鸿沟"》,载《经济学家》2021年第2期。

[162]程雪军:《居民杠杆率的发展风险、国际比较与治理路径》,载《经济家》2021年第11期。

[163]周广猛、姚苏等:《基于区块链的数字内容生态价值链构建》,载《中国科学:信息科学》2021年第9期。

[164]白昱阳等:《考虑分布式可再生能源的通证激励机制设计与分散式

电力市场研究》,载《电力建设》2021年第6期。

[165]郭上铜、王瑞锦、张凤荔:《区块链技术原理与应用综述》,载《计算机科学》2021年第2期。

[166]朱志伟:《区块链参与政务信息共享的结构安排与实效价值研究》,载《学习论坛》2021年第4期。

[167]欧阳日辉、李林珂:《区块链的风险与防范》,载《陕西师范大学学报(哲学社会科学版)》2021年第3期。

[168]钱再见:《"政务上链":应用场景、风险挑战与治理对策》,载《人民论坛》2021年第1期。

[169]李佳伦:《区块链信任危机及其法律治理》,载《法学评论》2021年第3期。

[170]马俊峰、崔昕:《注意力经济的内在逻辑及其批判——克劳迪奥·布埃诺〈注意力经济〉研究》,载《南开学报(哲学社会科学版)》2021年第3期。

[171]唐林垚:《隐私计算的法律规制》,载《社会科学》2021年第12期。

[172]刘品新:《论区块链证据》,载《法学研究》2021年第6期。

[173]张宇:《技术保障与规则建构:区块链视域下的电子证据适用》,载《南京社会科学》2021年第10期。

[174]伊然:《区块链技术在司法领域的应用探索与实践——基于北京互联网法院天平链的实证分析》,载《中国应用法学》2021年第3期。

[175]秦蕊、李娟娟、王晓等:《NFT:基于区块链的非同质化通证及其应用》,载《智能科学与技术学报》2021年第2期。

[176]田颖:《区块链技术在电子数据存证中的困境及完善路径》,载《河南科技》2022年第9期。

[177]邹龙妹、宿云达:《民事案件区块链存证的逻辑、困境与进路》,载《北方法学》2022年第4期。

[178]马明亮:《区块链司法的生发逻辑与中国前景》,载《比较法研究》2022年第2期。

[179]胡铭:《区块链司法存证的应用及其规制》,载《现代法学》2022年第4期。

[180]韩旭至:《司法区块链的价值目标及其实现路径》,载《上海大学学报(社会科学版)》2022年第2期。

[181]李志宏等:《基于区块链的知识社区中通证激励分配垄断对用户知识贡献的影响》,载《系统科学与数学》2022年第6期。

[182]林群丰:《区块链赋能政府治理的实现机理及其法律规制》,载《河北经贸大学学报》2022年第3期。

[183]周有容:《国际央行数字货币研发进展综述》,载《西南金融》2022年第2期。

[184]李晶:《元宇宙中通证经济发展的潜在风险与规制对策》,载《电子政务》2022年第3期。

[185]吕卫锋等:《基于大数据的分布式社会治理智能系统》,载《软件学报》2022年第3期。

[186]苏宇:《非同质通证的法律性质与风险治理》,载《东方法学》2022年第2期。

[187]周宣辰、程倩:《注意力经济下网络意识形态面临的挑战及应对》,载《江海学刊》2022年第3期。

[188]章成、张鑫仪:《央行数字货币的网络安全风险及制度应对》,载《学术探索》2022年第8期。

[189]程雪军、李心荷:《论加密数字货币的法律风险与治理路径:从比特币视角切入》,载《电子政务》2022年第11期。

[190]张卫平:《元宇宙与纠纷解决:应用图景及规制想象》,载《政法论丛》2022年第2期。

[191]曹建军:《"元宇宙"司法与纠纷解决的智能化》,载《政法论丛》2022年第2期。

[192]李姗姗、赵雨、魏杰等:《"以案定员"模型决策分析》,载《重庆理工大学学报(社会科学)》2022年第2期。

[193]杨东:《"以链治链":面向元宇宙的区块链司法科技范式革命》,载《中国应用法学》2022年第6期。

[194]杨福忠、姚凤梅:《人工智能赋能社会治理之维度及风险法律防治》,

载《河北法学》2022年第11期。

[195]程金华:《元宇宙治理的法治原则》,载《东方法学》2022年第2期。

[196]袁利平、张薇:《后扶贫时代教育扶贫机制创新:区块链赋能的视角》,载《西安交通大学学报(社会科学版)》2022年第6期。

[197]郭丰:《聚焦"双碳"背景下数据中心的绿色发展》,载《世界环境》2022年第3期。

[198]赵磊:《数字货币的类型化及其法律意义》,载《学海》2022年第5期。

[199]刘品新、唐超琰:《穿透式取证:涉众型经济犯罪的法律应对》,载《法律适用》2022年第1期。

[200]王禄生:《区块链与个人信息保护法律规范的内生冲突及其调和》,载《法学论坛》2022年第3期。

[201]刘沛宏:《区块链存证技术的刑事证据适用范式研究》,载《湖南社会科学》2023年第1期。

[202]徐冬根:《二元共治视角下代码之治的正当性与合法性分析》,载《东方法学》2023年第1期。

[203]范文仲:《比特币的崛起》,载《企业观察家》2023年第1期。

[204]陈威良、周小琳、邓春山等:《植入式脑机接口技术向医疗器械转化的问题与挑战》,载《集成技术》2023年第5期。

[205]汪世荣、陈思思:《"元宇宙"时代:科技革命与未来法治》,载《河北法学》2023年第1期。

[206]杨学科:《元宇宙的法律挑战与法律对策》,载《北京航空航天大学学报(社会科学版)》2023年第4期。

[207]莫然、张东妮:《元宇宙纠纷解决机制的构建与发展》,载《学术探索》2023年第4期。

[208]齐爱民、倪达:《元宇宙虚拟法庭的提出及其法律机制》,载《上海政法学院学报(法治论丛)》2023年第2期。

[209]钟英通、肖扬:《社会货币论下数字形态人民币国际化与法制建设》,载《武大国际法评论》2023年第3期。

[210]郭旨龙:《侵犯虚拟货币刑法定性的三层秩序观——从司法秩序、法秩序到数字经济秩序》,载《政治与法律》2023年第5期。

[211]潘宁:《NFT税收治理:意义、挑战与应对》,载《地方财政研究》2023年第3期。

[212]纪德勇:《数字孪生的特征及其与元宇宙的关系》,载《机器人技术与应用》2023年第2期。

[213]张洪亮、许世强:《区块链证据真实性保障的全流程困境与破解路径》,载《四川师范大学学报(社会科学版)》2024年第1期。

[214]陈永生、苏泽琳:《区块链证据认证形式化问题及克服》,载《浙江工商大学学报》2024年第5期。

[215]刘玲胜军:《区块链时代的刑事证据规则与技术自证限度》,载《法律适用》2024年第2期。

[216]宋爽、熊爱宗、华佳丽:《日本数字货币发展策略及启示》,载《国际经济合作》2024年第3期。

[217]王利明:《宪法与私有财产的保护》,载《法学杂志》2004年第2期。

[218]马特:《无隐私即无自由——现代情景下的个人隐私保护》,载《法学杂志》2007年第5期。

[219]孔娜娜:《城市社会资源引入与制度系统兼容:失地农民市民化的基本逻辑——以宁波市江东区失地农民集中安置社区为分析对象》,载《社会主义研究》2010年第1期。

[220]薛捷:《破坏性创新理论述评及推进策略》,载《管理学报》2013年第5期。

[221]王利明:《论个人信息权的法律保护——以个人信息权与隐私权的界分为中心》,载《现代法学》2013年第4期。

[222]郁建兴、沈永东、周俊:《从双重管理到合规性监管——全面深化改革时代行业协会商会监管体制的重构》,载《浙江大学学报(人文社会科学版)》2014年第4期。

[223]李振凡、姜欣:《浅谈宪法中的权力制约》,载《黑龙江省政法管理干部学院学报》2016年第1期。

[224]杨力:《中国企业合规的风险点、变化曲线与挑战应对》,载《政法论丛》2017年第2期。

[225]马昂、潘晓、吴雷等:《区块链技术基础及应用研究综述》,载《信息安全研究》2017年第11期。

[226]许多奇:《金融科技的"破坏性创新"本质与监管科技新思路》,载《东方法学》2018年第2期。

[227]赵蕾、曹建峰:《从"代码即法律"到"法律即代码"——以区块链作为一种互联网监管技术为切入点》,载《科技与法律》2018年第5期。

[228]许涛:《"区块链+"教育的发展现状及其应用价值研究》,载《远程教育杂志》2017年第2期。

[229]黄胜忠、刘清:《企业内部控制与合规管理的整合》,载《财会通讯》2019年第17期。

[230]倪蕴帷:《隐私权在美国法中的理论演进与概念重构——基于情境脉络完整性理论的分析及其对中国法的启示》,载《政治与法律》2019年第10期。

[231]李延舜:《我国移动应用软件隐私政策的合规审查及完善——基于49例隐私政策的文本考察》,载《法商研究》2019年第5期。

[232]李阳霄:《基于区块链的区域农产品公用品牌构建模式研究》,载《现代农业研究》2020年第7期。

[233]王再闯、陈来军、李笑竹等:《基于合作博弈的产销者社区分布式光伏与共享储能容量优化》,载《电工技术学报》2022年第23期。

[234]苗美霞、李佳薇、王賽玲等:《隐私保护的高效可验证数据流协议》,载《密码学报》2022年第6期。

[235]楼秋然:《公司法与去中心化自治组织:历史回顾、理性反思与制度建构》,载《中国政法大学学报》2022年第5期。

[236]李乃权:《基于区块链的隐私数据安全综述》,载《网络安全技术与应用》2022年第1期。

[237]桑本谦:《"过错冗余"与"有难同当"——以"江歌案"一审判决为例》,载《探索与争鸣》2022年第4期。

[238] 季卫东:《数据、隐私以及人工智能时代的宪法创新》,载《南大法学》2020年第1期。

[239] 于琳、丁社教:《马克思与涂尔干社会分工思想谱系的异同与会通》,载《江西社会科学》2020年第2期。

[240] 周铭川:《盗窃比特币行为的定性分析》,载《南通大学学报(社会科学版)》2020年第3期。

[241] 郝国强:《从人格信任到算法信任:区块链技术与社会信用体系建设研究》,载《南宁师范大学学报(哲学社会科学版)》2020年第1期。

[242] 张培培:《反思"代码即法律"》,载《中国社会科学报》2020年第2045期。

[243] 邓峰:《公司合规的源流及中国的制度局限》,载《比较法研究》2020年第1期。

[244] 陈瑞华:《企业合规的基本问题》,载《中国法律评论》2020年第1期。

[245] 许多奇:《论跨境数据流动规制企业双向合规的法治保障》,载《东方法学》2020年第2期。

[246] 赵万一:《合规制度的公司法设计及其实现路径》,载《中国法学》2020年第2期。

[247] 尹云霞、李晓霞:《中国企业合规的动力及实现路径》,载《中国法律评论》2020年第3期。

[248] 杨嘎:《加密艺术:数字艺术向元宇宙迁移的"摆渡人"》,载《美术观察》2021年第11期。

[249] 江哲丰、彭祝斌:《加密数字艺术产业发展过程中的监管逻辑——基于NFT艺术的快速传播与行业影响研究》,载《学术论坛》2021年第4期。

[250] 刘祚祥、赵紫微:《信息结构、区块链技术与农村金融创新》,载《华南理工大学学报(社会科学版)》2023年第3期。

[251] 段光鹏:《区块链赋能权力监督模式创新》,载《河南社会科学》2023年第11期。

[252] 范佳兴:《区块链助力政府信息公开制度的完善——以"互联网+"

和大数据时代为背景》,载《吉林省教育学院学报》2020 年第 4 期。

[253]朱岩、王静、郭倩等:《基于区块链的智能合约技术研究进展》,载《网络空间安全》2020 年第 9 期。

[254]张浩、朱佩枫:《基于区块链的商业模式创新:价值主张与应用场景》,载《科技进步与对策》2020 年第 2 期。

[255]何哲:《人工智能技术的社会风险与治理》,载《电子政务》2020 年第 9 期。

[256]陈鹏:《区块链嵌入下的政府治理:能力提升与风险防范》,载《广东行政学院学报》2020 年第 5 期。

[257]高奇琦:《智能革命与国家治理现代化初探》,载《中国社会科学》2020 年第 7 期。

[258]焦经川:《区块链与法律的互动:挑战、规制与融合》,载《云南大学学报(社会科学版)》2020 年第 3 期。

[259]邓建鹏、李嘉宁:《数字艺术品的权利凭证——NFT 的价值来源、权利困境与应对方案》,载《探索与争鸣》2022 年第 6 期。

[260]宋芳斌、甘锋:《NFT 艺术品的风险与二元保护模式》,载《南京社会科学》2022 年第 8 期。

[261]陆建栖、陈亚兰:《元宇宙中的数字资产:NFT 的内涵、价值与革新》,载《福建论坛(人文社会科学版)》2022 年第 8 期。

[262]初萌、易继明:《NFT 版权作品交易:法律风险与"破局"之道》,载《编辑之友》2022 年第 8 期。

[263]刘双舟、郭志伟:《NFT 在数字艺术品市场中的应用风险与防范》,载《艺术管理(中英文)》2022 年第 1 期。

[264]黄玉烨、潘滨:《论 NFT 数字藏品的法律属性——兼评 NFT 数字藏品版权纠纷第一案》,载《编辑之友》2022 年第 9 期。

[265]赵星、陆绮雯:《元宇宙之治:未来数智世界的敏捷治理前瞻》,载《中国图书馆学报》2022 年第 1 期。

[266]陈志霞、任兵:《面向元宇宙:政府数智领导力的特征、价值及提升》,载《理论探索》2022 年第 6 期。

[267]谢登科:《论在线诉讼中的当事人程序选择权》,载《南开学报(哲学社会科学版)》2022年第1期。

[268]王晔斌、张磊:《虚实相生——元宇宙视角下智慧图书馆场景实现》,载《图书馆杂志》2022年第7期。

[269]杨延超:《元宇宙中数字财产权的制度建构——以若干NFT科学实验为基础》,载《治理研究》2023年第2期。

[270]李逸竹:《NFT数字作品的法律属性与交易关系研究》,载《清华法学》2023年第3期。

[271]王迁:《论NFT数字作品交易的法律定性》,载《东方法学》2023年第1期。

[272]刘少军、聂琳峰:《数字藏品版权的功能、困境与治理》,载《北京联合大学学报(人文社会科学版)》2023年第1期。

[273]程啸主编:《NFT数字艺术品法律问题研究》,中国法制出版社2023年版。

[274]周汉华:《数据确权的误区》,载《法学研究》2023年第2期。

[275]渠慎宁:《NFT产业:理论解构、市场逻辑与趋势展望》,载《改革》2023年第4期。

[276]刘维、林星成:《论NFT数字作品发行权的证成与扩张》,载《新闻界》2023年第8期。

[277]孙山:《数字作品NFT交易的著作权风险治理》,载《知识产权》2023年第6期。

[278]高阳:《论NFT交易平台著作权合理注意义务的设定》,载《上海大学学报(社会科学版)》2023年第5期。

[279]阮神裕:《区块链数字资产的财产意涵》,载《中国人民大学学报》2023年第2期。

[280]康娜、陈强:《数字经济下数字藏品的三个关键法律问题与规制建议》,载《山东大学学报(哲学社会科学版)》2023年第2期。

[281]司忠丽、张成良:《区块链技术下媒介主体间性的表征与社会治理范式同构》,载《安徽工业大学学报(社会科学版)》2021年第3期。

[282]杨洪明、阳泽峰、漆敏等:《双链式区块链架构设计及其点对点交易优化决策实现》,载《电力系统自动化》2021年第9期。

[283]徐朝东、王化群:《基于区块链的有序多重签名方案》,载《南京邮电大学学报(自然科学版)》2021年第2期。

[284]郭少飞:《再论区块链去中心化自治组织的法律性质——兼论作为法人的制度设计》,载《苏州大学学报(哲学社会科学版)》2021年第3期。

[285]李梦琰、战炤磊:《区块链赋能新时代腐败治理的作用机理与实践路径》,载《江西社会科学》2021年第7期。

[286]司晓:《区块链数字资产物权论》,载《探索与争鸣》2021年第12期。

[287]李晓明:《合规概念的泛化及新范畴的确立:组织合规》,载《法治研究》2022年第2期。

[288]梅夏英:《数据持有在法律上意味着什么?——一个基于信息流动元规则的分析》,载《比较法研究》2023年第6期。

[289]方巍、伏宇翔:《元宇宙:概念、技术及应用研究综述》,载《南京信息工程大学学报》2024年第1期。

[290]夏维浩、赵振江、曹佳璐等:《基于区块链的医疗信息共享平台》,载《山西电子技术》2024年第1期。

[291]高改梅、史旭等:《一种基于区块链的医疗数据隐私保护方法》,载《计算机应用研究》2024年第5期。

[292]杨文迪、吴帅等:《程序性权力:"区块链+基层监督"体系的构建》,载《海南大学学报(人文社会科学版)》2024年第2期。

[293]张明、王喆、陈胤默:《三大数字货币的比较分析:比特币、天秤币与数字人民币》,载《国际金融》2024年第3期。

[294]傅丽玉、陆歌皓、吴义明等:《区块链技术的研究及其发展综述》,载《计算机科学》2022年S1期。

[295]《习近平主持召开十九届中央军民融合发展委员会第二次会议 强调强化责任担当狠抓贯彻落实 加快推动军民融合深度发展》,载《网信军民融合》2018年第10期。

[296]王文:《技术运用对国家认证能力的赋能效应——以J区两次人口

普查为案例的比较研究》,山东大学 2023 年硕士学位论文。

[297]杨淞麟:《区块链技术应用的法理解构与规范进路》,吉林大学 2023 年博士学位论文。

[298]张明德、张清国、毕马宁:《基于区块链技术的比特币安全性研究》,第六届全国网络安全等级保护技术大会 2017 年大会论文,2017 年 9 月于南京。

[299]金辉:《刘尚希:通过改革降低制度性成本》,载《经济参考报》2018 年 7 月 25 日,第 5 版。

[300]陈建奇:《数字货币会影响国家安全吗》,载《学习时报》2019 年 4 月 5 日,A2 版。

[301]《中共中央关于坚持和完善中国特色社会主义制度推进国家治理体系和治理能力现代化若干重大问题的决定》,载《人民日报》2019 年 11 月 6 日,第 1 版。

[302]陈茜:《央行数字货币对商业银行的影响研究》,载《财会信报》2021 年 3 月 22 日,B08 版。

[303]韩奇:《观察与反思:数字社会中的互联网权力》,载《中国社会科学报》2021 年 8 月 26 日,第 008 版。

[304]《为民履职守初心　携手并进新征程》,载《马鞍山日报》2022 年 12 月 21 日,第 008 版。

[305]张航:《智慧法院:司法服务插上信息化翅膀》,载《人民法院报》2018 年 12 月 18 日,第 1 版。

[306]邓恒:《如何理解智慧法院与互联网法院》,载《人民法院报》2017 年 7 月 25 日,第 2 版。

[307]《最高人民法院关于互联网法院审理案件若干问题的规定》,载《中华人民共和国最高人民法院公报》2018 年第 12 期。

[308]《河北省人民政府关于印发河北省数字经济发展规划(2020—2025 年)的通知》,载《河北省人民政府公报》2020 年第 4 号。

[309]余建华:《浙江法院推广应用"云上物证室"》,载《人民法院报》2021 年 2 月 18 日,第 1 版。

[310]马玲:《全链条全方位整治"炒币"格局形成》,载《金融时报》2021年9月28日,第2版。

[311]李兵:《法院查封房产用上了电子封条》,载《燕赵都市报》2022年3月11日,第5版。

[312]《数字人民币累计交易金额超千亿元》,载《人民日报》2022年10月21日,第2版。

[313]上海市人民政府办公厅:《上海市人民政府办公厅关于印发〈上海市数字经济发展"十四五"规划〉的通知》,载《上海市人民政府公报》2022年第13期。

[314]陈凤:《上海法院探索在线办理仲裁财产保全机制》,载《人民法院报》2023年6月14日,第1版。

[315]安海涛:《虚拟货币"实"在坑,这些合同有效吗?》,载《人民法院报》2023年2月21日,第6版。

[316]《中共中央国务院关于促进民营经济发展壮大的意见》,载《人民日报》2023年7月20日,第1版。

[317]陈梦娜:《全国人大代表、上海鑫瀛投资控股董事长冯琪雅:设立准入机制 建立数字藏品监管体系》,载《上海证券报》2023年3月8日,第15版。

[318]中国商业股份制企业经济联合会:《数字藏品合规评价准则》,T/EJCCCSE 004—2022,2022年9月19日,http://www.ejcccse.com/open/217.html。

[319]国家质量监督检验检疫总局、国家标准化管理委员会主编:《中华人民共和国国家标准合规管理体系 指南(GB/T 35770-2017)》,中国标准出版社2017年版。

[320]国家市场监督管理局、国家标准化管理委员会主编:《中华人民共和国国家标准合规管理体系 要求及使用指南(GB/T 35770-2022)》,中国标准出版社2022年版。

[321]中国商业股份制企业经济联合会:《数字藏品合规评价准则(T/EJCCCSE 004—2022)》,2022年6月。

[322]国家市场监督管理总局、国家标准化管理委员会:《区块链和分布式记账技术:参考架构》,GB/T 42752-2023,2023年5月23日发布。

[323]刘瑾:《中国人民银行法定数字货币探索》,载清华大学国家金融研究院官网2017年10月17日,https://www.pbcsf.tsinghua.edu.cn/info/1510/8479.htm。

[324]张莫:《央行:争取早日推出数字货币》,载经济参考报网,http://dz.jjckb.cn/www/pages/webpage2009/html/2016-01/21/content_14623.htm。

[325]新华社:《习近平:在中国科学院第十九次院士大会、中国工程院第十四次院士大会上的讲话》,载中华人民共和国中央人民政府网,http://www.gov.cn/xinwen/2018-05/28/content_5294322.htm。

[326]张少杰:《支付宝切入新场景,首创公积金黑名单及缴存证明》,载观察者网,https://www.guancha.cn/ChanJing/2018_10_17_475802.shtml。

[327]周强:《最高人民法院关于人民法院解决"执行难"工作情况的报告——2018年10月24日在第十三届全国人民代表大会常务委员会第六次会议上》,载最高人民法院网2018年10月24日,https://www.court.gov.cn/zixun/xiangqing/124841.html。

[328]周小川:《Libra代表数字货币的趋势 中国应未雨绸缪》,载新浪财经网,http://finance.sina.com.cn/blockchain/roll/2019-07-09/doc-ihytcitm0741491.shtml。

[329]新华社:《习近平在中央政治局第十八次集体学习时强调 把区块链作为核心技术自主创新重要突破口 加快推动区块链技术和产业创新发展》,载中华人民共和国国家互联网信息办公室网,http://www.cac.gov.cn/2019-10/25/c_1573535013319838.htm。

[330]左妍:《数字人民币首个医疗场景支付功能在上海同仁医院落地》,载移动支付网,http://www.mpaypass.com.cn/news/202104/09093727.html。

[331]《深圳数字人民币可以支付乘坐公交地铁的费用吗》,载广东省本地宝官网,http://sz.bendibao.com/news/2021723/869413.htm。

[332]《雄安新区首笔数字人民币缴税业务成功落地》,载中国雄安官网,http://www.xiongan.gov.cn/2021-11/27/c_1211464411.htm。

[333]赖书闻:《1.043 亿元！海南自贸港单笔最大数字人民币缴税业务》,载中工网,https://www.workercn.cn/c/2022-01-20/6944416.shtml。

[334]Amy Liu:《OpenSea 遭受网络钓鱼攻击,价值数百万美元 NFT 被盗》,载 bitpush news,http://www.yitb.com/article-12387。

[335]《温州首个数字人民币医疗支付场景　落地温州医科大学附属第一医院》,载温州市人民政府网,http://www.wenzhou.gov.cn/art/2000/4/21/art_1217829_59162425.html。

[336]中金公司:《元宇宙系列:探寻元宇宙的通行证——NFT》,载中金公司官网 2022 年 5 月 9 日,https://research.cicc.com/frontend/recommend/detail?id=2998。

[337]《人民银行召开数字人民币研发试点工作座谈会》,载中国人民银行网 2022 年 4 月 2 日,http://www.pbc.gov.cn/goutongjiaoliu/113456/113469/4524364/index.html。

[338]孙强、许一之:《当乡村振兴"遇见"数字人民币》,载荔枝网,https://news.jstv.com/a/20220522/f8e3ba6c7c0e4e2b88b93aa1876c28a2.shtml。

[339]《全国首场！就在厦门！开创"农业碳汇+数字人民币+乡村振兴"新机制!》,载腾讯网,https://news.qq.com/rain/a/20220607A049DA00#。

[340]《西安银行联合西安水务集团落地全市首个自来水数字人民币应用场景》,载西安新闻网,https://www.xiancn.com/content/2022-06-08/content_6576820.htm。

[341]国家新闻出版署科技与标准综合重点实验室区块链版权应用中心编:《数字藏品应用参考》,载搜狐网 2022 年 7 月 8 日,https://www.sohu.com/a/565397486_152615。

[342]《2022 年中国数字藏品行业研究报告》,载艾瑞网 2022 年 9 月 21 日,https://www.iresearch.com.cn/Detail/report?id=4065&isfree=0。

[343]华为数字中国:《政务区块链建设指南白皮书(2022)》,载智慧城市网 2022 年 3 月 28 日,https://www.afzhan.com/news/detail/87952.html。

[344]刘甜:《2020 年中国第三方支付行业市场规模及竞争格局分析　支付宝、腾讯金额垄断地位稳固》,载前瞻网 2020 年 11 月 14 日,https://xw.

qianzhan. com/analyst/detail/220/201113 – 77c2ab15. html。

[345]《2022—2023 年中国知识付费行业研究及消费者行为分析报告》,载艾媒网 2022 年 6 月 30 日,https://www.iimedia.cn/c400/86348.html。

[346]《2022—2023 年中国直播电商行业运行大数据分析及趋势研究报告》,载艾媒网 2022 年 6 月 24 日,https://www.iimedia.cn/c400/86233.html。

[347]《比特币的 14 年——加密货币简史》,载百家号网 2023 年 1 月 3 日,https://baijiahao.baidu.com/s?id=1754000486297211831。

[348]刘磊、郑雨奇:《解读｜欧盟〈加密资产市场监管法案(草案)〉(MiCA)(上)》,载知乎网 2023 年 1 月 13 日,https://zhuanlan.zhihu.com/p/598814242。

[349]佘云峰:《央行数字货币与支付账户的共存问题猜想》,载移动支付网,https://www.mpaypass.com.cn/news/201912/17190929.html。

[350]胡金华、赵奕:《央行穆长春详解数字人民币:生态建设需保持公平竞争,不会取代移动支付》,载华夏时报网 2020 年 10 月 26 日,https://www.chinatimes.net.cn/article/101218.html。

[351]《多款数字人民币"硬钱包"亮相 有产品"圈粉"近 45 万人》,载证券日报网,http://www.zqrb.cn/jrjg/hlwjr/2022-10-13/A1665589049564.html。

[352]中国银行保险监督管理委员会处置非法集资部际联席会议办公室:《关于防范以"元宇宙"名义进行非法集资的风险提示》,载中国银行保险监督管理委员会网站 2022 年 2 月 18 日,https://www.cbirc.gov.cn/cn/view/pages/ItemDetail.html?docId=1038723&itemId=915&generaltype=0。

[353]海南省市场监督管理局、省委宣传部、省网信办等十部门:《关于加强数字藏品风险监管工作的通知》,载威科先行·法律信息库 2023 年 1 月 12 日,https://law.wkinfo.com.cn/legislation/detail/MTAxMDAyNDYxMDM%3D。

[354]吴斌:《美批准比特币现货 ETF 加密货币迎"分水岭时刻"?》,载 21 财经网,https://m.21jingji.com/article/20240112/11af576cf34bb68c12b7fdbac472bf58.html。

[355]上海数据交易所:《上海数据交易所数字资产板块管理规范(试行)》,载上海数据交易所官网,https://www.chinadep.com/bulletin/digital/

CTC_20220824144754814782。

[356]张立叶：《科技范儿十足的北京互联网法院｜精彩照片看法院》，载微信公众号"最高人民法院"2022年9月26日，https：//mp. weixin. qq. com/s/wcbNaYaOrn7S4Lzq6rb6PQ。

[357]《"人民法院网上保全系统"，让你足不出户，网上保全！》，载微信公众号"金昌市中级人民法院"2021年7月7日，https：//mp. weixin. qq. com/s/GlQaar7QAzrlTWMQtb2E4Q。

[358]佳士得：《关于加密艺术（NFT）基础入门的十大问题》，载微信公众号"佳士得"，2021年12月28日，https：//mp. weixin. qq. com/s/KmwnjEBl2kaI7gRKo_30uQ。

[359]刘晓洁：《疯狂的"元宇宙"炒房：有玩家囤了100套房，不到半年翻6倍》，载微信公众号"第一财经资讯"2021年12月13日，https：//mp. weixin. qq. com/s/zvBIyTeTHVe-0xQdtnZ2Mg。

[360]《【以案释法】网游"金锭"受法律保护吗？保护，但是有前提》，载微信公众号"奉法漳平"2022年9月19日，https：//mp. weixin. qq. com/s/A-31lQO4dPRtiRNvozwlTA。

[361]《数字藏品应用参考》，载微信公众号"中国文物交流中心"2022年7月15日，https：//mp. weixin. qq. com/s/SYXAcXCu2vDPG8rB9r8l1A。

[362]《全国首个〈发行NFT数字藏品合规操作指引〉正式发布》，载微信公众号"福建省区块链协会"2022年10月18日，https：//mp. weixin. qq. com/s/4ZZTAqPpzKaEyaW19C1qyg。

[363]丁亚鹏：《舆情聚焦｜"2000"变"20000"，谁该为谬误的法律文书脸红》，载微信公众号"江苏舆情观察"2020年5月20日，https：//mp. weixin. qq. com/s/6viIH1UHcTIwXNAhVEZoYw。

[364]《盱眙县人民法院频出笑话：判决书中出现4处笔误》，载微信公众号"盱眙啄木鸟网络信息中心"2016年10月17日，https：//mp. weixin. qq. com/s/7aa-AdJUbnhLJoCoHP0_JQ。

[365]乔虹：《法律文书"错别字"退！退！退！》，载微信公众号"金融与法"2022年8月25日，https：//mp. weixin. qq. com/s/vIJexHt0mQ__3WE-

7EiRQA。

[366]林奕:《数字分身与元宇宙法庭,未来司法的场景我们能看到什么?》,载微信公众号"庭前独角兽"2023年7月10日,https://mp.weixin.qq.com/s/BeJSEDS4Dqf6qz4oeuLPgA。

[367]HashKey Group:《〈Web3新经济和代币化白皮书〉全文:一切价值皆可代币化》,载微信公众号"元宇宙简史"2023年4月16日,https://mp.weixin.qq.com/s/1IuJ73K53YgiWNf5hUnbNQ。

[368]《1G到5G之争:一部30年惊心动魄的移动通信史》,载微信公众号"网优雇佣军"2018年12月13日,https://mp.weixin.qq.com/s/G2Leb_QQmqXiQQ_OXbXpDg。

[369]《谨防NFT、元宇宙炒作等相关风险》,载微信公众号"中国人民银行上海总部"2023年6月21日,https://mp.weixin.qq.com/s/f8df9Ok0ggLCn2eYYxejWg。

[370]《世界首例!中国90后在脑中植入机器,一打开就变快乐了》,载今日头条"上观新闻官方账号"2023年8月31日,https://www.toutiao.com/article/7273347151311225378/? upstream_biz=doubao&source=m_redirect。

[371]《裁判文书上网数量大幅下降?以后不公开了?最高法今天回应了》,载光明网,https://m.gmw.cn/2023-12/22/content_1303609584.htm。

[372]江苏省徐州市中级人民法院刑事判决书,(2017)苏03刑终354号。

[373]山东省济南高新技术产业开发区人民法院民事判决书,(2017)鲁0191民初315号。

[374]山东省济南市中级人民法院民事判决书,(2018)鲁01民终4977号。

[375]北京互联网法院民事判决书,(2018)京0491民初1号。

[376]江苏省无锡市锡山区人民法院刑事判决书,(2021)苏0205刑初771号。

[377]江苏省常熟市人民法院刑事判决书,(2021)苏0581刑初1211号。

[378]杭州市互联网法院民事判决书,(2022)浙0192民初1008号。

[379]北京市第一中级人民法院民事判决书,(2022)京01民终7040号。

[380]上海市奉贤区人民法院民事裁定书,(2023)沪 0120 民初 7720 号。

[381]四川省高级人民法院民事判决书,(2023)川知民终 253 号。

[382]杭州互联网法院民事判决书,(2022)浙 0192 民初 1008 号。

[383]四川省成都市中级人民法院民事判决书,(2021)川 01 民初 10421 号。

[384] Harold J. Leavitt, *Handbook of Organizations*, 1965.

[385] Simmel G., *The Philosophy of Money*, London: Rountledge, 1978.

[386] Garbutt D., *The Significance of Ancient Mesopotamia in Accouting History*, Accounting Historians Journal, Vol. 11:1, p. 83 – 101(1984).

[387] Stephen Barley, *Technology as an Occasion for Structuring: Evidence from Observations of CT Scanners and Social Order of Radiology Department*, Administration Science Quarterly, Vol. 31:1, p. 78 – 108(1986).

[388] W. Bijker, T. P. Hughes & T. Pinch, *Social Construction of Technological System: New Directions in the Social and History of Technology*, Cambridge: MIT Press, 1989, p. 405.

[389] Macfarlanea, *Law and Custom in Japan: Some Comparative Reflections*, Continuity and Change, Vol. 10:3, p. 369 – 390(1995).

[390] R. H. Coase, *The Nature of the Firm*, Economica, Vol. 4:16, p. 386 – 405(1937).

[391] Michael Hammer & James Champy, *Reengineering the Corporation: A Manifesto for Business Revolution*, New York: Harper Collins, 2006, p. 240.

[392] Satoshi Nakamoto, *Bitcoin: A Peer-to-Peer Electronic Cash System*, Bitcoin. org(2009), https://bitcoin.org/bitcoin.pdf.

[393] NPR Staff, *Silk Road: Not Your Father's Amazon. com.*, https://www.npr.org/2011/06/12/137138008/silk-road-not-your-fathers-amazon-com.

[394] Vitalik Buterin, *Ethereum: A Next-Generation Smart Contract and Decentralized Application Platform*, Ethereun. org(2014), https://ethereum.org/content/whitepaper/whitepaper-pdf/Ethereum_Whitepaper_-_Buterin_2014.pdf.

[395] Jennifer Hunter Childs, Ryan King & Aleia Clark Fobia, *Confidence in*

US Federal Statistical Agencies, Surve Practice, Vol. 8:5, p. 1 – 9(2015).

[396] Steve Huckle & Maetin White, *Socialism and the Blockchain*, Future Internet, Vol. 8:4, p. 49(2016).

[397] Marcella Atzori, *Blockchain Technology and Decentralized Governance: Is the State Still Necessary?*, Journal of Governance and Regulation, Vol. 6:1, p. 45 – 62(2017).

[398] N. Yanagawa & H. Yamaoka, *Digital Innovation, Data Revolution and Central Bank Digital Currency*, Bank of Japan Working Paper Series, Vol. 19:2, p. 15(2019).

[399] See Eko Yunianto, Yudi Prayudi & Bambang Sugiantoro, *B-DEC: Digital Evidence Cabinet Based on Blockchain for Evidence Management*, International Journal of Computer Applications, Vol:181. 45, p. 22 – 29(2019).

[400] Rakesh Sharma, *SEC Chair Says Bitcoin Is Not A Security*, Investopedia (Jun. 25, 2019), https://www.investopedia.com/news/sec-chair-says-bitcoin-not-security/.

[401] A. Sims, K. Kariyawasam & D. Mayes, *Regulating Cryptocurrencies in New Zealand*, International Finance e-Journal, p. 45(2019).

[402] Vlad Zamfir, *Against Szabo's Law, For A New Crypto Legal System*, Medium (Jan. 26, 2019), https://medium.com/cryptolaw-review/against-szabos-law-for-a-new-crypto-legal-system-d00d0f3d3827.

[403] Belke A. & Beretta E., *From Cash to Central Bank Digital Currencies and Cryptocurrencies: a Balancing act Between Modernity and Stability*, Journal of Economic Studies, Vol. 47:4, p. 36 – 40(2020).

[404] Beltrán P. L. A. LOCARD, *Lawful Evidence Collecting and Continuity Platform Development*, official website of the European Union (2020), https://cordis.europa.eu/project/id/832735.

[405] Congressional Research Service, *Non-Fungible Tokens (NFTs)*, crsreports.congress.gov (Jul. 20, 2022), https://crsreports.congress.gov/product/pdf/R/R47189.

[406] Joshua A. T. Fairfield, *Tokenized: The Law of Non-Fungible Tokens and Unique Digital Property*, Indiana Law Journal, Vol. 97:4, p. 1261 – 1313(2022).

[407] Issam Hallak, *Markets in crypto-assets (MiCA)*, European Parliamentary Research Service(Sep. 2023), https://www.europarl.europa.eu/RegData/etudes/BRIE/2022/739221/EPRS_BRI(2022)739221_EN.pdf.

[408] C. Makridis, Michael Fröwis et al., *The Rise of Decentralized Cryptocurrency Exchanges: Evaluating the Role of Airdrops and Governance Tokens*, Journal of Corporate Finance, Vol. 79:C, 1 February 2023.

[409] Anastasiia Chuvaieva, *Non-Fungible Tokens and Failed Promises of Simple Virtual Ownership*, New York University Journal of Intellectual Property & Entertainment Law (JIPEL), Vol. 12:2, p. 304 – 352(2023).

[410] *How Much Does It Cost to Produce Currency and Coin?*, Board of Governors of The Federal Reserve System, https://www.federalreserve.gov/faqs/currency_12771.

[411] Aaron Van Wirdum, *The Genesis Files: With Bit Gold, Szabo Was Inches Away From Inventing Bitcoin*, BITCOIN Magazine (July 12, 2018), https://bitcoinmagazine.com/culture/genesis-files-bit-gold-szabo-was-inches-away-inventing-bitcoin.

[412] Bech M. & Garratt R., *Central Bank Crypto Currencies*, BIS(Sep. 17, 2017), https://www.bis.org/publ/qtrpdf/r_qt1709f.htm.

[413] Zhihong Tian, Mohan Li, Meikang Qiu et al., *Block-DEF: A Secure Digital Evidence Frame Work Using Blockchain*, Information Sciences, Vol. 491, p. 151 – 165(2019).

[414] Proposal for a Regulation of the European Parliament and of the Council on Markets in Crypto-assets, and amending Directive (EU) 2019/1937, https://data.consilium.europa.eu/doc/document/ST-13198-2022-INIT/en/pdf.

[415] Shirai, Sayuri, *Money and Central Bank Dgital Currency*, Asian Development Bank Institute (Oct. 2019), https://www.adb.org/sites/default/files/publication/534311/adbi-wp1022.pdf.

后　　记

　　区块链革命引发了各行各业的关注，郎咸平等著名的反对者都已经跳反到支持者行列之中。2014年，《财经郎眼》做过一期名叫《比特币真相》的节目，郎咸平和BTCC首席执行官李启元展开了一场堪称"经典"的对话："人家送给你100个（比特币，BTC），你要不要"——"你送给我比特币，我不会要的"——"你真的不要？"——"我当然不要"。嘴上说着不要，行为却很诚实。① 2018年3月6日，在《财经郎眼》"区块链是馅饼还是陷阱"话题讨论中，郎咸平一改往日对比特币及区块链的嫌弃，提出"技术无罪，有罪的是人性的贪婪"的观点。② 除了广为人知的比特币、以太坊（ETH）狗狗币（Doge Coin）外，中国央行数字人民币（e-CNY）、社交网络巨头Meta开发的数字货币天秤座（Libra）、NFT（加密艺术品）、53度飞天茅台的区块链认证、区块链司法存证等都已经获得较大规模应用。

　　本书是笔者近八年来开展数字货币实践的附带成果。笔者在2017年5月第一次在火币网接触到比特币、以太坊和莱特币，并初步学习了比特币白皮书，立即与过去阅读的哈耶克《货币的非国家化》产生共鸣，认定比特币必然成为重构世界货币体系的革命性力量，而区块链技术则将成为个人抵御公权力侵蚀的数字基础设施。同年7月至今，笔者亲身参与了多项数字货币投机，其间遭受了以ICO为名义的诈骗、交易所跑路等体验。受比特币、以太坊等数字货币暴涨数百万倍的启发，为找到价值币和开展研究，笔者开始苦苦学习区块链技术，购置数十本各类区块链书籍，细心研读了数十种市值排名靠前的数字货币

---

① 参见《你送我比特币我是不会要的【比特币名场面】〈财经郎眼〉2014年1月27期郎咸平》，载哔哩哔哩bilibili 2014年1月9日，https://www.bilibili.com/video/BV1St4y1r7mh/。

② 参见《财经郎眼：区块链是陷阱还是馅饼？颠覆性概念技术如何真正落地》，载CSDN（中文软件开发者网络）"区块宝"2018年3月6日，https://blog.csdn.net/Ag0JAB/article/details/79467167。

白皮书,甚至一度延伸到密码学中的 SHA256 算法和香农的信息理论。2018年 6 月,年初申报的省社科基金项目"区块链服务经济发展的法治保障研究"成功立项。除了撰写基于区块链技术的"问题疫苗的治本之策"等时评类小文章,笔者亲身数次参与了数字货币挖矿、数字货币理财、钱包转账、125 倍杠杆期货交易等活动,体验了 DEFI(去中心化金融)、NFT(加密艺术品)等最新区块链实践,经历了"薅羊毛"数万元和投资被骗上万元的奇幻世界,以及狗狗币等多个数字货币暴涨数百倍和 Luna 等暴跌接近归零的故事。2020 年春,笔者为本校 AI 法学本科生开设了"区块链与法律"这一选修课,向同学们赠送了 0.06 个 ETH(当时价值约为 6 美元,后最高上涨至 264 美元),并且布置课堂任务让同学们注册数字货币钱包并进行转账。由于新冠疫情暴发,笔者在 3 月撰写了题为《运用区块链技术优化疫情防控救助体系的建议》的决策咨询报告。同年,笔者初步完成了《区块链赋能政府治理的实现机理与法律规制》一文,并获批本校新财经课题"区块链技术应用社会风险的法律防控"。2022 年,笔者在此基础上申请获批了省高等学校人文社会科学重点课题"区块链社会风险的法律控制研究",2023 年获批省社科基金项目"NFT 数字资产市场流通的法律规制研究"。2024 年春,笔者在原实验班课程基础上为本校人工智能法学研究生开设区块链法律问题研究课程。在这风云变幻的 7 年中,笔者为数字货币投机还学习了期货市场技术分析方法,并深入钻研了《金刚经》《坛经》《四书章句集注》《传习录》《西铭》《太极图说》等经典,以磨砺心性,力争在数字货币合约市场有所斩获。

有心栽花花不开,无心插柳柳成荫。虽然意图通过区块链投资获得财富自由的目标仍然渺茫,投资所得财富也屡屡得而复失,但作为副产品的学术成果却也积累了一定数量,略慰吾心!除了为本科生开设的选修课"区块链与法律"和人工智能法学研究生专业课程"区块链法律问题研究"中形成的 8 万余字课堂录音稿外,另外有 4 篇文章已经发表,分别为《区块链赋能政府治理的实现机理及其法律规制》(《河北经贸大学学报》2022 年第 3 期)、《以区块链技术赋能治理艺术品交易信息不对称》(《学习月刊》2023 年第 1 期)、《论数字货币交易法律规制体系的演进》(《学习月刊》2024 年第 7 期)、《通证经济发展中的企业合规困境及其立法疏解》(《河北经贸大学学报》2024 年第 6 期)。在系统整理课程讲稿和上述论文的基础上,笔者对书稿进行了进一步修改打磨,并于2024年6月成功获批河北省哲学社会科学学术著作出版资助。

区块链革命绝非危言耸听,也许正如科技创新领域经常流行的一句话:人们往往高估一项重大科技创新在三五年内的影响,而低估其在十年以上的影响。区块链作为重塑当代社会政治经济体系的重要创新,需要多个学科视角的分析研究,信息理论、哲学、法学、经济学都是其中的重要部分,笔者因"投机"而开展的学习也许正好满足了多角度研究这一问题的知识储备要求。本书力图在描绘区块链革命的底层技术基础上,展现以数字货币为代表的通证经济、数字人民币、分布式社会治理、NFT数字资产、元宇宙法庭和区块链司法存证等场景的运作逻辑及其法律规制。当然,本书也遗留了较多值得继续关注的问题,包括私法层面:区块链节点化将为民事法律主体资格带来哪些影响?登记在区块链上的婚姻家庭及财产信息是否会导致婚姻登记制度的消亡?资产上链将对所有权公示制度带来何种影响?区块链智能合约能够在多大程度上取代现有合同法?以及公法层面:区块链隐私模型下国家强制力的范式转型及法律控制,区块链重塑选举程序及其合法性危机的法律治理,通证经济背景下国家财政汲取能力的法治保障,分布式社会治理格局下的政府宏观调控法律制度变迁等。这些问题,将会是笔者未来三年重点研究的问题。

本书写作过程中,笔者指导的于淑源、齐琦、张莉苹、徐江鹏、胡雪涛、姚雯君、张月、尼乐冰、甄姿琦等9名研究生同学协助开展了资料收集、文稿校对、格式调整等大量工作,感谢各位同学的辛劳。